学科全息育人丛书

丛书主编 朱福荣 饶 英

高中历史
学科全息育人

本册主编 廖成林 黄开红

西南大学出版社
国家一级出版社 全国百佳图书出版单位

图书在版编目(CIP)数据

高中历史学科全息育人/廖成林,黄开红主编.--重庆:西南大学出版社,2023.1
("学科全息育人"丛书)
ISBN 978-7-5697-1540-8

Ⅰ.①高… Ⅱ.①廖… ②黄… Ⅲ.①中学历史课-教学研究-高中 Ⅳ.①G633.512

中国版本图书馆CIP数据核字(2022)第191111号

高中历史学科全息育人
GAOZHONG LISHI XUEKE QUANXI YUREN

丛书主编　朱福荣　饶　英
本册主编　廖成林　黄开红

策　　划：	王　宁　时曼卿　周万华
责任编辑：	周　杰
责任校对：	畅　洁
装帧设计：	殳十堂_未氓
排　　版：	杨建华
出版发行：	西南大学出版社(原西南师范大学出版社)
	地址：重庆市北碚区天生路2号
	邮编：400715
	市场营销部电话：023-68868624
印　　刷：	重庆新生代彩印技术有限公司
幅面尺寸：	185 mm×260 mm
印　　张：	13.75
字　　数：	290千字
版　　次：	2023年1月　第1版
印　　次：	2023年1月　第1次印刷
书　　号：	ISBN 978-7-5697-1540-8
定　　价：	48.00元

编委会

丛书主编

朱福荣　饶　英

丛书副主编

贺晓霞　黄吉元

丛书编委（以姓氏笔画为序）

于泽元　王天平　艾　兴　代　宁　朱福荣　朱德全
李　鹏　李雪垠　杨　旭　吴　刚　张　良　陈　余
陈　婷　陈登平　范涌峰　罗生全　赵　鑫　胡　焱
饶　英　贺晓霞　唐小为　黄吉元　常保宁

本册主编

廖成林　黄开红

本册副主编

张耀武　张代洪

本册编委

廖成林　张耀武　张代洪　毛键龙　许光亮　许　威
苟　扬　向　晨　张红玲　苗生俊　方　晓　苟雨丹
黄开红

总序

新中国成立以来，我国的教育方针历经多次演进，但强调学生德、智、体等方面全面发展是一以贯之的基本原则和思想。1957年，我国的教育方针是"使受教育者在德育、智育、体育几方面都得到发展，成为有社会主义觉悟的有文化的劳动者"。至1995年，教育方针表述为"教育必须为社会主义现代化建设服务，必须与生产劳动相结合，培养德、智、体等方面全面发展的社会主义事业的建设者和接班人"。2015年，教育方针表述为"教育必须为社会主义现代化建设服务、为人民服务，必须与生产劳动和社会实践相结合，培养德、智、体、美等方面全面发展的社会主义建设者和接班人"。2021年，教育方针表述为"教育必须为社会主义现代化建设服务、为人民服务，必须与生产劳动和社会实践相结合，培养德智体美劳全面发展的社会主义建设者和接班人"。教育方针的演进充分体现了不同时期国家对人的发展的总体方向和要求，但随着时代的发展会增加和融入新的元素和内容。总体而言，对人的身心等方面全面发展的要求始终是我国教育方针的大方向，这也体现了马克思主义关于人的全面发展学说的本质规定性。

党的十九大报告指出，"优先发展教育事业。建设教育强国是中华民族伟大复兴的基础工程，必须把教育事业放在优先位置，深化教育改革加快教育现代化，办好人民满意的教育。要全面贯彻党的教育方针，落实立德树人根本任务，发展素质教育，推进教育公平，培养德智体美全面发展的社会主义建设者和接班人"。2019年，中共中央、国务院在《关于深化教育教学改革全面提高义务教育质量的意见》中进一步提出，"坚持以习近平新时代中国特色社会主义思想为指导，全面贯彻党的教育方针，落实立德树人根本任务""培养德智体美劳全面发展的社会主义建设者和接班人"。要"坚持五育并举，全面发展素质教育"，要突出德育实效，提升智育水平，强化体育锻炼，增强美育熏陶，加强劳动教育。我国义务教育和普通高中课程方案中都明确提出，课程要"全面贯彻党的教育方针，落实立德树人根本任务""培养德智体美劳全面发展的社会主义建设者和接班人"。可以说，立德树人作为我国教育的根本任务，围绕人的全面发展而提出的"五育并举"，以及由此而引发的学校全面、全程、全员育人机制的转变，是新时代教育发展的关键。

"全息"一词原意指一种可以全面、多角度地再现物体的原貌,反映物体所承载的各种信息和状态的光学成像技术。引用其部分含义,教育领域的全息育人指的是学生成长过程中所涉及时空的全部信息都是育人的信息源,发挥这些信息源的共同与合力作用来有效促进学生的各方面发展。作为一种育人理念,其主张调动和运用各种可以利用的因素,全方位、全过程地促进学生各个方面的共同发展。具体到学科领域,在新时期探索"五育"共同发展的过程中,学科教学中"五育融合"的观念应然而生,并开展了诸多有益的实践探索。

我国当前中小学的教学组织形式仍然是班级授课制为主,教学工作仍然是学校的中心工作,学科课程仍然是学校课程的主体,课堂仍然是育人的主阵地。因此,在遵循现行中小学教学形式的前提下,课堂教学还是落实立德树人根本任务、促进学生德智体美劳全面发展的最直接途径。今天,在学科教学中,"育什么人""为谁育人"已经非常明晰,"怎样育人"以及如何提升"育人质量",成为学校教学亟须回答的重大问题。通往学科"育人质量"提升的路径多种多样,全国教育理论研究者和中小学教师都进行了卓有成效的探索,其中"五育融合"是最值得关注的发展方向和路径之一。重庆市北碚区教师进修学院与西南大学教育学部和教育部西南基础教育课程研究中心共同开展的"学科全息育人"研究,就比较好地回答了在学科教学中如何实现"五育融合""怎样育人"的重大问题。他们采取的主要策略是以学科的教科书作为引领载体,以"五育融合"为视角和眼光,以单元教学为单位,按照德智体美劳从学科到单元或主题建立学科育人框架,全面挖掘单元教学内容中的"认知育人点""德性育人点""审美育人点""健康育人点"和"劳动育人点"等,实行基于"五育融合"的整体教材解读和教学设计,进而将德智体美劳等育人要素有机融合,利用课堂主阵地开展学科育人,实现学科教学向学科育人的转变。

重庆市北碚区中小学校实施的学科全息育人,坚持以马克思的"人的全面发展"学说和赫尔巴特的"教育性教学"原则为理论基础,高扬"立德树人"的大旗,以社会主义核心价值观为统领,将"德智体美劳"育人要素融入中小学各学段、各学科,使所有学科都从学科性质、地位、任务出发,既体现学科特质,又彰显育人的特殊功能,指向德智体美劳,实现由"学科教学"到"学科育人"的转变,学生通过学科学习,实现"成人"与"成才"的双统一、双发展。在育人理念层面,以学科育人的"全息性",解决学科价值与育人价值分离或单项推进的问题;在课堂实践层面,以学科育人的全面性,解决学科育人随意化、碎片化或无视化问题;在区域推进层面,通过"全要素落实、全学段推进、全学科联动",有效破解了学校、学段、学科等育人壁垒问题。

学科全息育人需要育人理念的重构。学科课程是学校落实立德树人根本任务的基本载体,每个学科都要围绕"有理想、有本领、有担当"这三个维度培养未来担当民族复兴大任的时代新人,这是对学科课程和教学的基本要求。所有学科都从学科性质、地位、任务出发,把人的发展作为学科教学的旨归,使学科价值与育人价值融合共生,既体现学科特质,又与其他学科协同为学生的成长起作用,彰显育人的特殊功能,把学科价值作为育人价值实现的条件,把育人价值作为学科价值实现的目的。这样就能把"有理想、有本领、有担当"落实到每个学科的综合素养培养中,落实到每节课、每所学校的育人目标中,学生德智体美劳全面发展的总目标就不会落空。无论是学科教学设计还是课堂教学,教学思维的起点就是将这堂课要达成的教学目标,逆向分解成每一个时段的子目标,同时,在教学中又从一堂课的时间轴进行正向思考,依据逆向设计的子目标开展多样化的学习活动。在此基础上,教师还要立体思考,将除本学科认知目标以外的其他育人目标放在何处,以怎样的方式达成,确保每个学科、每节课都将育人贯穿始终。

学科全息育人需要育人课程的设计。课堂教学既是学校教育的主阵地,也是学校教育体系的核心要素,一旦离开学校教育体系,课堂教学很难真正实现学科全息育人。实现学科课堂教学的全息育人,关键就是要找出能包含教学内容的全部信息,或能进行全息育人教学内容的整体信息,我们称之为"关键信息"(关键知识、关键方法、关键思维等)。贯穿于教学活动中的"五育"是具有"五育间性"的,也就是每"一育"既关涉其他"四育",又在教学过程中保持和谐。教学中通过"五育间性"建立基于教育学立场、育完整人的教学生态体系,实现由"渗透"到"互联"至"互育"达"合育"的逻辑演绎。重庆市北碚区的做法是,每个学科以现行国家教科书为蓝本,以"单元"为单位挖掘五育"育人点"和"融合点"。这个"单元"既可以是教科书上所列的单元,又可以是按照综合学习或跨学科学习的主题、专题设置单元,既考虑了各学科独有的"模式语言"特征,做到学科"双基"扎实"有本领",又关注到融合育人的"五育间性",做到铸魂立德"有理想、有担当",同时,避免"穿靴戴帽"式、"空洞说教"式的"五育融合"、学科全息育人。

学科全息育人催生育人方式的转型。育人方式就是要回答"新时代教育三问"的"怎样培养人",对于课堂教学的主体而言,"怎样培养人"一定是贯穿于学科教学始终的,学科全息育人引领下的教学催生育人方式的转型。一是要对"学科全息育人"理念有非常透彻的理解,把育人方式本身作为育人的重要资源;二是要把党和国家的课程方案、课程标准的要求与课堂教学及其评价关联,将"五育"要求与课程核心素养关联,并恰当融入课堂教学活动之中;三是要在课堂教学、作业布置与批改、学生学习指导、考试评价等育人环节以是否有利于学生综合素养、"五育"全面发展来衡量,将那些不经意的细节都看成会给学生带来终生影响的重要环节。特别是在智能化时代,育人方式更要从"重教书"向"重育人"转变,从固定学习到泛在学习,从储备学习到即时学习,从寻找答案的学习到寻找问题的学习,从接受性学习到批判性学习,从独自性学习到合作性学习，从烧脑学习到具身学习，从线下学习到融合学习，切实破解"见分数不见素养""见学科不见学生"的教育难题。

学科全息育人需要育人师资的再造。学科全息育人的成与败都在教师。什么样的教师能够实施学科全息育人？具有"全息"的视野、思维与能力的教师。首先，教师要有"全息"视野，也就是能从"培养完整的人"角度看待"五育"的整体性、统一性，理解德育、智育、体育、美育和劳动教育有机融合对促进学生全面发展的意义，追求"五育"相互融合、有机统一的整体融通式育人观。正如苏霍姆林斯基所言，"没有单独的智育，也没有单独的德育，也没有单独的劳动教育"，这样才能将"全息育人"理念作为学科教学的起点和归属。其次，教师要有"全息"思维，关注育人过程的关联性和整体性，培养教师用关联式、融通式思维设计与实施"全息育人"。教师要摒弃用割裂式思维看待"五育"，简单地将单科对应"单育"，认为学科课程对应智育，体育课程对应体育，音乐、美术课程对应美育。用关联式思维引导教师看到所教学科有"五育"渗透的可能性和必要性，突破"分科单育"的狭隘认知，在落实学科核心目标的同时兼顾渗透并关联其他"四育"，实现学科内的"五育融合"。用融通式思维观念引导教师打破学科逻辑和领域界限，设计跨学科、多学科的综合性主题，看到各学科交叉点与整合点之间的"相融"关系，实现学科间的"五育融合"。

重庆市北碚区中小学学科全息育人研究，切中了近年基础教育时弊，符合教育教学规律以及核心素养教育改革发展方向，以教科书为载体的"五育融合"研究范式切实有效，可借鉴、可推广，其主体研究成果《全息育人教学论》具有学术性和创新性，系列成果各学科全息育人研究对学科开展"五育融合""全息育人"具有较强的指导性和实践性。当然，该项研究主要是在2022年版的义务教育课程方案和课程标准发布之前进行的，可能还与学科课程标准提倡的学科核心素养要求有一定差距，在小学至高中学段也还有个别学科的研究成果没有出来，但是，这些不会影响该项研究及其成果的总结与推广，也希望他们能够继续深入研究，取得更有价值的研究成果。

2022年10月

（朱德全，西南大学教育学部部长，教育学博士、二级教授、博士生导师）

前言

实现中华民族伟大复兴,是当今时代最强呼声;为党育人,为国育才,乃当代教育者的使命和担当!当前教育的迫切任务,就是培养符合中华民族伟大复兴需要的德智体美劳全面发展的社会主义建设者和接班人。重庆市北碚区教师进修学院基于十多年课程改革经验,把握时代脉搏,着眼核心素养培养,进一步探索学科育人的本质,强调学科教学重点从学科教学转向学科育人,由知识教学转向核心素养培养,由重智育转向德智体美劳"五育"并举与融合,从而提出了"学科全息育人"的理念,并进行了卓有成效的实践探索。

北碚区高中历史教师团队基于"学科教学的本质是学科育人"的认识,提出新时代历史教师当以理想信念为基、道德情操为境、专业知识为体、仁爱之心为情,立德树人,使新时代的学生肩负起国家与民族赋予的重任。教师们在落实区教师进修学院"学科全息育人"理念过程中,深入学习新时代党和国家关于基础教育的相关政策,以唯物史观为理论指导,以高中历史课堂教学为切入点,对高中历史学科全息育人的价值、内涵、实施、评价等进行了深入研究,在高中历史课堂教学中较好地实现了"五育"并举与融合,对高中历史学科落实立德树人根本任务进行了有益的探索。

《高中历史学科全息育人》为该研究团队探索过程中取得的重要成果,集中反映了北碚区高中历史教师对新时代、新课标、新教材、新高考背景下高中历史教育教学的新认识。编写中侧重理论和实践的有机交互,从理论和实践两个层面,从教、学、评、研一体化角度,系统阐述了在学科全息育人理念指导下的高中历史学科全息育人的内涵、价值等,详述了在学科全息育人指导下的历史教学设计、实施、评价和学科研修等各环节。第一章是对高中历史学科全息育人的概述,介绍了高中历史学科全息育人的概念、背景和价值,是全书的理论基础,为高中历史教师理解高中历史学科全息育人及开展相关教学实践提供了理论支撑。第二章是对高中历史学科全息育人点的"导引",介绍了高中历史学科全息育人点的框架建构并在全息育人框架指导下对《中外历史纲要》(上、下)进行了梳理,同时以单元和课为单位,从学科认知、德性育人、审美育人、健康育人、劳动育人五个维度,编制了高中历史学科的单元、课时育人"导引",这些"导引"维度丰富、视角独特,具有很强的可操作性和借鉴价值,这也是本书的亮点,为高中历史教师更深刻地领悟高中历史课程标准、统编高中历史教材的育人元素提供了借鉴和参考。第三章是高中历史学科全息育人教学设计,介绍了高中历史统编教材全息育人教学设计的理念、原则、流程和案例,为高中历史教师进行全息育人教学设计提供了模板。第四章是高中历史学科全息育人教学实施,介绍了高中历史学科全息育人教学的实施理念、原则、方法和案例,为高中历史教师开展全息育人课堂教学实践提供了思路。第五章是高中历史学科全息育人教学的评价,介绍了高中历史学科全息育人教学评价的理念、原则、方法和案例,帮助高中历史教师从全息育人角度有效开展课堂教学评价,提升教学实效。第六章是高中历史学科全息育人学科研修探讨,介绍了高中历史学科全息育人学科研修的理念、原则、方法和案例。

《高中历史学科全息育人》一书,对充分发挥历史学科落实立德树人、培养德智体美劳全面发展的社会主义建设者和接班人的作用进行了有益的探索,有助于加深广大高中历史教师对历史学科育人目标、育人要素、育人价值、育人方式的了解和认识,有助于历史学科育人体系的完善,从而推动学科全面育人向纵深发展。

目录

第一章　高中历史学科全息育人概述

第一节　高中历史学科全息育人的内涵和特点　3
一、高中历史学科全息育人的概念　4
二、高中历史学科全息育人的内涵　4
三、高中历史学科全息育人的特点　7

第二节　高中历史学科全息育人的背景　10
一、政策背景　11
二、学科背景　13
三、技术背景　16

第三节　高中历史学科全息育人的价值　17
一、社会价值：培育国家未来需要的人才　17
二、学科价值：培养历史核心素养　19
三、实践价值：推动历史课堂转型　20

第二章　高中历史学科全息育人点导引

第一节　高中历史学科全息育人点框架的搭建　25
一、搭建的目的　26
二、搭建的思路　27
三、全息育人点框架的价值　28

第二节　高中历史学科全息育人点框架及其解读　29
一、高中历史学科全息育人点框架　29
二、高中历史学科全息育人点框架的解读　33

第三节 高中历史学科全息育人教学点导引详解 41
一、《中外历史纲要(上)》育人点导引详解 41
二、《中外历史纲要(下)》育人点导引详解 71

第三章 高中历史学科全息育人教学设计

第一节 高中历史学科全息育人教学设计理念 95
一、立足师生终身发展 95
二、依据学科课程标准要求 96
三、突出学科核心素养 97
四、强调跨学科学习 97

第二节 高中历史学科全息育人教学设计原则 98
一、思想性原则 98
二、系统性原则 99
三、科学性原则 100
四、反馈性原则 101

第三节 高中历史学科全息育人教学设计模型 101
一、模型核心价值 101
二、模型结构阐释 103

第四节 高中历史学科全息育人教学设计案例及评析 107
一、案例 107
二、评析 112

第四章 高中历史学科全息育人教学实施

第一节 高中历史学科全息育人教学实施理念 117
一、育人为本 118
二、双主共学 119
三、发展为先 119
四、全息建构 120
五、融合技术 121

第二节　高中历史学科全息育人教学实施原则　**121**

一、教学与育人相结合　**122**

二、基础与发展相结合　**122**

三、整体与侧重相结合　**123**

四、多样与灵活相结合　**123**

五、课堂和课外相结合　**124**

第三节　高中历史学科全息育人教学实施方式　**125**

一、情景体验式教学　**125**

二、问题探究式教学　**127**

三、拓展研修式教学　**130**

第四节　高中历史学科全息育人教学实施案例及评析　**133**

一、案例　**133**

二、评析　**138**

第五章　高中历史学科全息育人教学评价

第一节　高中历史学科全息育人教学评价理念　**143**

一、教学评一体化　**144**

二、评价主体多元　**144**

三、评价内容多维　**145**

四、评价过程动态　**145**

五、增值评价与综合评价相结合　**145**

第二节　高中历史学科全息育人教学评价原则　**146**

一、真实性原则　**146**

二、客观性原则　**147**

三、可行性原则　**147**

四、多视角原则　**147**

五、开放性原则　**148**

第三节　高中历史学科全息育人的课堂教学评价方法　**148**

一、课堂观察法　**149**

二、量表评价法　**149**

三、行为评价法　**155**

四、作业评价法　**156**
　第四节　高中历史学科全息育人课堂教学案例与评析　**158**
　　一、案例　**158**
　　二、评析　**165**

第六章　高中历史学科全息育人学科研修

　第一节　高中历史学科全息育人学科研修理念　**171**
　　一、五育融合 主题设计　**171**
　　二、多方联动 众筹智慧　**172**
　　三、课题推进 任务驱动　**173**
　　四、问题引领 精准施策　**173**
　　五、技术加持 手段创新　**174**
　第二节　高中历史学科全息育人学科研修原则　**174**
　　一、学科性与育人性相结合原则　**175**
　　二、整体性与个体性相结合原则　**175**
　　三、双赢性与共进性相结合原则　**175**
　　四、合作性与开放性相结合原则　**176**
　　五、针对性与时效性相结合原则　**176**
　第三节　高中历史学科全息育人学科研修策划与实施　**176**
　　一、研修活动的策划　**177**
　　二、研修活动的实施　**178**
　第四节　高中历史学科全息育人学科研修案例及评析　**182**
　　一、案例　**182**
　　二、评析　**188**
　　附：本文研修的部分成果　**189**

主要参考文献　**199**

后　记　**205**

第一章 高中历史学科全息育人概述

高中历史学科全息育人是北碚区全体高中历史教育工作者对以往历史学科育人经验的继承、发扬和创新,其创新点主要体现在育人的理念、对象、方式和评价评测上。在育人理念上,高中历史学科全息育人以全息教学原理、历史课程与教学论、"五育融合"理念等为理论支撑,将育人要素贯穿于学科教学的全过程、全环节,集教、学、评、研于一体,实现了学科"闭环"育人,改变了以往历史学科育人理念落后的不利局面。在育人对象上,高中历史学科全息育人强调"双主共学",亦既育学生又育老师,以扭转过往学科育人在对象上仅关注学生发展,而忽视教师成长的偏颇倾向,实现真正的"教学相长"。在育人方式上,高中历史学科全息育人挖掘学科自身蕴含的育人内涵,主张将育人目标与教学目标相结合,采用主题式、情境化育人方式,让学生价值观念的养成由外压变为内生,改变过往高中历史学科育人方式单一、生硬的教学模式。在育人效果的评价评测上,高中历史学科全息育人主张以"五育"的达成度为评测目标、以师生的成长度为评测指向,采用经验评测和数据评测相结合的方式,进行整体设计、分步实施和客观评价,改变过往学科育人重智育轻德育、重德育轻劳育等"五育"发展不平衡、不充分的状况。

第一节　高中历史学科全息育人的内涵和特点

　　高中历史学科全息育人具有深刻的内涵和鲜明的特点。它基于立德树人的视域,结合全息教学论、历史课程与教学论的基本原理,依托学科教学,指向学科育人。它通过构建"全要素、全过程、全方位"的全息育人场域和"五育融合"的全息育人路径,将"五育"全方位融入学科教学的全过程,以实现高中历史学科全息育人。这体现了历史学科求真、求实、求证的本质,兼顾了育人的整体性和差异性,凸显了过程的延续性和注重跨学科性等全息育人的特点。

一、高中历史学科全息育人的概念

高中历史学科全息育人的概念源于重庆市北碚区教师进修学院提出的学科全息育人理念,它依托高中历史学科教学实践,并以历史学科为基、全息为体、学科育人为本,是对高中历史学科教育目标、路径、方法的高度概括和凝练。

(一)全息育人的概念

北碚,作为全国首批国家基础教育课程改革实验区,一直走在推进基础教育课程改革的前列。北碚区教师进修学院植根于北碚教育,经过20多年持续探索,创新性地提出学科全息育人理念。学科全息育人就是基于学科教育教学,实施学科完整育人的"五育融合",实现全面育人、育全人的教学理念。学科全息育人以学科知识教学为载体,自然恰切地生发或嫁接一育或多育的融合教学,其目的是让党的教育方针以学科教学为媒介在课堂中切实落地!

(二)高中历史学科全息育人的概念

高中历史学科全息育人是基于立德树人视域,结合全息教学论、历史课程与教学论的基本理论,依托学科教学,通过构建全息育人场域和全息育人路径,将德智体美劳全方位融入学科教学的全过程,最终促进师生共同发展的教学理念。

二、高中历史学科全息育人的内涵

高中历史学科全息育人不是一个空洞的概念,它具有深刻的内涵和旺盛的生命力,是高中历史学科教学育人本质的集中体现。其反映了新时代党和国家对高中历史教育的要求,是全息教学论、现代信息技术、历史课程与教学理论和高中历史教学实践相结合的产物,因此,它具有丰富的理论内涵。因其反映了近年来北碚区高中历史教师对新时代高中历史学科教育教学的探究历程,而具有较高实践价值。它承接落实立德树人的根本任务,以培养历史学科核心素养为目标,以历史学科课堂教学要求为指向。对落实立德树人根本任务而言,它是一种宏观的育人理念;对历史课程核心素养目标的培养而言,它是一种中观的育人框架;对历史课堂教学要求而言,它又是一种微观的育人路径。

(一)师生发展:高中历史学科全息育人的根本指向

促进师生共同发展的教育才是好教育。把师生共同发展作为根本指向是高中历史学科全息育人的核心观点之一,促进教育主体的发展是教育的重要功能之一。学生是学习的主体,课堂教学的过程是学生在教师的引导下,按预设的目标、计划、路径发展自我的过程。课堂教学中,教师是施教的主体,课堂教学的过程是教师完善认知结构、提升教学技艺、实现教学价值的过程。

学生是未来,是希望,是支撑国家发展的栋梁、实现中华民族伟大复兴的力量。高中阶段是学生个性形成的关键时期,同时也是其世界观、人生观和价值观形成的关键时期。学生在高中阶段所受的教育将会影响他的一生。历史是一门智慧学科,让学生学会总结历史经验、汲取历史智慧、把握历史发展规律是历史教学的重要任务。高中历史学科全息育人立足历史学科教学的育人本质,聚焦学生的终身发展,引导学生通过历史课程的学习,从而从中汲取丰富的营养,获得独立解决问题的能力,并准确把握国家发展大势和世界发展的潮流,进而树立正确的世界观、人生观和价值观,为其成功人生奠定坚实的基础。

常言道"教学相长"。为党育人、为国育才是新时代历史学科教学的永恒追求。高中历史学科全息育人以"学科为基、学生为本、教师为根",其育人对象不仅是学生还包括教师。历史课程内容中蕴含的真、善、美能使学生得到必备品格的浸润,激发其对个体生命的敬畏、美好生活的向往。

新时代的高中历史教育需要一大批有良知、有品德、有才识的好老师。新中国成立以来,国家高度重视教师队伍的建设。进入21世纪后,国家之间的竞争日趋激烈,因而建立一支高素质、专业化的教师队伍已成为各国教育改革的重中之重。进入新时代以后,国家的发展、社会的进步、学生素质的提高,使社会对高品德、高水平教师的需求越来越强烈。高中历史学科全息育人把高中历史教师也作为育人的对象之一,把教师的德、识、才、能全面发展作为育人的重要指向,通过学科全息育人促进其德智体美劳全面发展、教学技艺全面提升,使之成为有理想信念、有道德情操、有扎实学识、有仁爱之心的"四有"好老师。

(二)三维立体场域:高中历史学科全息育人的全息育人场域

学科教学的实质是学科育人。人的每一个行为均受此行为所发生场域的影响。布迪厄认为时空是组成场域的重要元素,他将场域视为位置间客观关系的网络。时空是定位历史事物的经纬线。布迪厄所谓的组成场域中的时空元素与历史学科的时空元素有密切的关联,这为高中历史学科全息育人场域的构建提供了可能。高中历史学科全息育人认同环境对人的行为有影响,强调利用历史的时空特性,借助全息原理构建育人的三维立体场域,以达到育人的"全息"。此处的"三维"分别指育人要素、育人过程和育人方位,它们共同构成了高中历史学科全息育人的立体坐标。

教育部在《教育部关于全面深化课程改革落实立德树人根本任务的意见》中强调:"发挥学校的主渠道作用,加强课堂教学、校园文化建设和社团组织活动的密切联系,促进家校合作,广泛利用社会资源,科学设计和安排课内外、校内外活动,营造协调一致的良好育人环境。"[①]高中历史学科全息育人是在融合"德智体美劳"育人要素,整合教学设计、教学实施和教学评价等育人全过程,统筹学校、家庭、社会等育人阵地的基础上的一种三维立体育人。"三维"中的每个维度都指向学科育人,且各自均为一个完整的育人体系,由这三个完整的育人体系共同构成了高中历史学科育人的全息育人场域。三维立体场域的构成有利于实现真实育人。

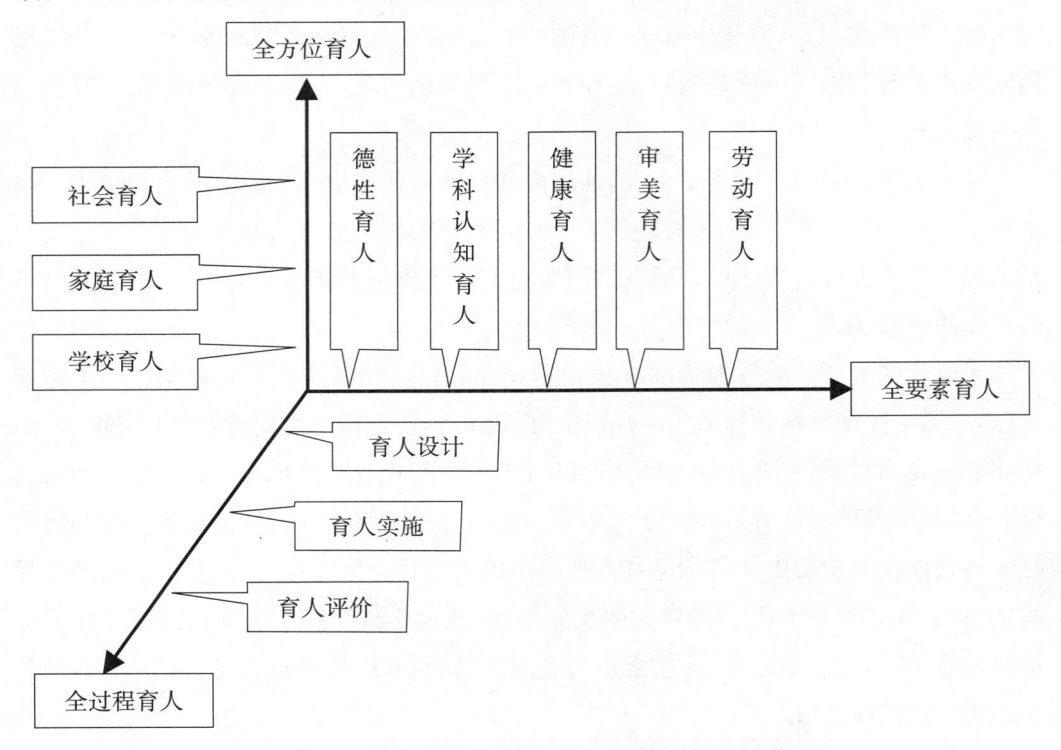

图1-1 北碚区高中历史学科全息育人三维立体场域结构图

(三)五育融合:高中历史学科全息育人的实践路径

"五育融合"是实现"五育并举"的重要方式。"'五育融合'是当前及未来基础教育改革最重要的发展方向和路径之一。"[②]"五育"是通过相互作用产生交融效应,形成"五育融合"的。"五育融合"的提出,有助于解决当前高中历史学科育人在方向上存在的

---

① 参看:《教育部关于全面深化课程改革落实立德树人根本任务的意见》.
② 李政涛."五育融合",提升育人质量[N].中国教师报,2020.1.

"五育"发展不充分、不平衡问题,以及育人路径设计上缺乏系统性和整体性等问题。德育、智育、体育、美育、劳育,"五育"是一个有机的整体,共同反映了立德树人的根本要求。

高中历史学科全息育人指向师生的全面发展,认同学科认知在学科中的基础地位,认为学科认知是学科智育的外显,只有将学科认知作为学科育人的载体,把知识、方法、能力、思维等历史学科诸元素纳入学科认知育人中,并立足"智育"融合德、美、劳、体四育,才能实现"五育融合"。通过"五育"自身的深度融合和"五育"与高中历史教学的深度融合,以期实现师生的全面发展,最终达成立德树人的目标。

(四)学科教学:高中历史学科全息育人的基本依托

文化学习的过程是学生智力发展和道德成长的过程。赫尔巴特认为:"教学如果没有进行道德教育,只是一种没有目的的手段;道德教育如果没有教学,就是一种失去了手段的目的。"[1]学科教学是学科育人的依托,育人是历史学科教学的自然功能,它能彰显历史学科的价值特性。历史学科育人功能主要依靠历史信息的传播去实现。就高中历史学科全息育人而言,学科教学和学科育人应是双向统一的。高中历史学科主张通过学科全息育人,让每一节课都能成为学生历史学科核心素养养成和生命发展的全息载体。

面对过去学科教学和育人"两张皮"现象,高中历史学科全息育人依托学科教学,立足学科对人的影响展开设计并实施教学,注重学科教学与育人的深度融合,将学科全息育人的理念、目标贯穿于教学设计、教学实施、教学评价始终。课堂上学科知识的传授、学科能力的培养、学科思维的训练、师生间的互动等学科教学的过程就是学科育人的过程。它要求高中历史教师在教学中对学生的教育引导自然、恰当、高效,同时,也要求教师与学生在教学中相互成就。历史教师在传授学科必备知识、训练学生关键能力、培养学生核心思维的过程中,应始终注意调动学生学习的积极性和主动性;始终注意培养学生的学习兴趣和良好学习习惯的养成;始终注意培养学生正确价值观的形成,以使其满足国家发展的需要、民族复兴的需求。

三、高中历史学科全息育人的特点

历史是具有鲜明特点的一门学科,过去性、规律性、可认知性等是其重要的学科特

---

[1] 邓军等.高校思想政治工作质量提升理论与实践(课程育人卷)[M].桂林:广西师范大学出版社,2019:23.

点。"求真""致用"是历史学的要求。历史学内含丰富的育人元素,以求真、求实、求证为代表的人文性是其本质。高中历史学科全息育人,基于高中历史学科特点,深入挖掘历史学科育人内涵,围绕育人,紧靠全息,从"学科本质、育人的整体性与差异性、延伸性和跨学科"四点凸显自身育人的特点。

(一)历史学本质

"要实现现有学科的育人价值,首先要认真地分析本学科对于学生而言独特的发展价值。"[1]历史的含义在中文中最早仅用"史"一字代表。甲骨文中"史"与"事"相似,指事件。许慎在《说文解字》中说:"史,记事者也。从又持中。中,正也。""史"的本意即记事者。历史学"是在一定的历史观指导下对人类历史进程及其鼓励的叙述和阐释"[2],是已发生了的人类社会实践活动,因其过去而不能重演,也无法实验,但人类可以通过探究留存的史料去还原历史,并从中总结规律、汲取智慧的学科。"历史学的本质是'求真',功能是'致用',没有对历史现象与历史真相的说明,历史学便失去了存在的意义"[3],所以历史又有"人类精神的故乡""人类智慧的行囊"之称。

高中历史学科全息育人,基于历史学的本质和功能,是真实的育人。在育人思想上,它以唯物史观为方法指导,力求通过培养学生的史料实证素养以养成学生"求真"的精神。在育人方法上,它基于历史学"求真"本质和"致用"功能,通过对学生证据意识、逻辑、批判思维的培养,引导他们在面对陌生事物时能够理性认知,进而进行科学判断和正确选择。学生通过高中历史课程的学习,学会用历史的眼光看待事物,用历史的方法分析事物,用历史的逻辑判断事物,以成长为具有深深历史"烙印"的"历史人"。

(二)兼顾整体与差异

历史是整体性和差异性的统一体。就历史本身而言,它是人类在特定时空环境中留下的"足迹",一个又一个小"足迹"构成了大历史。对于历史的认识不仅要从宏观角度进行整体把握,认识人类大历史的宏阔,更要从微观角度感知它的细节,关注这些小"足迹"的微妙。历史学科育人也应兼顾整体性和差异性。以统编版高中历史教材为例,建设什么样的教材体系,核心教材传授什么内容、倡导什么价值,体现国家意志,是国家事权。统编版高中历史教材在编写时就已经将德智体美劳"五育"隐含于具体的历史叙述之中。因此,我们在探究教学内容与"五育"之间的关系、设计单元育人目标

---

[1] 转引自武凤霞.语文学科育人价值的实现路径[J].人民教育,2018(Z2):31.
[2] 徐蓝,朱汉国.普通高中历史课程标准(2017年版)解读[M].北京:高等教育出版社,2018:38.
[3] 黄朴民.历史的第三种读法[N].光明日报,2007.6.

时,需要从整体的角度进行思考。但"五育"在教材中的分布并不是平均的,这主要体现在教材的每个知识点之间、子目与子目之间、单元与单元之间、课时与课时之间、册与册之间的差异上。因此,在具体的课时教学中还需要对"五育"进行细分处理。

高中历史学科全息育人主张历史育人中一定要兼顾育人的整体性和差异性,应通过搭建育人框架实施大单元教学,以"五育融合"思想统整教学目标、育人方式和育人资源,把"五育"作为整体设计融入单元教学之中。在进行整体育人设计的同时,根据教材育人内容的差异去体现"五育"的侧重。

高中历史学科全息育人兼顾整体和差异还体现在兼顾学科育人的整体要求和学生发展的个体差异上。

(三)凸显过程的延伸

延伸是指延长、伸展。历史再现并理清了人类文明的发展轨迹。历史学习是文化的传承、积累和扩展,是一个不断延续、继往开来的过程,具有很强的延伸性。人类认识历史的过程在不断地发展和深化,后一个过程总是在前一个过程的基础之上的继承与创新。历史和历史认识的延伸决定了历史学科育人过程具有延伸性(时间是历史的经线,空间是历史的纬线)。

时空既是组成历史的基本元素,又体现历史学科育人效果的长度和高度。高中历史学科全息育人以育人时空的延伸凸显其育人过程的延续。在育人的时间上,育人的过程从学生高中历史课堂学习的第一节课开始到高中学习的结束,延续至学生人生的终点,从课堂内延伸到课堂外。学生学习历史所获取的知识、方法、能力、思维和情感将伴随其生命的全过程,并助推其人生的发展。

在育人的空间上,育人的过程不仅是历史学科发挥育人作用的过程,更是学校、家庭、社会等全方位、多空间发挥育人作用的过程。它力求把立德树人内化到历史学科教学的各领域、各方面、各环节,做到以立德为根本、树人为核心,让学生学会"要做事先做人"。

(四)注重跨学科育人

教育是一个完整的全息系统。高中历史学科全息育人注重跨学科育人,提倡发挥各学科育人的共通性,提出在凸显历史学科育人特色的前提下融入其他学科的相关特色教学内容,发挥其跨学科育人功能,形成育人合力。首先,就知识、方法、能力、思维等学科要素而言,各学科间存在交叉。其次,就育人的目标而言,落实立德树人根本任务,培养德智体美劳全面发展的社会主义建设者和接班人需要所有学科共同作用、整体推进。再次,历史学科的包容性、认识角度的多维性等特点,决定了历史学科与其他学科具有很强的交互性。在学科界限上,历史的可教学内容涉及古今中外,相互间纵横交错,互为影响。在学科范围上,历史的可教学内容涵盖自然知识和社会知识,跨越了自然学科与社会学科间的鸿沟。在学科认知上,历史认知角度的多维性决定了历史思维的开放性和兼容性。随着认知理念的不断更新、认知路径的不断延伸,一些历史学科的认知方法和思维方式不再是历史学科所独有,也会被其他学科所采用。同样,其他学科的认知方法和思维方式也会被历史学科所用,学科与学科之间的壁垒正被逐渐打破,这为高中历史学科实施跨学科育人提供了新的空间。

学科全息育人理念下的跨学科教学,不是不同学科知识的随意拼凑和混搭,而是基于一定的教育理念和师生发展诉求,围绕一个或多个教育目标展开的深度教学。高中历史学科全息育人注重跨学科育人,发挥历史学科育人开放性和兼容性的特点,利用跨学科育人扩展了历史学科育人的范围。它聚焦育人的目标,以历史学科教学为依托,围绕学科育人的共通性,在知识、方法、能力、思维等方面进行学科间的相互渗透、相互融合,整合不同学科资源的效能和作用,发挥育人合力,推行跨学科、综合育人,以实现高中历史学科育人效益的最大化。

第二节　高中历史学科全息育人的背景

培养什么样的人、如何培养人以及为谁培养人,一直是习近平总书记强调的重中之重。2016年12月,在全国高校思想政治工作会上,习近平总书记强调要坚持把立德树人作为中心环节,把思想政治工作贯穿教育教学全过程,实现全程育人、全方位育人。

高中历史学科全息育人的提出具有鲜明的时代背景。"教育是国之大计、党之大计。"[1]中国特色社会主义进入新时代以后,培养什么人、怎样培养人、为谁培养人,这是一切教育工作的出发点和最终落脚点,也是当前"办好人民满意的教育"亟须解决的重要问题。2019年3月18日,习近平总书记在学校思想政治理论课教师座谈会上进一步

---

[1] 本报评论员.人民日报评论员:教育是国之大计、党之大计——论学习贯彻习近平总书记全国教育大会重要讲话[N].人民日报,2018.9.

强调,我们党立志于中华民族千秋伟业,必须培养一代又一代拥护中国共产党领导和我国社会主义制度、立志为中国特色社会主义事业奋斗终生的有用人才。总书记的话,在为中国特色社会主义教育事业的发展指明方向的同时,也为基础教育各学科的人才培养提出了新要求,为此,各学科教育工作者积极开展了相关研究。就高中历史学科而言,虽然掀起了研究的热潮,取得了一些成果,但仍未能从根本上解决当前部分高中历史课堂育人意识淡薄、育人方式单一等问题,更没有系统、深入地回答学科"怎样培养人"的问题。同时,随着科学技术的发展,现代信息技术与学科教学融合不断加深,并推动着学科教育不断向前发展,这为高中历史学科育人提供了新的思路。高中历史学科全息育人正是在这样的背景下应时而生。

一、政策背景

教育就是教育者按照相关法律法规和行业规范,利用学校条件,有目的、有计划、有组织地对受教育者的心智进行教化培育的过程,简而言之就是教学育人。就教学与育人两者关系而言,教学是手段,育人是目的。育人并不是新事物,它一直贯穿于党和国家的教育方针演进的全过程,并随着时代的发展而发展。

(一)育人是我国教育方针的核心内涵

育人一直是我国教育方针的核心内涵。新中国成立初期,制定相应的教育方针,是我国教育的重大任务。1957年2月,毛主席指出:"我们的教育方针,应该使受教育者在德育、智育、体育几方面都得到发展,成为有社会主义觉悟的有文化的劳动者。"[1]这表明,在当时,育人是教育的中心任务。改革开放初期,党中央又提出"要加强和改善思想政治工作,用马克思主义世界观和共产主义道德教育人民和青年,坚持德智体全面发展、又红又专、知识分子与工人农民相结合、脑力劳动与体力劳动相结合的教育方针"[2]。"德、智、体全面发展……知识分子与工人农民相结合,脑力劳动和体力劳动相结合",这是改革开放初期,我们党提出的教育方针。2014年3月,教育部在《教育部关于全面深化课程改革落实立德树人根本任务的意见》中指出,"立德树人是发展中国特色社会主义教育事业的核心所在,是培养德智体美全面发展的社会主义建设者和接班人的本质要求"[3]。2018年9月10日,习近平总书记在全国教育大会上发表重要讲话,强

---

[1] 芮鸿岩.建国初期党的教育方针和政策之研究[J].中国青年政治学院学报,2010(2):114.
[2] 参看:《中国共产党第十一届中央委员会关于建国以来党的若干历史问题的决议》.
[3] 参看:《教育部关于全面深化课程改革落实立德树人根本任务的意见》.

调"培养德智体美劳全面发展的社会主义建设者和接班人,加快推进教育现代化、建设教育强国、办好人民满意的教育"[①]。

党的教育方针是党在一定历史阶段提出的有关教育事业的总方向和总指针,它确定教育事业发展方向,是教育改革发展的指导思想、价值取向和根本要求,是教育基本政策的总概括,是指导整个教育事业发展的战略原则和行动纲领。教育方针的制定和落实,事关国家教育事业发展的战略方向和兴衰成败。新中国成立70多年来,党的教育方针适应时代要求,经历了一个不断发展、不断调整和完善的历史过程,体现了社会主义教育的性质,反映了不同历史时期我国经济社会发展对教育提出的基本要求。

习近平总书记在作党的十九大报告时庄严宣告:"中国特色社会主义进入了新时代,这是我国发展新的历史方位。"关于新时代党的教育方针,2019年3月18日,习近平总书记在主持召开学校思想政治理论课教师座谈会上强调,新时代贯彻党的教育方针,要坚持马克思主义的指导地位,贯彻新时代中国特色社会主义思想,坚持社会主义办学方向,落实立德树人的根本任务,坚持教育为人民服务、为中国共产党治国理政服务、为巩固和发展中国特色社会主义制度服务、为改革开放和社会主义现代化建设服务,扎根中国大地办教育,同生产劳动和社会实践相结合,加快推进教育现代化、建设教育强国、办好人民满意的教育,努力培养担当民族复兴大任的时代新人,培养德智体美劳全面发展的社会主义建设者和接班人。总书记的重要讲话明确提出了新时代我国社会主义教育事业的总方向和根本方针,为办好新时代中国特色社会主义教育指明了方向,提供了根本遵循。

高中历史学科全息育人以落实立德树人根本任务为己任,以培育德智体美劳全面发展的社会主义建设者和接班人为导向,从高中历史学科教育实践角度,力图回答历史学科教学"怎样培养人"的问题。

(二)育人是我国基础教育课程改革的重点

基础教育是我国教育体系的有机组成部分,是全面贯彻党的教育方针的主渠道,是培育德智体美劳全面发展的社会主义建设者和接班人的重要阵地。为适应时代发展的需要,我国基础教育从新中国成立伊始到新时代,先后进行了多次课程改革,并取得了巨大的成就,有力地推动了我国基础教育的发展。高中课程,作为基础教育课程的重要一环,伴随我国的基础教育课程改革,经历了从"双基"到"三维",再到"核心素养"的演变历程。

[①] 习近平在全国教育大会上强调 坚持中国特色社会主义教育发展道路 培养德智体美劳全面发展的社会主义建设者和接班人[N].人民日报,2018.9.

1952年3月,教育部颁布的《中学暂行规程(草案)》把使学生获得"现代科学的基础知识和技能"作为中学的教育目标。2001年6月教育部颁发的《基础教育课程改革纲要(试行)》中明确提出,国家教育课程标准应体现国家对不同阶段的学生在知识与技能、过程与方法、情感态度与价值观等方面的基本要求。2014年3月,教育部下发了《教育部关于全面深化课程改革落实立德树人根本任务的意见》(以下简称《意见》)的文件,指出了落实立德树人根本任务的重大意义,即"落实立德树人根本任务,是贯彻党的十八大和十八届三中全会精神的重大举措,是提高国民素质、建设人力资源强国的战略行动,是适应教育内涵发展、基本实现教育现代化的必然要求,对于全面提高育人水平,让每个学生都能成为有用之才具有重要意义"[①]。"依据学生发展核心素养体系,进一步明确各学段、各学科具体的育人目标和任务,完善高校和中小学课程教学有关标准。要增强思想性,有机融入社会主义核心价值观的基本内容和要求,全面传承中华优秀传统文化,弘扬社会主义法治精神,充分体现民族特点,培养学生树立远大理想和崇高追求,形成正确的世界观、人生观、价值观。"[②]《意见》的颁布表明,育人已成为新一轮基础教育课程改革的重要关切点,培养核心素养已成为基础教育各学科教学的基本目标。基础教育各学科应以"德育为先、能力为重、全面发展"教育理念为指导深入探究学科育人的理念、路径和方法。

2019年6月,《国务院办公厅关于新时代推进普通高中育人方式改革的指导意见》(以下简称《意见》)提出:普通高中教育要"全面贯彻党的教育方针,落实立德树人根本任务,发展素质教育,遵循教育规律,围绕凝聚人心、完善人格、开发人力、培育人才、造福人民的工作目标,深化育人关键环节和重点领域改革,坚决扭转片面应试教育倾向,切实提高育人水平,为学生适应社会生活、接受高等教育和未来职业发展打好基础,努力培养德智体美劳全面发展的社会主义建设者和接班人"[③]。《意见》的颁布表明,从课程到课堂、从设计到实施再到评价,普通高中各学科教学都必须围绕"育人"进行,"育人"已成为高中课程改革的方向和重心。

二、学科背景

高中历史学科是人文学科的重要分支,其教学实践是高中历史教师落实立德树人根本任务,培养德智体美劳全面发展的社会主义建设者和接班人的重要渠道。《普通高

[①] 参看:《教育部关于全面深化课程改革落实立德树人根本任务的意见》.
[②] 参看:《教育部关于全面深化课程改革落实立德树人根本任务的意见》.
[③] 参看:《国务院办公厅关于新时代推进普通高中育人方式改革的指导意见》.

中历史课程标准(2017年版2020年修订)》(以下简称《课程标准》)对高中历史学科的教学理念、目标和任务做了科学的阐述,并对学科育人提出明确的要求,但当前的高中历史学科课堂教学和《课程标准》的要求之间仍存在较大的差距。

(一)育人是《课程标准》的核心要求

《课程标准》强调:"普通高中历史课程的目标是坚持落实立德树人的根本任务。"[①]历史教育"是推行国家主流意识形态,培育民族和国家认同、凝聚历史价值观、完善人格品质、提升人生境界的重要手段,具有培育人文素养,重塑社会道德,涵养家国情怀的重要作用"[②]。高中历史学科全息育人以《课程标准》的要求为指导,依托高中历史学科教学,将历史学的育人功能贯穿历史教学的设计、实施和评价全过程,通过学科育人挖掘历史课程的育人要素,重构了学科育人体系,重建了历史课程的育人价值。

(二)育人是高中历史教材的重要内容

统编版高中历史教材是高中历史学科育人的主要资源。它既是教师教学的教本,又是学生接受教育的学本。统编版高中历史教材有机地把五大核心素养融入历史史实的叙述中,并以此构建起了统编版高中历史教科书的体系。统编版高中历史教材在编写时注重教材本身的思想性、科学性、民族性、时代性和系统性,对深入开展爱国主义、集体主义、社会主义教育,体现和弘扬中华民族的优秀传统文化,加强革命传统教育,强化国家主权、海洋权益等方面的爱国主义教育、民族关系教育,加强民族团结意识等教育有更精准的指导作用。同时,统编版高中历史教材在培养学生的理想信念和社会责任感,引导学生通过高中历史的学习,形成适应自身发展和社会发展需要的必备品格和关键能力方面也有一定的强化作用。

(三)育人效果是高中历史教学评价的重要指标

教学评价既是当前我国基础教育课程改革的重点内容,又是基础教育课程改革的核心关切与焦点问题,还是基础教育深化教学评价改革的关键环节。面对当前的课程改革,专家和学者都已认识到教学评价改革的重要性,认为"育人是课堂教学的应有之义。从这个意义上说,课堂教学评价应对课堂教学的育人质量做出总体价值性判断"[③]。同时,他们也要求把育人效果作为衡量教学效果的重要指标。高考,作为教育

---

① 中华人民共和国教育部制定.普通高中历史课程标准(2017年版2020年修订)[M].北京:人民教育出版社,2020:1.
② 徐蓝,朱汉国.普通高中历史课程标准(2017版)解读[M].北京:高等教育出版社,2018:51.
③ 李铁安.围绕"四个评价"展开课堂教学评价[N].中国教育报,2020.7.

评价体系改革的重要突破口,就已将育人融入其中了。就历史学科而言,彰显历史学科育人价值,强化历史学科育人功能是历史学科高考的重要指导思想。《深化考试内容改革 凸显学科育人功能——2019年高考历史试题评析》一文明确指出:"2019年高考历史以立德树人为鲜明导向,落实构建德智体美劳全面培养教育体系的要求,试题注重彰显历史学科在育人方面的独特价值,体现科学合理的教育评价导向,重点考查核心价值、必备知识、关键能力和学科素养,较好实现了测量功能,有利于高校选拔学生,有利于引导中学教学。"[①]

(四)当前高中历史学科育人存在的主要问题

学科教学的本质是学科育人。学科教学在对显性知识进行传授的同时,应对学生在理念确立和价值观(特别是道德价值观)形成等隐性影响方面产生有益且弥久的影响;通过发挥学科的特色和优势,为学生提供富有生命内涵、感悟幸福人生的思维和视野,以促进学生知识的增长、能力的提升、人格的健全。苏霍姆林斯基认为,教师不仅是自己学科的教员,而且是学生的教育者、生活的导师和道德的引路人。对照苏霍姆林斯基的教育观点,目前的高中历史学科教学还存在着学科育人意识淡薄等问题,需要教育工作者在工作中加以解决。其具体表现在以下四个方面。

1. 育人意识淡薄。育人意识薄弱是当前高中历史学科育人存在的普遍问题。教师是学科育人的主体。"教"与"育"本为一体,现实中却将其分割开来,即科任教师负责教学,班主任负责德育,这种意识在很多高中历史教师(科任教师)中普遍存在,进而导致大多数历史教师的教学之路越来越窄。"育人"是教师的"本职"而不是"兼职",每一位教师都承担着育人职责。部分高中历史教师"只教不育"的主要原因是对教师岗位的职责理解不准,对高中历史课程的性质认识不清,对历史学科教学的目标把握不明。教师育人意识薄弱不利于促进学生的全面发展和立德树人根本任务的落实。

2. 育人理念落后。育人理念落后是当前高中历史学科育人存在的关键问题。唯分数论,重智育轻德体美劳四育等观念在一定程度上影响着广大的高中历史教师。在这些观念的指导下,高中历史教学以知识传授为主,以高分数和高升学率为教学的唯一目标,导致了历史课堂培养的学生普遍缺乏历史核心素养,审美意识、创新精神和实践能力也相对薄弱,仅仅成为应试的工具。教师是人类灵魂的工程师,在传授学科知识的同时,也应改造学生的思想和塑造学生灵魂。知识传授不应是教学的唯一目的。高中历史教师应摒弃唯分数论、重智轻德等落后育人理念,而要以促进学生德智体美劳

---

① 教育部考试中心.深化考试内容改革 凸显学科育人功能——2019年高考历史试题评析[J].中国考试,2019(7):29.

全面发展为要义，积极开展素质教育，把知识作为培养学生能力、塑造学生品格、形成学生正确价值观的载体，努力培养能担当大任的时代"新人"。

3. 育人方式单一。育人方式单一是当前高中历史学科育人存在的重要问题。教育需要通过师生之间的相互交流、相互影响而产生作用。雅斯贝尔斯说："所谓教育，不过是人对人的主体间灵肉交流活动（尤其是老一辈对年轻一代），包括知识内容的传授、生命内涵的领悟、意志行为的规范。"①当前，高中历史教师育人大多采用生硬说教，而单纯的说教恰恰是学生最不接受的方式。从认知心理学的角度分析，高中学生良好品德、历史情感的养成是长期的潜移默化教育的结果，它需要经历从认同到内化、从内化到外显的过程，即内化于心、外显于行。恰当的历史学科育人方式应该是用历史知识丰富人、用历史价值观塑造人、用历史情怀感染人的润物细无声式。

4. 忽视学科育人内涵。忽视学科育人内涵是当前高中历史学科育人存在的核心问题。通过课堂观察、问卷调查，我们发现相当多的高中历史教师对学生进行的教育，主要是针对学生在课堂上所表现的不道德、不文明、不恰当的行为，而非从历史入手挖掘和发挥历史本身具有的育人功能，用历史育人。历史课程蕴含着丰富的育人内容，如杰出历史人物等所蕴含的历史智慧、历史情感、历史价值观等。高中历史教学应充分挖掘历史自身的育人内涵，让学生通过高中历史的学习成为有历史知识、有历史思维、有历史情怀的"历史人"。

三、技术背景

育人方式的多样性和育人效果的真实性是高中历史学科全息育人的亮点。现代信息技术的发展为高中历史学科全息育人效果的真实性提供了强大的技术支撑。进入"互联网+"时代后，信息技术与学科教学深度融合。"可见性学习""深度学习"等不断的兴起，对传统课堂的教学方式、教学组织形式产生巨大影响，催生了育人新理念、新方式的出现。

（一）信息化是未来教育发展的趋势

教育信息化是教育发展的趋势，体现在学科教学和现代信息技术的深度融合上。2012年3月，教育部印发了《教育信息化十年发展规划（2011—2020年）》。文件发布以后，"互联网+教育""信息化教学""教育信息化""可视化教学"等成为教育领域的热词，电子白板大有取代投影仪成为课堂教具标配的趋势，许多电子资源库已成为教师教学

---

① ［德］雅斯贝尔斯.什么是教育[M].北京:生活·读书·新知三联书店,1991:3.

的重要参考资料来源,网上课堂已成为辅助课堂教学的重要手段,慕课、微课、翻转课堂等逐步改变了过去先教后学的教学方式。这表明,现代信息技术已经从理念、方式上改变着教育。利用现代信息技术育人已成为教育发展的潮流。

(二)信息化育人是高中历史学科全息育人的重要手段

信息化育人是高中历史学科全息育人的重要手段。首先,信息化育人贯穿于高中历史学科全息育人的始终。从育人目标的确立到育人资源的收集、从育人方式的选择到育人实施的优化、从育人效果的检测到育人实践的总结,信息技术都发挥着重要的作用。其次,现代信息技术创设的信息化教学环境对高中历史学科全息育人也产生了深刻的影响。现代信息技术是营造高中历史学科全息育人环境的重要手段。高中历史学科强调运用现代信息技术创设课堂育人的情境。高中历史学科全息育人力求通过育人的真实情境实现育人效果真实可见。

第三节 高中历史学科全息育人的价值

教育与时代的背景、国家的命运、民族的未来密切相关,教育强则国强。21世纪最重要的是人才。人才是推动社会发展、民族复兴的重要力量。为国家培养具有正确价值观念、关键能力和必备品格的社会主义建设者和接班人,既是新时代中国特色社会主义教育的应有之义,也是每一个教育工作者的神圣使命。随着高中历史课程改革走向深入,育人成为历史课程教学的目标,高中历史学科教学回归教育的本真。所以,高中历史学科全息育人,从社会、学科和实践三个层面对历史学科育人的价值进行了探讨和建构。高中历史学科全息育人的社会价值指向培育国家未来需要的人才,学科价值指向培养历史核心素养,实践价值指向推动高中历史课堂转型。

一、社会价值:培育国家未来需要的人才

实现中华民族的伟大复兴是中华民族近代以来最伟大的梦想,它的实现需要每个中华儿女做出应有的贡献。民族复兴需要千百万优秀人才的支撑,培养能够适应未来国家发展需要的有用人才既是高中历史教师的使命,更是高中历史学科教育的职责。

(一)学科教育的使命

进入21世纪以来,因发展的需要、经济和科技竞争的加剧,许多国家将教育摆到优先发展的重要位置,把人才培养作为教育的重中之重。《中国教育现代化2035》提出推进教育现代化要"以凝聚人心、完善人格、开发人力、培育人才、造福人民为工作目标……将服务中华民族伟大复兴作为教育的重要使命……为决胜全面建成小康社会、实现新时代中国特色社会主义发展的奋斗目标提供有力支撑"[①]。中华民族要实现伟大复兴,屹立于世界舞台,离不开教育。为中华民族的伟大复兴培养人才就是当前历史学科教育的使命。

(二)未来需要的人才的定义

未来的竞争是人才的竞争。国家对人才的新定义决定了基础教育学科教学培养人才的方向。过去,社会对人才的定义更多强调人的"才",对人的"德"的要求则相对较弱。进入新时代以后,这一问题得到矫正。今后,中国教育将"更加注重以德为先,更加注重全面发展,更加注重面向人人,更加注重终身学习,更加注重因材施教,更加注重知行合一,更加注重融合发展,更加注重共建共享"[②]。可见,未来需要的人才是以德为先、德才兼备、全面发展的新型人才。

(三)高中历史学科全息育人培养人才的方向

历史学科,作为人文学科的重要组成部分,其育人价值因历史的过去性而丰厚,其育人效果因历史的现实性而真实,其课堂教学自然应本着"育人为本、德育为先"的理念。高中历史学科全息育人顺应时代发展的潮流,结合国家对新型人才的需求,融合学科育人核心要素,整合教学设计、教学实施和教学评价等学科育人手段,聚合学校、家庭、社会等力量,高举社会主义教育的大旗,将社会主义核心价值观教育、中华优秀传统文化教育和革命文化教育等的育人内涵融入高中历史学科教学,为国家培养掌握历史必备知识、有历史关键能力、树立正确价值观、适应国家发展需要的以德为先、德才兼备、全面发展的社会主义建设者和接班人。

---

① 参看:《中国教育现代化2035》.
② 参看:《中国教育现代化2035》.

二、学科价值：培养历史核心素养

(一)育人是学科核心素养的归旨

学科核心素养在现实社会生活中表现为学生通过学科学习所形成的正确价值观念、掌握的必备知识及拥有的关键能力。学科核心素养通过学科教学达成。"真正的教学是教人,而不是教书。"[①]学科核心素养不是学科教学的"天花板",学科教学的"天花板"是立德树人,是树具有社会主义"大德、公德、私德"、德才兼备、全面发展的人。学科核心素养是立德树人的抓手。因此,育人是学科核心素养的归旨,养成学生的历史学科核心素养体现了历史学科育人的价值。"所谓学科育人,是从学科的性质、地位、任务出发,体现学科的特质,彰显学科育人的特殊功能。学科育人说到底是用学科核心素养育人,换个表述就是培养学生的学科核心素养,进而推动学生整体素养的提升。"[②]所以,学科核心素养的养成过程就是学科育人的过程。

(二)历史学科核心素养的育人内涵

历史学科核心素养是学生通过历史学习所形成的正确价值观念、掌握的必备知识及拥有的关键能力。它植根于中华优秀传统文化的丰厚土壤中,具有浓厚的中国色彩,反映了中国特色社会主义建设进入新时代以后党和国家对全面发展人才的要求。历史学科核心素养体现了历史学科在育人方面的基础性、学科性和综合性等要求。高中历史教学着眼于人的发展,它让学生通过学习历史,得以知晓历史知识、拓宽历史视野、形成历史思维、把握历史发展规律、汲取历史智慧,为其未来发展奠定坚实基础。

(三)通过核心素养养成实现全息育人

培育学科核心素养是落实立德树人和达成"五育并举"的一座桥梁。在高中历史教学中,受限于历史教师对核心素养内涵认识的差异等因素,高中历史课堂大多仅是传播知识的课堂而非培育核心素养的课堂,更非育人的课堂,落实立德树人在这样的课堂教学中就成了一句空话。因此,需要帮助教师在立德树人和五大素养之间搭建一座桥梁,让教师通过这座桥梁能够准确理解历史学科核心素养的内涵和外延,能够知道并掌握历史学科核心素养培育的基本方法,能够把握历史学科核心素养的价值指向,能够完整理解立德树人和"五育"之间的关系、"五育"与历史学科核心素养之间的

---

① 余文森.核心素养导向的课堂教学[M].上海:上海教育出版社,2017:101.
② 成尚荣.学科育人的意蕴[J].教学研究与评论(中学教育教学),2018(5):1.

关系。高中历史学科全息育人通过对学生历史核心素养的培育实现全息育人。以"育人是学科核心素养的价值归旨"理念为指导,高中历史教师通过从历史核心素养的育人内涵、历史教材的核心素养内涵中萃取育人指标,用"学科认知、德性育人、健康育人、审美育人、劳动育人"将其串联,搭建起"高中历史学科全息育人点框架"并开展学科课堂教学。高中历史教师将历史学科核心素养的培育理念、目标、路径、过程转化为历史学科的育人理念、目标、路径、过程,历史学科五大核心素养便被有机地融入德智体美劳"五育"的培育中,从而使历史教学实现了历史学科价值和育人价值的统一。

三、实践价值:推动历史课堂转型

高中历史学科全息育人是历史学科核心素养在高中历史课堂教学中的全息演绎。它要求高中历史教师充分挖掘教材的育人要因,在学科教学的目标、方式和评价上基于全息育人理念,引导学生全面、全域、全程学习,让每一节历史课均成为培育师生学科整体素养和推动师生生命发展的全息载体。

(一)教学目标:从学科教学转向学科育人

课堂是教学的主要场所,从学科教学转向学科育人是高中历史学科全息育人课堂改革的追求。对学科教学而言,教学是手段,育人才是目的。过去的高中历史课堂,学科教学的本位是知识传授,几乎所有的教学活动都围绕知识传授进行。在知识本位的指导下,让学生掌握知识成了教学的唯一目标,教学的过程就是教师讲授知识、学生接受知识的过程,历史课堂仅是传递知识的课堂。学科全息育人下的高中历史学科教学,教学目标的制订、教学方法的选择、教学路径的搭建、教学评价的实施等教学活动都围绕学科育人进行。知识从课堂教学的目标转变为课堂学科育人的载体,教学资源转变为育人资源,教学的方法转变为育人方法,教学路径转变为育人路径,历史学科的育人价值得到充分彰显。

(二)教学方式:从单向授受转向双向互动

教学方式是教学活动实际呈现的形式。过去以教师为主体的高中历史课堂教学采用的教学方式大都以单向授受为主。课堂上,教师变成了知识的"搬运工",将教材知识原封不动地灌输给学生;学生则变成了知识的存储器,将教师口中的知识原封不动地存入脑海,历史教学显得枯燥、乏味、死板。

学科育人的关键是让学生在学科符号与日常生活之间建立有机联系,在逐步理解符号的内在意义的过程中,领悟学科符号背后的思想观念、学科精神、做人的美德等,而不是单纯记忆这套学科符号。高中历史学科全息育人课堂教学注重发挥教师、学生的双主体作用,提倡采用符合历史学科认知特点的情境体验式教学、问题探究式教学、拓展研修式教学方式学习历史。通过情境创设,让历史符号和学生生活建立紧密联系,帮助学生获得真实的历史感受;通过问题导向,激发学生探究历史的欲望,形成自我的历史认知;通过拓展研修,开阔学生的历史视野,在实践中感受历史的魅力。最终形成师生双向互动下的"双主共学",让教师在历史课堂中轻松地教,学生在历史课堂中轻松地学并学有所获。

(三)教学评价:从教学效果转向育人效果

教学评价是依据教学目标对教学过程及结果进行价值判断并为教学决策服务的活动。过去的高中历史学科教学评价虽然取得了一些成效,但在评价角度、对象、手段和标准上都存在一些不足。比如,评价角度大都基于学生知识的获取而非其历史核心素养的养成,评价对象基于学科而非人,评价手段基于肉眼观测+纸笔记录而非现代信息技术,评价标准基于经验判断而非数据量化。这些不足严重削弱了当前高中历史学科教学评价对学科教学发展的影响。

高中历史学科全息育人教学评价,依"人"而行,把立德树人的成效作为检验教学工作的根本标准,把德智体美劳"五育"并举作为评价指标,真正做到了以文化人、以德育人。它立足师生在历史课堂上的成长点,运用"现代信息技术+量表评价"等方式,将评价者的经验和教学真实数据相对照,对历史课堂育人实效做出了科学、准确和系统评价。同时,将这种评价贯穿于课堂育人的全程,才能真正做到全员评价、全程评价、全要素评价。评价角度由知识的获取转向师生的发展,评价对象由学科转向师生,评价手段从肉眼观测转向肉眼观测与现代信息技术的结合,评价标准从经验转向"经验+大数据",其目的在于以评价促进教师对课堂进行合理优化,促进学生在知识、能力、思维等方面得到发展的同时实现德智体美劳的全面发展。

第二章

高中历史学科全息育人点导引

叶澜先生说："教学为学生的多方面主动发展服务是最基本的立足点。因此,学科的独特育人价值要从学生的发展需要出发,来分析不同学科能起的独特作用。"[①]为发挥历史学科在育人中的独特作用,促进师生全面发展,北碚区高中历史教师在学科全息育人理念的指引下,依据《课程标准》的要求,结合统编版高中历史教材,提炼出了高中历史学科全息育人点,编制了高中历史学科全息育人点框架,创制了高中历史学科全息育人点导引,将高中历史学科全息育人从理念引向实践,为高中历史教师运用统编版高中历史教材进行课堂育人提供了切实的帮助。

本章的主要内容由"高中历史学科全息育人点框架的搭建""高中历史学科全息育人点框架及其解读""高中历史学科全息育人教学点导引详解"三部分组成。其中"高中历史学科全息育人点框架的搭建",主要叙述搭建高中历史学科全息育人点框架的目的、思路和价值。"高中历史学科全息育人点框架及其解读"则呈现了高中历史学科全息育人点框架及我们对点框架的解读。"高中历史学科全息育人教学点导引详解"呈现的是我们运用高中历史学科全息育人点框架对《中外历史纲要》进行细致梳理后形成的育人导引。阅读本章内容,有助于教师进一步理解高中历史学科全息育人的相关理念和实践价值,进一步加深其对统编版高中历史教材的认识和理解,把握教材编者意图,以不断优化自身教学。

第一节　高中历史学科全息育人点框架的搭建

高中历史学科以全息育人理念为指导,以落实立德树人根本任务为目的,以培养学生历史学科核心素养为抓手,聚焦社会主义核心价值观教育、"五大认同""四个自信"和统编版高中历史教科书中蕴含的育人元,通过搭建高中历史学科全息育人点框架的方式,将德智体美劳"五育"融入于历史学科教学实践当中。搭建全息育人点框架的目的在于通过高中历史学科教学和学科育人的有机结合和无缝对接,实现学科育人的润物细无声。在全息育人点框架的搭建过程中,采用"萃取—融合"的思路,以历史

[①] 叶澜.重建课堂教学价值观[J].教育研究,2002(5):6.

学科核心素养培育为立足点，基于学生的历史认知特点，结合从社会主义核心价值观、"五大认同""四个自信"中萃取出的高中历史学科全息育人元，并以学科认知、德性育人、审美育人、健康育人和劳动育人为线，将全息育人元进行系统归类、有机整合和系统串联，进而搭建起了科学、合理且完整的学科育人闭环点框架。

一、搭建的目的

（一）推动高中历史学科教学落实立德树人的根本任务

推动高中历史学科教学落实立德树人的根本任务，是搭建高中历史学科全息育人点框架的核心目的。高中历史学科全息育人点框架的搭建，以立德树人为基点，根据历史学科的育人逻辑，遵循社会主义核心价值观育人方向，基于高中历史课程标准与高中历史教材的育人内涵，以培养学生历史学科核心素养，在教学实践中最终指向学生德智体美劳的全面发展。任何一个学科教学落实立德树人根本任务都需要整体推进、系统实施。高中历史学科全息育人点框架的搭建从高中历史学科教学的角度回答了"为谁教""教什么""怎么教"的问题，也为高中历史学科教学落实立德树人提供了方向性引领和实践性支撑。

（二）促进高中历史学科教学和"五育"的深度融合

高中历史学科全息育人点框架是高中历史学科教学的"指向标"，是指导高中历史学科教师践行"五育并举"思想，开展"五育融合"教学的"操作杆"。"学科认知、德性育人、审美育人、健康育人、劳动育人"是高中历史学科育人点框架的关键点，也是高中历史学科全息育人的指向。此点框架的搭建，有力地促进了高中历史学科教学和"五育"的深度融合。实现它的搭建，并将其融入于学科教学的各环节，有助于提升高中历史教师对学科育人的深入理解。首先，此点框架的搭建是以对高中历史学科课程标准和高中历史教材的深度挖掘为前提的。其次，此点框架是高中历史教师实施学科育人的行动指南。高中历史教师运用此点框架对教材进行细致梳理，探寻教学内容中体现的"五育"内容后，方可设计合理的育人目标，形成科学的育人思路，进而将"五育"有效、深度地融于学科教学之中。

二、搭建的思路

高中历史学科全息育人点框架的搭建,遵循社会主义核心价值观的要求,以党的二十大报告中提出的"落实立德树人根本任务,培养德智体美劳全面发展的社会主义建设者和接班人"精神,以及习近平总书记在2018年全国教育大会上强调的"坚持中国特色社会主义教育发展道路……培养德智体美劳全面发展的社会主义建设者和接班人"要求为整体思路,根据高中历史课程标准及高中历史学科教材的育人标准而搭建。其搭建的基本思路如下。

(一)符合学科全息育人理念

高中历史学科全息育人研究组把各"全息元"即"学科认知、德性育人、审美育人、健康育人、劳动育人"有机融合,以"学科认知"为基础,贯穿"德性育人",辅以"审美育人、健康育人、劳动育人",形成高中历史学科育人的"育人线",指导高中历史学科教师挖掘学科"全息元"育人点,而后明晰高中历史学科各"全息元"之间关系,形成灵活的"流线型"的"全息体",让高中历史学科教师在学科育人中关注学生个性化、多样化的学习和发展需求,促进人才培养模式的转变,着力发展学生的核心素养,使学生成长为有理想信念、有社会责任感、有科学文化素养和终身学习能力的人。

(二)适应学生身心发展规律

高中历史学科全息育人,以"学科认知、德性育人、审美育人、健康育人、劳动育人"为"全息元",并以全息育人和"五育融合"等理论为指导,深入挖掘课程标准、统编版高中历史教材中"五育"内涵,提炼出了高中历史学科全息人点,完成了此点框架的搭建。遵循教育教学规律和学生身心发展规律,贴近学生的思想、学习、生活实际而搭建起的这一点框架,充分满足了学生的成长需要,并能促进每个学生主动地、生动活泼地发展。在"学科认知"方面,使学生掌握中外历史的基础知识,学习历史的基本方法和基本技能;在"德性育人"方面,培养学生的人文素养,重塑其社会道德,对学生在情感、态度、价值观等方面能进行正确的引导;在"审美育人"方面,从文献材料、图片、图表、实物、遗址遗迹、影像、口述材料及历史文学作品等方面使之感悟历史之美;在"健康育人"方面,使学生自觉地实施健康行为和采用健康的生活方式,消除或减少影响其健康发展的因素,逐步形成其健全的人格和健康的个性品质;在"劳动育人"方面,让学生有劳动实践意识,并能积极参与社会实践活动,从而使其得到自由而全面的发展。

(三)体现学科"五育融合"思想

高中历史学科全息育人点框架的搭建,遵循提升学生学科认知、培养学生核心素养的要求,通过充分延伸历史学科的内涵与外延,从学科教学的层面培养学生认知能力进而提升其核心素养,通过发挥德性育人、审美育人、健康育人、劳动育人的作用,使德智体美劳"五育"有机统一。高中历史学科育人点框架的搭建整体思路就是要把德智体美劳作为育人途径,进一步改进教学方式、学习方式和评价机制,将教、学、评有机结合,促进学生的自主学习、合作学习和探究学习,提高其实践能力,培养其创新精神,最终实现学生德智体美劳全面发展。

三、全息育人点框架的价值

(一)明晰了高中历史学科育人的价值

对于学科育人价值,叶澜先生很久以前就说:"育人价值指向学生个体精神发展的全部:包括头脑中的知识结构层级,思维方式与思维品质,符号理解、互换与整合、综合运用的能力;对未知领域的好奇,发现问题和解决问题的创造能力;对事物认识的穿透力和时空贯通感;对他人的善解、合作与处理矛盾和冲突的能力;对自然世界的感受、理解、理性相处与和谐共生的自觉意识和能力;对人生中各种美的感受和欣赏,乃至创造愉悦与美的能力;最终归结到对自我个性与人格、发展理想与信心、策划与在现实中践行的生命自觉意识与能力。"[①]高中历史学科全息育人点框架基于高中历史学科的育人价值指引,分析整合"学生个体精神发展的全部"的全息元,把学生的"知识结构层级,思维方式与思维品质,符号理解、互换与整合、综合运用的能力;对未知领域的好奇,发现问题和解决问题的创造能力;对事物认识的穿透力和时空贯通感;对他人的善解、合作与处理矛盾和冲突的能力;对自然世界的感受、理解、理性相处与和谐共生的自觉意识和能力;对人生中各种美之感受和欣赏"通过个体化的教育挖掘,以及习得性的特性变化,控制非习得性的变化特性,分条缕析地对"全息元"挖掘整合后,达成师生全面发展的目的。高中历史学科全息育人点框架的搭建明晰了高中历史学科育人的价值。

(二)丰富了高中历史学科全息育人的思想

在方法论意义上,全息认识方法就是通过局部通晓全体,反过来也可以说从规模

---

① 叶澜.融通"教""育",深度开发学科的育人价值[J].基础教育论坛,2016(15):59.

较小、层次较低的"全息元"可认识规模较大、层次较高的"全息元"的方法。高中历史学科全息育人点框架的搭建是全息教学论在学科教学的重要实践。它从"学科认知、德性育人、审美育人、健康育人、劳动育人"这五个部分去反映高中历史学科育人的整体;这五个部分又分别自成体系,且五个部分之间相互联系。其中,学科认知是其余四育的基础。

第二节 高中历史学科全息育人点框架及其解读

高中历史学科要达成落实立德树根本任务,培养德智体美劳全面发展的社会主义建设者和接班人目标,首先要求高中历史教师要转变教育观念,从过去单一的学科教学转向现在的学科育人,把学科教学仅作为学科育人的手段和路径。其次,高中历史教师要设计恰当的教学目标,并通过搭建育人点框架等方式对教学目标进行细化,以便有效落实。最后,高中历史教师要规划合理的育人路线,从而使细化的教学目标有效地落实在学科教学之中。

一、高中历史学科全息育人点框架

表2-1 高中历史学科全息育人点框架

维度	一级指标	二级指标	内容
学科认知	必备知识	历史事件	遵循历史发展的规律,厘清重要历史事件的前因后果、来龙去脉,运用历史语言准确叙述历史事件的演化过程。运用唯物史观分析历史事件的发生原因和影响。把握历史发展的趋势和规律,获得其中蕴含的思想与精神、经验与教训。
		历史人物	知道重要历史人物的基本情况,了解历史人物主要的活动轨迹;知道历史人物所处的时代背景,认清历史人物和时代的关系;明确历史人物在历史上的影响。分析其是否顺应了历史发展潮流,是否推动或阻碍了生产力的发展及人类社会的进步。
		历史现象	将历史现象置于特定历史环境中进行考量,厘清历史现象的发展脉络。以唯物史观为指导,对历史现象进行整体性感知和思辨性理解,进而把握其内生机制,揭示其内在本质,以建构历史图景。

续表

维度	一级指标	二级指标	内　容
学科认知	必备知识	历史线索	了解历史的时序。以历史时序为轴，重大事件为切入点，探寻历史发展的脉络，梳理不同历史阶段的特征，厘清历史发展的线索，形成正确的历史认知，进而认识并把握历史发展的趋势，揭示历史发展的规律。
	基本方法	史料的收集整理	知晓史料的类别与价值。拥有求真、求实、求证的意识和能力。掌握史料的收集与整理、鉴别与筛选、考证与辨析的基本方法。区分不同史料的价值，分析与整合史料的内容，学会鉴别史料作者创作意图与目的的方法。
		历史的理解与想象	在知晓历史事件的来龙去脉、前因后果的基础上，从时空等不同角度多维理解历史，把握其发展的内在联系，并提出自己的历史解释，运用史料实证等史学研究方法，对此解释进行论证与阐释，进而揭示历史的真相。
		历史的解释与评价	正确区分历史叙述与历史解释。拥有以史料为桥梁，对历史进行理性分析和客观评判的能力。依据正确的历史观和认知方法，对历史事物及各种关联物进行客观描述。利用已有历史认知，对历史事件、历史人物、历史过程、历史叙述、历史观点及史料进行分析论证。分辨不同的历史解释，说明导致这些不同解释出现的原因并加以评析。独立探究历史问题，验证以往的说法或提出新的解读并给予客观评价。
	关键能力	获取和解读历史信息的能力	掌握发现、收集、解读和整理历史信息的能力。掌握对史料的鉴别与筛选、考证与辨析等能力。运用概括、归纳和演绎等方法对史料进行加工提炼。
		分析历史问题的能力	运用辩证唯物主义和历史唯物主义的观点，对历史事物进行全面、系统、辩证和对比分析，认清历史事物的本质、历史问题的产生缘由，并提出有针对性的解决方案。
		探究历史事物的能力	在唯物史观的指导下，结合相关史料，对所探究的历史事物运用分析、综合、比较、归纳等手段进行透析，独立提出新的历史观点、历史解释。利用不同类型的史料，对所探究的问题进行互证，形成新的历史认知。
	学科思维	逻辑思维	依据历史的时序，能动地认识历史，形成逻辑推理能力，并能够将其在生活中迁移运用。
		辩证思维	在辩证唯物主义和历史唯物主义的指导下，运用矛盾、发展、变化等观点对客观历史进行全面、多角度地认识。在生活中运用辩证思维认识陌生事物。
		批判思维	不盲从权威，能基于历史史实，遵循历史发展的规律，通过严谨、明辨的思考对历史事物进行理性认知和科学判断。在生活中，面对陌生事物或者在关键时刻能做出正确抉择。
		发散思维	在历史学习中沿着各种不同的方向去思考，重组历史信息，发现历史事物的多面性和关联性。在生活中，能从多维角度认识事物，用联系的观点看待世界。

续表

维　度	一级指标	二级指标	内　容
德性育人	家国情怀	国家认同	发现历史上认同家乡、民族、国家的典型事例，了解优秀文化遗产的相关情况，明晰中国统一的多民族国家的产生、形成过程，把握其统一的发展趋势，增强学生对国家的认同感和归属感，对国家发展的责任感和使命感，逐渐形成对祖国和人民的大爱。
		民族认同	从世界文明演进的角度认识中华文明的地位，了解中华民族的优秀文化传统。认识在漫长的历史演进中，我国各族人民密切交往、相互依存、休戚与共，形成的中华民族多元一体格局，共同推动了国家的发展和社会的进步，以增强学生的民族自信心和自豪感。
		制度认同	从人类社会形态的演变和社会主义发展进程的角度，认识团结的中华民族、优秀的中华文化，社会主义制度、中国特色社会主义道路的优越性、先进性和中国共产党领导的正确性，进而形成对伟大祖国、中华民族、中华文化、中国共产党、中国特色社会主义道路的认同。
	社会责任	遵纪守法	在历史学习中认识法治的意义，在生活中形成对法律的敬畏，进而对法律发出发自内心的认可、崇尚，成为遵法守法的合格公民。
		担当奉献	从历史人物的先进事迹中认识担当、奉献的价值，并正确认识个人与集体、个人与社会、个人与国家的关系，进而形成正确的价值判断，培养担当、奉献精神。
		环保意识	从历史事件中认识环境保护的意义，提升对环境保护的认知水平，从而不断调整自身行为，以实现人与自然的和谐共生。
		全球视野	在全球视野下，了解人类社会发展的基本趋势及人类文化的多样性，理解和尊重世界各国、各民族的文化传统，汲取人类创造的文明成果的营养，用世界眼光看待中国历史。
	个人品行	明礼诚信	从中华优秀传统文化和历史人物的优秀品质中，了解明礼诚信的内涵和价值，在生活中将其内化为自身讲文明、懂礼仪，诚实守信，表里如一，言行一致等品质。
		孝亲敬长	从孝亲敬长的历史事迹中，认识中华民族尊老爱幼的优良传统，逐步养成孝敬父母、尊重长辈的品格，培养感恩之心、仁爱之心。
		友善待人	从历史中挖掘在人际交往中互相尊重、互相关心、互相帮助的典型案例，将仁爱、友善延伸到他人、社会和国家，形成社会主义新型人际关系。
审美育人	自然之美	环境之美	从历史知识的学习中，领略人类赖以生存的自然环境之美，认识人类历史发展的过程就是人和自然环境互动的过程，形成热爱地球、保护环境的意识。

续表

维度	一级指标	二级指标	内容
审美育人	自然之美	和谐之美	挖掘人与自然和谐相处的典型案例,感受人与自然和谐相处的好处,了解人类适应自然、利用自然所创造出来的卓越的文明成果。
	人文之美	社会发展之美	了解人类社会发展的进程,把握国家治理之道,了解人类社会从低级向高级发展的趋势,感悟人类社会进步后的美好。
		人文艺术之美	走进历史,从文字、图片、实物、遗址、遗迹等历史符号中,感受历史沉淀中展现出来的艺术美。
		人类智慧之美	感受在历史的时间长河里闪烁的人类智慧的光芒,吸取前人的经验和教训,总结历史发展的规律,把握时代大势。
健康育人	身体健康	身体健康的意识	分析重要历史人物身体的强健和其社会贡献之间的关系,认识个体的健康有益于自身的成长和社会的发展,认识群体的健康与社会的发展紧密相关,形成个人强健体魄的意识和社会健康的意识。
		身体健康的方法	养成健康的生活习惯。
	心理健康	悦纳自己	了解重要历史人物的嘉言懿行,形成积极进取的人生态度和尊重生命、悦纳自己的健康心理。
		理解他人	了解重要历史人物的优秀品质,体悟其豁达的人生态度;学会尊重他人,理解他人。
		适应时代	在唯物史观的指导下,把握人类历史发展的基本趋势,顺应历史发展的潮流,把握时代发展的脉搏和大势。
劳动育人	劳动意识	劳动观念	认识劳动对人类的起源和人类社会发展的根本作用,形成正确的劳动价值观念,进而拥有积极的劳动态度,并能主动参与劳动,为实现中华民族伟大复兴而艰苦奋斗。
		实证精神	知道实证的步骤,在实证的基础上逐渐形成证据意识、实证意识。
		创新意识	感悟历史人物勇于抛弃旧思想、旧观念,创立新思想、新观念,敢为天下先的精神,汲取其革故鼎新的进取精神,增强提出新方法、新观点的勇气。
	实践活动	历史制作	积极参与历史制作(如地图制作等),从历史制作中加深对历史的认识和理解,激发学习历史的兴趣,增强动手能力。
		历史考察	考察遗迹、遗址、遗物等人类历史的载体,建立历史与现实的时空关联,提升历史感悟和时空观念、史料实证等学科素养。
		历史写作	撰写历史小论文、历史影视作品观后感、历史书籍读后感、历史演讲稿、历史短剧剧本等,提升学生收集和处理历史信息的能力、历史思维能力、语言文字表达能力等。

二、高中历史学科全息育人点框架的解读

高中历史学科全息育人点框架以全息原理、历史课程与教学论等为指导,以科学、高效地发挥学科育人功能为核心指向,以学科认知为育人之载体,依据历史学科的认知特点,构建了"学科认知、德性育人、审美育人、健康育人、劳动育人"五大维度。我们在这五大维度下,遵从历史认知逻辑,对五大维度进行细化,细分出了两级指标,并规定了各级指标下的内容。所以,每个育人维度都是一个完整的育人体系,五个育人维度又共同构成了高中历史学科全息育人的闭环体系。高中历史学科全息育人点框架体现了高中历史学科的认知特点和育人特性,是对高中历史学科育人内涵的完整提炼和准确解释。

(一)学科认知

学科认知是高中历史学科全息育人的出发点。高中历史学科全息育人下的学科认知包括必备知识、基本方法、关键能力、学科思维四个指标。必备知识是对历史事件、历史人物、历史现象、历史线索的具体把握;基本方法是对史料的收集整理,以及对历史的理解与想象、历史的解释与评价的掌握;关键能力是指掌握获取和解读历史信息的能力、分析历史问题的能力、探究历史事物的能力;学科思维是指学生应具备的逻辑思维、辩证思维、批判思维、发散思维。以往对历史的学科认知过于强调知识的基础地位,重视知识的传授,忽视知识的运用,因而导致学生学习历史的基本方法、关键能力和学科思维缺乏,素养不高。高中历史学科全息育人下的学科认知,在强调知识基础地位的同时,将识记知识与运用知识并重,注重在教学中引导学生运用知识解决在学习和生活中遇到的问题,并在解决问题的过程中认识到学习历史、运用历史的重要性,进而形成其关键能力和学科思维,达成知识、方法、能力、思维培养的教学目标。

1.必备知识。必备知识是全面提高学生"关键能力和必备品格"的基础和载体,是提升学生历史学科核心素养、实现全息育人的基石,具有"可运用性、可操作性、可实施性、可转换和可重组性"。姜钢在《探索构建高考评价体系,全方位推进高考内容改革》一文中对历史必备知识做了这样的解释:"学生长期学习的知识储备中的基础性、通用性知识。"[①]高中历史学科全息育人之必备知识由历史事件、历史人物、历史现象和历史线索四个指标组成。学生通过高中历史学科的学习,知道重要历史事件的背景、起因、经过、结果,并认识其影响;能够对历史事件进行有效理解与阐释,能够准确叙述历史

---

① 姜钢.探索构建高考评价体系 全方位推进高考内容改革[N].中国教育报,2016.10.

事件的过程,运用唯物史观分析历史事件的作用及意义,从而把握历史规律,收获其中蕴含的思想与精神、经验与教训。知道重要历史人物的基本情况,了解历史人物主要的活动轨迹;知道历史人物所处的时代背景,包括历史人物生活的时间、国家、时代特点以及他所处的历史环境等;明确历史人物的阶级属性,深入揭示其代表的阶级利益,明确其所处的特定的民族关系环境;明确历史人物在历史上的作用;分析其是否顺应了历史发展潮流,是否推动或阻碍了生产力的发展及人类社会的进步。了解历史事物运动的外部联系和表面特征,能在历史的发展过程和历史人物的现实处境中考察特定的历史现象。知道历史现象的源流,并能够对历史现象进行合理推演以建构历史图景,能够对历史现象进行正确解释,在对历史现象的批判中把握其内生机制。通过解释历史现象得出真知。了解历史的时序和历史多样的呈现方式,初步掌握历史发展的基本线索。能够以一个中心事件为线索,上寻原因背景,下连结果影响。以历史时序为线索,指出每个年份发生的历史大事,以标志社会性质发生变化的事件为纲,构建各个社会形态演变的框架,以历史发展阶段为线索,梳理各个阶段的史实、重大历史事件发展进程、历史人物的活动、革命性质以更准确地掌握历史史实。

  2.基本方法。基本方法是通过学科教学形成学生核心素养和落实育人的手段。高中历史学科全息育人之基本方法的指标包括学生通过高中历史学科的学习,学会史料的收集整理、历史的理解与想象、历史的解释与评价等。学生能够掌握史料考证与分析的基本方法,并能够对收集的史料按文献、口述、实物等进行分类整理。对获取的史料进行鉴别和辨析,去伪存真,提炼有效信息并进行加工,获取可靠史料并推测史料作者的创作意图与目的。运用可靠史料探究相关问题、印证历史观点,对相关历史事物形成正确、客观的历史解释。概述历史事物,提炼历史叙述的要点,了解文本中历史事件、现象或人物的相互关系,知道历史文本与文本作者的关联,了解历史文本所述历史事物与其所处特定历史环境的关系。能够以史料为依据,对历史事物阐释相应历史观点,依据正确的历史观和认知方法,对历史现象及各种关联进行客观叙述。利用已有认知知识,对历史事件、历史人物、历史过程、历史叙述、历史观点及史料等进行分析论证。分辨不同的历史解释,说明产生这些不同解释的原因并加以评析。独立探究历史问题,验证以往的说法或提出新的解释并客观评价。

  3.关键能力。关键能力是通过学科教学形成学生核心素养和落实育人的保障。高中历史学科全息育人之关键能力指标是:学生通过高中历史学科的学习,在掌握基础知识和基本技能的情况下,培养起来的支撑其终身发展、适应时代要求的能力,主要包括知识获取、思维认知和实践操作三个阶段。其中,在知识获取阶段需要具备的能力主要是获取和解读历史信息的能力,掌握获取历史信息的方法,即发现、收集历史信息,解读历史信息的方法,即对历史信息进行合理理解和阐释。获取和解读历史信息的过程,包括辨识历史信息,提取有效历史信息,解读历史信息,判断信息的重要程度、真伪等,能够运用概括、归纳和演绎等方法对文本素材所提供信息进行提炼和整理。掌握将历史问题分解为若干部分进行研究、认识的技能。能够将各个要素等在思维中暂时分割开来进行考察研究,搞清各要素的性质、各要素之间的相互联系以及各要素与整体的关系。借助分析能力,可以实现对问题由表及里、由浅入深、由难到易、由繁到简的认识,从而找到解决历史问题的方法。在分析问题的过程中,能够运用辩证唯物主义和历史唯物主义分析历史事物,运用历史思维分析历史事物,并规范地阐述历史事物。能够自主地发现问题、收集资料和信息,通过建立假说,进行社会调查,展开独立思考。自主发现问题,综合运用历史知识与方法解决问题,独立提出历史观点。分析与整合史料的有效内容,运用可靠史料论证相关历史问题,以形成对历史事物的正确、客观的理解。

4.学科思维。学科思维是通过学科教学形成学生核心素养和落实育人的核心。高中历史学科全息育人之学科思维指标是:学生通过高中历史学科的学习,能够运用分析、综合、概括、比较等方法对历史史实进行思考和探究,在历史学习和认知中根据历史时间还原历史发展的进程。在逻辑思维品质上体现为会借助概念、判断、推理等思维形式能动地认识客观现实,并能够在生活中迁移运用。在辩证思维品质上体现为会借助概念、判断、推理等对客观事物辩证发展过程进行梳理,并能够形成在生活中对事物的全局认识。在批判思维品质上体现为会基于历史史实,因循历史发展的规律,通过严谨、明辨的思考对历史事实进行合理分析,形成正确判断,能够在生活中明辨是非。在发散思维品质上体现为能在历史学习中沿着各种不同的方向去思考,进而重组历史信息,发现历史的多面性,能够在生活中从多维度认识事物,理解世界。

(二)德性育人

德性育人是指学生通过对高中阶段历史的学习,养成以"认同伟大祖国,认同中华民族,认同中华文化,认同中国共产党,认同中国特色社会主义"五大认同为核心的道德品质,坚定"四个自信"的育人方式。高中历史学科全息育人之德性育人包括家国情怀、社会责任和个人品行三个指标。德性育人是通过高中历史学科的学习,对学生从家国情怀、社会责任和个人品行三个维度进行情感、态度、价值观等方面的正确引导和培养的手段。高中历史课程中蕴含丰富的德性育人素材。

1. 家国情怀

《课程标准》指出"家国情怀是学习和探究历史应具有的人文追求,体现了对国家富强、人民幸福的情感,以及对国家的高度认同感、归属感、责任感和使命感"[①]。高中历史学科全息育人之家国情怀包括家国认同、民族认同和制度认同等。学生通过对高中历史学科的学习,对中华民族持有高度认同感和归属感、责任感和使命感,认识中国共产党在中国革命、建设和改革事业中的领导地位和决定作用,树立中国特色社会主义理想信念,坚持道路自信、制度自信、理论自信、文化自信,逐渐产生对国家、民族乃至整个人类社会前途和命运的深情大爱,最终形成"国家认同、民族认同、文化认同、道路认同、制度认同"的家国情怀。

(1)国家认同。国家认同是一国公民对自己国家历史、政治、文化等方面的认同。学生通过对高中历史学科的学习,内化历史上认同家乡、民族、国家的事例,知道优秀文化遗产的主要内容和现实意义,厘清中国统一多民族国家的发展历程,增强学生对国家的认同感。学生通过对高中历史学科的学习,认识到国家统一、社会稳定是国家强盛的重要保证,逐步形成对祖国和人民的深情大爱。

(2)民族认同。民族认同是一个复杂的结构,它不但包括个体对群体的归属感,还包括个体对自己所属群体的积极评价,以及个体对群体活动的融入情况等。学生通过对高中历史的学习,能从历史的角度,认同中华民族的优秀文化传统,认识在漫长的历史进程中,我国各族人民密切交往、相互依存、休戚与共,形成中华民族多元一体的格局,共同推动了国家的发展和社会的进步,以增强民族自信心和自豪感。

(3)制度认同。制度认同是凝聚制度执行力的精神力量,是家国情怀在国家制度上的具体体现。学生通过对高中历史学科的学习,能从历史发展的规律中总结概括出"没有共产党就没有新中国"的历史必然性,认识到在中国共产党的领导下,中国人民"站起来—富起来—强起来"的奋斗历程,以强化学生的制度认同,坚定"四个自信"。

2. 社会责任

社会责任是指个体或组织对社会应负的责任。高中历史学科全息育人下的社会责任包括遵纪守法、担当奉献、环保意识和全球视野。学生通过对高中历史学科的学习,成为遵法守法,愿意为社会做奉献,自愿承担对社会应负责任的合格公民。

(1)遵纪守法。遵纪守法是公民要遵守法律和纪律。学生通过对高中历史学科的学习,形成遵守社会主义法律的意识,自觉守法、护法,在法律规定的范围内做人、做事。

---

① 中华人民共和国教育部制定.普通高中历史课程标准(2017年版2020年修订)[M].北京:人民教育出版社,2020:5.

（2）担当奉献。担当奉献是指勇于接受、承担责任和不求回报地付出。通过对高中历史学科的学习，使学生正确认识个人与群体、个人与集体、个人与社会、个人与国家的关系，培养学生的乐于奉献精神。

（3）环保意识。环保意识是人们对环境和环境保护的认识水平和认识程度，具象为人们为保护环境而不断调整自身的行为，协调人与环境、人与自然相互关系的实践活动。学生通过对高中历史学科的学习，提高对环境保护的认识，从而为保护环境不断调整自身行为，协调自身与自然和谐共生的实践活动。

（4）全球视野。全球视野即国际化视野、意识和胸怀。学生通过高中历史学科的学习，能用全球视野了解人类社会历史发展的基本趋势及人类文化的多样性，理解和尊重世界各国、各民族的文化传统。

3.个人品行。个人品行是个体依据一定的道德行为准则行动时所表现出来的稳定的道德倾向与行为特征。学生通过对高中历史学科的学习，便能在言行中表现出较好的道德特点和倾向。该板块包括明礼诚信、孝亲敬长、友善待人三个指标。

（1）明礼诚信。明礼诚信就是知礼仪讲诚信，这是人之为人的基本准则。学生通过对高中历史学科的学习，逐渐养成讲文明、懂礼仪，诚实守信，表里如一，言行一致等个人行为品质。

（2）孝亲敬长。孝亲敬长就是孝敬父母、尊敬长辈。学生通过对高中历史学科的学习，逐步养成孝敬父母、尊重长辈的习惯。

（3）友善待人。友善待人就是待人友爱、和善，与人和睦相处。学生通过对高中历史学科的学习，在人际交往中会表现出互相尊重、互相关心、互相帮助的特点。将仁爱、友善延伸至他人、社会和国家，便会形成社会主义新型人际关系。

（三）审美育人

审美育人是德育育人在自我发展过程中不可或缺的实践内容，是洞悉自然万物的美好进而丰富自我精神世界的手段。高中历史课程中蕴含丰富的审美育人资源。审美育人是达成基础教育审美教学目标的重要手段。高中历史学科全息育人下的审美育人包括自然之美、人文之美两大指标。学生通过对高中历史学科的学习，从文献材料、图片、图表、实物、遗址遗迹、影像、口述史料及历史文学作品等方面感悟自然之美和人文之美。

1.自然之美。此处的自然美是指客观世界中自然物、自然现象的美，它是人类对自然界主观认识的产物。高中历史学科全息育人下的自然之美集中体现为人与自然的和谐相处上。学生通过对高中历史学科的学习，领略人类赖以生存的自然环境之美，感受人类创造的人文景观融入自然中展现出来的"天人合一"之美。

（1）环境之美。此处的环境之美即人类所处自然环境和社会环境蕴含的美。学生通过高中历史学科学习，在认识自然环境之美的基础上，认识到人类历史发展的过程就是和自然环境互动的过程，形成热爱地球、保护环境的意识。

（2）和谐之美。和谐之美即人与自然的和谐共生之美。学生通过高中历史学科学习，在形成热爱地球、保护环境的意识的基础上感受人与自然的和谐相处，了解人类适应自然、利用自然所创造出来的卓越的文明成果。

2.人文之美。人文之美即人文事物中体现的美。历史是人文学科的重要分支，具有高度的人文之美，人文之美是历史学科最本质的美。高中历史学科全息育人下的人文之美集中体现为社会发展之美、人文艺术之美和人类智慧之美。学生通过对高中历史学科的学习，体会历史进程中反映人们美好愿望，即能给人以精神愉悦的社会事物和社会现象所展现出的美。

（1）社会发展之美。社会发展之美即社会发展过程中展现出来的美，体现在人类改造社会的历史过程中的社会生活的美、社会进步的美等方面，是美的具体表现形态之一。它来源于人类的社会实践，是社会实践的直接体现。学生通过对高中历史学科中国家治理、制度进步等知识的学习，认识人类社会是由低级向高级发展的，进而感悟社会发展之美。

（2）人文艺术之美。人文艺术是组成历史的有机元素之一。学生通过对高中历史学科的学习，走进历史，从图片、实物、遗址、遗迹等事物中明了其反映出的人们内心的美好愿望，感受历史沉淀中展现出来的艺术美。

（3）人类智慧之美。历史智慧是人类在改造自然、促进文明发展的过程中提炼的灵活、正确处理问题的能力，是人类社会经验的总结。人类智慧之美反映了历史学科人文之美的核心本质。学生通过对高中历史学科的学习，感受在历史的长河里闪烁的人类智慧的光芒，吸取前人的智慧，总结历史经验，认识历史规律，顺应历史发展趋势，助推自我的发展。

（四）健康育人

健康是学生学习和发展的基础，健康育人可助力学生成为身心健康的人。高中历史学科全息育人下的健康育人分为身体健康和心理健康两个指标。学生通过对高中历史学科的学习，自觉地实施健康行为，消除或减少影响健康的因素，逐步拥有健康的身体和健全的人格。

1.身体健康。身体健康是学习、生活的前提。学生通过对高中历史学科的学习，形成强健体魄的意识,获取锻炼身体的方法,以增强自身身体素质。

(1)身体健康的意识。学生通过对高中历史学科的学习,从重要历史人物身体的强健及其对社会的贡献,认识到个体的健康有益于自身的成长,有益于社会的发展,认识到群体的健康与社会的发展紧密相关,进而形成个人强健体魄的意识和社会健康的意识。

(2)身体健康的方法。学生通过对高中历史学科的学习,从中获取增强身体素质的方法。

2.心理健康。心理健康是指心理的各个方面及活动过程处于一种良好或正常的状态。学生通过对高中历史学科的学习,尊重生命、悦纳自己、理解他人、适应时代,获取积极的生命状态,拥有积极进取的人生态度和良好的社会适应能力。

(1)悦纳自己。悦纳自己指学生能正确评价自己、接受自己,并在此基础上使自我得到良好的发展。学生通过对高中历史学科的学习,从重要历史人物的嘉言懿行中获取悦纳自己的意识、方法,进而形成积极进取的人生态度和尊重生命、悦纳自己的健康心理。

(2)理解他人。理解他人就是站在他人的角度思考并善待他人。学生通过对高中历史学科的学习,从重要历史人物胸怀宽广的事例中,学会尊重他人、理解他人和善待他人。

(3)适应时代。适应时代是历史学科培养学生健康心理的核心指向。学生通过对高中历史学科的学习,了解人类社会历史发展的基本趋势,认识历史是不断发展的,逐渐获取把握时代的脉搏、顺应历史的潮流、走在时代前列的能力。

(五)劳动育人

"劳动教育是中国特色社会主义教育制度的重要内容,直接决定社会主义建设者和接班人的劳动精神面貌、劳动价值取向和劳动技能水平。"[①]劳动育人即通过劳动教育促使学生德智体美劳全面发展,是高中历史学科全息育人的重要育人方式。高中历史学科全息育人下的劳动育人分为劳动意识和实践活动两个指标。学生通过对高中历史学科的学习,形成劳动实践意识,积极参与社会实践活动,得到自由而全面的发展。劳动育人是贯彻唯物史观的重要方式。劳动在人类社会发展的过程中起着决定作用。用这一方式教育学生树立劳动意识,能让学生认识到劳动的过程是人对人类社会的发展做出决定性贡献的过程。

---

① 参看:《中共中央、国务院关于全面加强新时代大中小学劳动教育的意见》.

1.劳动意识。培养学生的劳动意识是高中历史学科全息育人在劳动育人上的重要目标。学生通过对高中历史学科的学习,可以逐渐树立正确的劳动观念。

(1)劳动观念。劳动育人是培养学生劳动观念的重要方式。学生通过对高中历史学科的学习,认识劳动对人类的起源和人类社会发展的决定性作用,最终树立正确的劳动观念,形成劳动意识,拥有积极的劳动态度,能够主动参与劳动,进而为实现中国梦艰苦奋斗。

(2)实证精神。学生通过对高中历史学科的学习,在认识到劳动是脑力劳动和体力劳动相结合的基础上,逐渐形成证据意识、实证思维。

(3)创新意识。创新意识是人们对创新与创新的价值、重要性的认识水平、认识程度以及由此形成的对待创新的态度,并以这种态度来规范和调整自己的活动方向的一种稳定的精神状态。高中历史学科全息育人下的劳动教育不是重复古人的活动,而是对它的继承和创新。学生通过高中历史学科学习,形成勇于抛弃旧思想、旧事物,创立新思想、新事物,敢为天下先的精神,培养综合运用所学提出新方法、新观点的思维能力,从而获得创造革新的信心、勇气、智慧和意志。

2.实践活动。实践活动主要是人类改造客观世界的活动。高中历史学科全息育人下的实践活动是指学生在高中历史课程的学习中从事的实践性学习活动,包括历史制作、历史考察和历史写作三个方面。学生通过对高中历史学科的学习,积极参与历史制作、历史考察和历史写作等历史实践活动,能增强自身的历史实践能力,加深自身对历史的认识和理解。

(1)历史制作。历史制作是学生直观体会历史的重要方式。学生通过历史制作,能激发历史学习的乐趣,提升还原历史事物本貌的能力,加深对历史的认识和理解,提升动手能力。

(2)历史考察。历史考察是指对历史遗存等历史事物进行细致、深入的实地考察。历史考察是获取历史一手资料的直接方式。学生通过对历史遗迹、遗址、遗物等人类历史的载体和见证物进行深入细致的实地考察,方可将历史与现实进行直接关联。它是直接掌握历史的基本方法。

(3)历史写作。历史写作是训练学生用历史的眼光看待事物、用历史的方法分析事物、用历史的语言表述事物的基本方法。学生通过在高中历史学习中撰写历史小论文、历史影视作品观后感、历史书籍读后感、历史演讲稿、历史短剧剧本等,能提高自身收集和处理历史信息的能力、语言表达能力等。

需要指出的是,德智体美劳"五育"是一个和谐的整体,"五育"之间相互关联而非相互割裂、相互影响而非相互排斥、相互作用而非相互对立。在高中历史学科全息育人课堂教学实践中,要以"交融"的方式将"五育"融合于学科教学实践。但受教学内容和教学课时的限制,具体的每节课教学中的"五育"不一定要面面俱到,而是会侧重某一育或某几育及相互间的交融。在具体的教学设计、实施和评价中要将高中历史学科全息育人点框架贯穿于高中历史教学全程,以实现学科育人教、学、评、研一体化。

第三节　高中历史学科全息育人教学点导引详解

课堂是学科育人的主要渠道,课程育人的功能要通过课堂这个主要渠道得以实现。高中历史学科全息育人注重发挥历史课堂的功能,通过编制教学点导引的方式将全息育人点框架目标有效落实于历史课程教学之中。高中历史学科全息育人教学点导引,依循现行高中历史统编教材编写模式,借鉴单元教学模型,依据高中历史学科全息育人点框架,从单元的角度建构育人整体目标,并结合课时教学内容将单元整体教学目标按课时分解到每个具体的知识点上。高中历史学科全息育人教学点导引分单元育人导引和课时育人导引两部分。其中,单元育人导引侧重对单元的教学目标进行定位和分析。课时育人导引则是结合课时教学内容,将单元教学目标有所侧重地逐层分解到课时之中。课时育人导引并不追求每个课时中德智体美劳"五育"全部体现,而是根据教学内容有所侧重地进行选择。为提升育人的效果,本书在课时导引中还设计了"教学设计提示栏",根据教学目标和教学内容,提供育人路径建议以供任课教师选择使用。下面以《中外历史纲要》为例详细介绍高中历史学科全息育人教学点导引。

一、《中外历史纲要(上)》育人点导引详解

《中外历史纲要》从内容上看,上册为中国历史的内容,下册为世界历史的内容,但它并未像以往一样称作《中国历史纲要》和《世界历史纲要》,而是统称为《中外历史纲要》,这就提示我们在使用统编高中历史教材进行教学时,应立足"中外",拓宽学生视野,在中国历史的教学中,将中国历史的内容放到世界舞台上去考察;在世界历史的教学中,注意关注中国当时的情况,引领学生学会在人类社会整体视域下考察历史事物,正确认识中华民族在人类历史发展中的地位和作用,以此提升学生素养,厚植学生的

家国情怀。

《中外历史纲要(上)》主要叙述了中国历史演进的历程,分为古代史、近代史和现代史三个部分,每个部分都有其独特的育人内涵和价值,历史教师要深入挖掘每个部分的育人内涵,凝练相关育人主题,定位育人目标,并通过"单元+课时"的方式落实于教学实践。中国古代史的主题是中华民族的多元一体和大一统国家的发展与巩固;近代史的主题是中华民族的救亡图存和社会近代化发展;现代史的主题是中国特色社会主义建设道路和中华民族伟大复兴。《中外历史纲要(上)》育人点导引依此而拟定。

(一)第一单元 从中华文明起源到秦汉统一多民族封建国家的建立与巩固

1.单元育人导引。本单元用简洁的语言叙述了中国早期民族国家的形成与建立的过程,各课的内容设置既考虑了该时期历史的主要内容及特点,又考虑了课程内容含量的大小。通过本单元的学习,从全息育人角度出发,我们需要理解统一多民族国家的建立对于加强民族凝聚力,促进多民族文化交流的重要作用。本单元由《中华文明的起源与早期国家》《诸侯纷争与变法运动》《秦统一多民族封建国家的建立》《西汉与东汉——统一多民族封建国家的巩固》四课组成,时间跨度从中华文明的起源到东汉灭亡,涉及的社会形态多,时代背景复杂。中华文明是人类最古老的文明之一,源远流长,生生不息。中国原始文化先后经历了旧石器时代与新石器时代。商朝还未完全打破部族组织,行政体制不成熟;西周建立了新的地方政权组织形式,形成了以周王室为中心,统一的地方分权制度。春秋战国是社会转型时期,思想上的百家争鸣促进了当时经济、政治、军事的大变革。秦以后的政治制度有君主专制、中央集权制等。汉朝通过"推恩令"、盐铁官营以及董仲舒"罢黜百家,独尊儒术"的施行,巩固了统一多民族封建国家政权。

本单元的育人主题为"中华民族多元一体与东方大国的初步形成"。其具体育人点主要在学科认知上侧重于通过了解中华文明的起源情况及早期国家特征,理解战国时期变法运动的必然性;了解老子、孔子学说与百家争鸣局面的形成及其意义;认识秦汉时期统一多民族封建国家的建立、巩固及秦汉灭亡的历史原因。学生通过文献查阅、实地考察学会文献研究、实践操作的方法。通过图片解析及史料研读,训练学生获取历史信息及分析历史问题的能力。通过评价秦统一的条件及措施,培养学生的辩证思维及批判思维。在德性育人上侧重于通过学习秦统一多民族封建国家的建立,形成中华文明大一统的家国认同与民族认同,通过学习汉朝"罢黜百家,独尊儒术"的政策措施,形成尊崇主流文化价值观念的社会担当精神。在劳动育人上通过制作青铜器及陶器(有条件的情况下),帮助学生树立初步的劳动意识,培养其动手能力。在审美育人上通过欣赏原始绘画、舞蹈作品及祭祀仪式,培养学生的审美意识。

2.课时育人导引

表2-2 《中华文明的起源与早期国家》课时育人导引

	第1课《中华文明的起源与早期国家》
学科认知	1.了解氏族社会、禅让制、共和行政等历史概念及石器时代中国境内有代表性的文化遗存。 2.运用生产力决定生产关系等唯物史观认识私有制、阶级和国家产生,让学生学会认识历史事物的基本方法。 3.辨识《中国旧石器时代重要人类遗址分布图》《中国新石器时代重要人类遗址分布图》,培养学生的识图能力;根据甲骨文、青铜铭文及其他文献记载,探究私有制、阶级和早期国家的起源及特征,并归纳中华文明起源的多元一体,培养学生探究历史事物的能力。 4.比较夏商周三代治理国家政策的异同、古代中国和世界早期国家治理的异同,认识中国早期国家治理在世界的地位和对世界的贡献,培养学生的历史发散思维。
德性育人	1.概述中国石器时代的古人类重要遗址和文化遗存分布图反映中华文明演进历程,认识中华文明源远流长、多姿多彩、生生不息、多元一体。 2.了解分封制、宗法制、礼乐制等制度的首创性,认识中国早期国家治理的基本方式。 3.理解周代"敬天保民"的思想观念,理解中国早期民本主义思想和朴素的环保意识。
审美育人	1.欣赏原始绘画、文字、彩陶、音乐、舞蹈、服饰等作品展现的原始艺术美。 2.了解中国古代的原始宗教、祭祀仪式、礼乐仪式、图腾崇拜等情况的文化美。
健康育人	发现中国古代人类在衣、食、住、行等方面不断追求健康的相关史实。
劳动育人	1.了解打制工具、磨制工具、青铜工具等的制造技术,理解劳动在人类演变过程中所起的决定性作用。 2.多种途径查找中国古代人类原始遗存、遗迹、遗址等考古资料,培养学生的田野考察和史料实证素养,进而形成其保护文物的意识。
教学设计提示	1.识读《中国旧石器时代重要人类遗址分布图》,分析我国早期人类分布的基本特点。认识我国是远古人类起源的重要地区,中华文明是人类最古老的文明之一。 2.阅读我国著名考古学家苏秉琦的《关于重建中国史前史的思考》,查阅相关史前文化遗址的考古资料,就中华文明起源的多源性与统一性问题谈谈自己的认识。 3.根据条件,开展参观北京人遗址、陕西历史博物馆等社会实践活动,培养学生保护历史文物的意识,激发学生的文化自豪感和国家认同感。 4.指导学生收集整理古代人类起源的遗址、遗迹、遗存的相关资料,形成其保护文物的意识。

表2-3 《诸侯纷争与变法运动》课时育人导引

	第2课《诸侯纷争与变法运动》
学科认知	1. 了解老子、孔子、孟子、荀子、庄子等思想家的主要观点，知道百家争鸣等重要概念。 2. 分析春秋战国时期的经济发展和政治变动原因，了解古代货币的发展演变和商品经济发展的关联，从时间观念的角度理解经济发展与政治改革和文化发展的联系。理解战国时期变法运动出现的必然性，培养学生用唯物史观分析经济和政治的关系，用发展的眼光认识历史事物的能力。 3. 阅读相关学者对百家争鸣的论述，明确百家争鸣在中国历史上的地位，准确理解"思想解放运动"的含义，培养学生提取和解读历史信息、探究历史问题的能力。 4. 辩证认识商鞅变法、百家争鸣对后世的影响，培养学生的历史批判能力。
德性育人	1. 理解以商鞅变法为代表的战国时期改革的艰巨性、复杂性、长期性、必然性，进一步理解当今中国深化改革开放的必然性。 2. 认识百家争鸣的文化内涵，我国古代传统文化的丰富多彩、光辉灿烂，增强学生的文化自信。 3. 通过分析诸侯纷争、春秋争霸造成的社会动荡，认识从分裂走向统一是中国历史发展的趋势。 4. 分析《楚辞》中的代表文学作品的创作背景，理解以屈原为代表的古代文学家心系国家、胸怀天下的忧国忧民精神。
审美育人	1. 了解都江堰、郑国渠等水利工程的相关情况，感悟我国古代劳动人民在改造自然的生产活动中产生的群体智慧。 2. 了解《诗经》《楚辞》等文学作品，领悟中国古代优秀传统文化之美。
健康育人	通过学习儒家思想主要主张，培养学生积极有为的入世精神和与自然和谐相处之道。
劳动育人	1. 尝试用泥塑再现春秋战国时期各国流行的主要货币形制，培养学生的动手能力。 2. 参观都江堰，让学生在赞叹中国古代劳动人民伟大智慧的同时，培育其实地考察能力和实证精神。 3. 通过学习诸子百家的思想主张，培养学生对我国传统文化自觉传承与主动创新的精神。 4. 通过学生对不同学派代表人物的角色扮演，营造民主、开放、平等、和谐的课堂氛围。
教学设计提示	1. 查阅战国变法的相关材料，结合时代背景与变法措施，从时间观念的角度分析各国变法运动的原因。 2. 展示商鞅变法和新中国改革开放的时代背景和历程材料，理解以商鞅变法为代表的战国时期改革的艰巨性、复杂性、长期性、必然性，进一步理解当今中国深化改革开放的必然性。 3. 指导学生用泥塑再现春秋战国时期各国流行的主要货币形制，提升学生的历史学习兴趣并培养学生的动手能力。

表2-4 《秦统一多民族封建国家的建立》课时育人导引

	第3课《秦统一多民族封建国家的建立》
学科认知	1. 辨析焚书坑儒等概念，了解秦朝的统一业绩。 2. 从民族和国家演进的角度，理解统一多民族封建国家的建立及巩固在中国历史发展过程中的重大意义，培养学生的时空意识。 3. 运用唯物史观中必然和偶然观点分析秦末社会矛盾的尖锐和农民起义之间的关系，认识秦朝崩亡的原因，提升学生认识历史的能力。 4. 从内外因的角度分析秦统一的条件，培养学生的历史辩证分析能力和发散思维。辩证看待秦统一天下的措施，对秦实施暴政采取批判的态度，培养学生的批判意识。

续表

	第3课《秦统一多民族封建国家的建立》
德性育人	1.归纳秦统一的原因和条件,理解秦的统一是历史发展的必然趋势,它符合各族人民的共同愿望,顺应了历史发展的潮流。 2.梳理秦朝统一后所创的一系列政治经济文化制度,辩证认识大一统的君主专制中央集权的国家治理模式符合了当时的国情。 3.了解秦律相关内容,感悟法制在当时的作用,理解今天依法治国、建设社会主义法治国家的必要性。 4.了解秦末农民起义相关史实,认识人民群众在推动历史发展中的重要作用。
审美育人	1.运用多种手段欣赏秦始皇陵兵马俑,感受中国古代劳动人民的智慧之美和兵马俑的艺术之美。 2.了解秦朝创制的一系列政治制度,感受秦始皇等杰出人物在治理国家中展示出的开创性政治智慧。欣赏社会发展过程中产生的社会发展之美。
健康育人	理解秦始皇的统一成就,分析秦朝暴政与秦始皇身心之间的关系,理解国家建设需要以民为本,个人身心健康影响其成就。
劳动育人	1.参观秦始皇陵兵马俑,尝试手工泥塑兵马俑,培养学生的历史考察和历史制作能力。 2.让学生手工绘制秦朝疆域图,培养学生的历史地图制作能力和时空观念。
教学设计提示	1.阅读《史记·李斯列传》之《谏逐客书》,理解人才在国家统一、国家治理、国家发展中的重要作用。 2.搜集整理评价秦始皇的相关材料,对秦始皇进行客观评价,提升学生对历史人物的评价能力。 3.引导学生识读《秦朝形势图》,加深学生对秦朝是我国统一的多民族封建国家的直观认识。 4.利用小组合作探究学习,组织学生开展"秦统一后应在全国实行分封制或郡县制"的辩论会,使其感悟大一统的君主专制中央集权的国家治理模式符合了当时的国情。 5.指导学生收集整理有关秦统一的原因和条件的史料,培养学生多种角度理解秦的统一是历史发展的必然,它符合了各族人民的共同愿望,顺应了历史发展的潮流。

表2-5 《西汉与东汉——统一多民族封建国家的巩固》课时育人导引

	第4课《西汉与东汉——统一多民族封建国家的巩固》
学科认知	1.知道大一统、推恩令、均输平准、党锢之祸等概念,并分析其出现的历史背景,培养学生解释历史的能力。 2.归纳汉朝削藩、开疆拓土、尊崇儒术等创造性举措,认识汉朝在历代统一多民族封建国家中的历史地位,培养学生的创新思维。 3.分析东汉兴衰的原因,认识英雄人物和人民群众在历史进程中所起的不同作用,培养学生形成唯物史观。 4.借助相关史实全面、系统、客观地评价汉武帝,培养学生史论结合、论从史出的实证意识,掌握历史评价的基本方法。

45

续表

	第4课《西汉与东汉——统一多民族封建国家的巩固》
德性育人	1. 了解"文景之治""光武中兴"出现的原因和条件，感受德政、民本思想在国家治理中的重要作用。 2. 查阅相关资料，了解司马迁、霍去病、苏武、马援、班超等杰出人物的事迹，感悟杰出人物昂扬进取、不屈不挠的精神和斗志。了解张骞出使西域的相关史实，感悟张骞敢于担当奉献、勇于"凿空"的社会责任感。 3. 了解汉武帝开疆拓土的相关史实，进一步增强学生的国家和民族认同感。 4. 通过了解古代丝绸之路的开通、西域都护府设立的相关史实，理解古代丝绸之路对当时中西经济文化交流的重要作用，从而加深对当今构建"一带一路"和"人类命运共同体"的认识。
审美育人	1. 了解西汉"削藩"相关史实，感悟汉武帝在维护国家统一中的政治智慧。 2. 了解两汉时期文学、艺术、史学、数学、医药学、农学等方面的成就，感受中国古代优秀传统文化，坚定文化自信。
健康育人	指导学生阅读《黄帝内经》《神农本草经》《伤寒杂病论》等医学著作，理解其对提高古代人民身心健康的重要作用。
劳动育人	1. 绘制《张骞出使西域图》和《丝绸之路线路图》，培养学生的历史地图制作能力和时空观念。制作《两汉重要科技成就》手抄报，培养学生实作能力和实践精神。 2. 搜集整理两汉杰出历史人物的事迹，开展班级故事会，培养学生对重要历史人物昂扬进取、不屈不挠精神的传承意识。
教学设计提示	1. 引导学生识读《丝绸之路线路图》，理解古代丝绸之路对当时中西经济文化交流的重要作用，从而加深对当今构建"一带一路"和"人类命运共同体"的认识。 2. 搜集整理相关史料，举办两汉科技文化成就小型班级展览，了解两汉时期高度发达、世界领先、异彩纷呈的科技文化成果，增强学生的文化自信和民族自豪感。

(二)第二单元　三国两晋南北朝的民族交融与隋唐统一多民族封建国家的发展

1.单元育人导引。本单元在内容设置上注重政权更迭历史脉络的梳理和制度演进、文化创新的呈现，由《三国两晋南北朝的政权更迭与民族交融》《从隋唐盛世到五代十国》《隋唐制度的变化与创新》《三国至隋唐的文化》四课组成。本单元主要从政治制度、经济发展、文化创新三个角度介绍了三国两晋南北朝及隋唐历史的发展演变。三国两晋南北朝在以往历史教材编写中所占篇幅较少，新教材却很好地弥补了这一不足。这一历史时期主要包括三国、两晋、十六国、南北朝几个阶段，除西晋外我国在其他时期都处于分裂状态。战乱纷纷、政局动荡是这一时期社会的主要特征。尽管战争频繁，但当时的社会经济仍在曲折中发展，且经济重心逐渐向南方转移，南北双方也加强了文化的交流，推动了统一多民族封建国家的发展。隋唐时期一统天下，国力强盛，对外交往活跃，在制度创设上也很有建树，如选官制度上实行科举制扩大了统治的基础，提高了官员的素质，加强了中央集权；中央行政体系上确立了三省六部制，扩大了宰相的任用范围,提高了行政效率;赋税制度上推行租庸调制和两税法,减轻了政府对农民的盘剥和人身控制。自安史之乱起,中央对地方的控制削弱,唐朝由盛转衰并逐渐形成藩镇割据局面,最终唐朝灭亡,五代十国形成。

本单元的育人主题为"中华民族深度交融与大国治理制度的创新"。具体育人点通过了解三国两晋南北朝政权更迭的历史脉络和隋唐王朝的鼎盛局面,认识这一时期制度演进、民族交融、区域开发和思想文化发展等成就。通过评价科举制,形成批判性思维和学科思维。在德性育人上侧重通过了解民族冲突到和平交往,形成家国认同和民族认同,通过了解魏晋南北朝民族动荡,理解人民对和平的渴望;在劳动育人上让学生绘制《三国两晋南北朝形势图》,培养其动手能力及时空观念,模拟《隆中对》排练历史小剧场,体悟历史人物的大情怀;在审美育人上通过欣赏彩绘陶、青瓷、书法、印章、文学等艺术作品,增强学生的文化自信。

2.课时育人导引

表2-6 《三国两晋南北朝的政权更迭与民族交融》课时育人导引

	第5课《三国两晋南北朝的政权更迭与民族交融》
学科认知	1.知道士族概念,梳理三国两晋南北朝政权更迭的历史脉络,了解民族交融的相关史实。 2.探究三国两晋南北朝时期民族交融的原因及其对强化民族凝聚力的意义。 3.分析北魏孝文帝改革的背景和作用,认识孝文帝改革在推动中国历史发展中所起的重要作用,培养学生在大历史观下认识历史事物的方法和能力。 4.客观、辩证地认识孝文帝在推动北方少数民族和中原汉族相互交融中做出的贡献,培养学生的发散性思维。
德性育人	1.梳理三国两晋南北朝时期政权更迭的史实脉络,了解各民族从冲突到和平交往,到逐步走向交融的过程,理解其推动统一多民族国家发展的作用。 2.了解三国两晋南北朝时期分裂动荡史实,增强学生对人民渴望社会和平安定、国家统一安宁的认识。 3.归纳三国两晋南北朝时期我国南方地区开发的史实,理解区域协调发展的重大意义。 4.了解诸葛亮个人生平,培养学生诚信待人、尊师敬长的良好品德。
审美育人	1.欣赏三国两晋南北朝时期彩绘陶、青瓷、书法、印章、文学等艺术作品,感悟三国两晋南北朝时期的文学艺术美,增强学生的文化自信。 2.认识孝文帝在改革中展现的卓越才能,汲取其顺应时代潮流的非凡智慧以品味社会发展过程中体现的社会发展之美。
健康育人	感受孝文帝在悦纳中原汉族文化过程中体现的包容心理。
劳动育人	1.阅读《三国志》《三国演义》等作品,辨析文学作品与史学作品的差异,增强学生的史料实证意识。 2.排练《隆中对》等历史情景剧,营造活泼、轻松、愉快、民主的课堂环境,激发学生学习历史的兴趣。

续表

	第5课《三国两晋南北朝的政权更迭与民族交融》
教学设计提示	1. 编制有关三国两晋南北朝时期政权更迭的表格,体会该时期的社会动荡与民族交融,理解各民族从冲突到和平交往,再到逐步走向交融的过程,理解其推动统一多民族国家发展的作用。 2. 指导学生欣赏三国两晋南北朝时期彩绘陶、青瓷、书法、印章、文学等艺术作品,感悟三国两晋南北朝时期的文学艺术美,增强学生的文化自信。 3. 指导学生搜集整理三国两晋南北朝时期我国南方地区开发的相关史料,增强学生对当今我国区域协调发展战略的理解和认识。

表2-7 《从隋唐盛世到五代十国》课时育人导引

	第6课《从隋唐盛世到五代十国》
学科认知	1. 知道朋党之争、义仓的概念。了解隋唐时期封建社会高度繁荣在政治、经济、文化等的表现。 2. 归纳唐朝时期民族交融的史实,培养学生的归纳能力。认识少数民族对边疆治理的贡献,形成民族认同感。 3. 从内外等不同角度分析唐朝衰落的原因,帮助学生掌握分析历史事物的基本方法。 4. 认识唐朝国力强盛、辉煌鼎盛的史实,理解统一多民族封建国家在推动中国历史发展中发挥的重要作用,加深其家国情怀。
德性育人	1. 分析隋唐盛世局面出现的原因,理解善于用人、轻徭薄赋、开明开放的民族外交政策等国家治理模式。 2. 概述多民族交融的相关史实,增强学生对民族的认同、国家的认同,对中华民族多元一体格局的认识。 3. 分析隋唐灭亡的相关史实,增强对人民群众是推动历史发展的伟大动力的唯物史观的认识和理解。
审美育人	1. 了解隋唐时期开明多元的民族政策,感悟国家治理的智慧之美。 2. 了解唐三彩、曲辕犁、大运河开凿的史实,体会古代劳动人民创造的智慧结晶。
健康育人	了解唐太宗虚怀纳谏、武则天任用贤能的史实,认识统治者良好的治国理念和虚心、谦让的精神对国家治理的重要意义。
劳动育人	1. 搜集整理隋朝大运河、唐朝大运河的相关资料,培养学生的史料实证意识,体会我国人民劳动智慧的传承与创新。 2. 创设课堂情景,模拟几段唐太宗与魏徵的朝堂君臣对话场景,营造活泼、民主、开放、智慧的课堂氛围。
教学设计提示	1. 指导学生搜集整理有关隋唐盛世局面出现原因的史料,加深对隋唐统治者善于用人、轻徭薄赋,制定开明开放的民族外交政策等国家治理模式的认识与理解。 2. 指导学生搜集整理隋唐时,汉族与吐蕃、回鹘、靺鞨、突厥等民族交融的相关史实,增强学生对民族的认同、国家的认同,对中华民族多元一体格局的认识。 3. 指导学生搜集整理隋唐农民起义的相关史实,增强学生对人民群众是推动历史发展伟大动力的唯物史观的直观认识和理解。

表2-8 《隋唐制度的变化与创新》课时育人导引

第7课《隋唐制度的变化与创新》	
学科认知	1.知道九品中正制、中外朝制度、三省六部制、两税法等概念。 2.梳理中国古代选官制度演变的历程,分析其演变的原因和对中国社会的影响,培养学生的归纳、分析能力。 3.分析三省六部制、两税法的利弊,认识隋唐时期中国国家治理在制度上取得的创新性成就,培养学生用辩证的眼光看待历史事物。 4.将科举制度放在具体的历史时空背景下进行考量,认识其在不同时期的先进性和落后性,并用相应的史料进行论证,培养学生的时空观念和实证精神。
德性育人	了解科举制、三省六部制、租庸调制、两税法、《唐律疏议》等制度创新的内容,强化学生对国家治理模式中制度创新的认识和理解。
审美育人	认识科举制、三省六部制、租庸调制、两税法等制度蕴含的历史智慧,感悟隋唐时国家治理模式中制度创新的智慧之美以及有效协调君臣矛盾、地方和中央矛盾中体现的和谐之美。
健康育人	
劳动育人	体会古人在国家治理中的不懈探索精神。
教学设计提示	1.指导学生阅读科举制、三省六部制、租庸调制、两税法、《唐律疏议》等相关史料,强化学生对国家治理模式中制度创新的认识和理解。 2.指导学生分析三省六部制的运行机制,感悟古人智慧。 3.指导学生就科举制、三省六部制的利弊展开辩论,以认识其利弊。

表2-9 《三国至隋唐的文化》课时育人导引

第8课《三国至隋唐的文化》	
学科认知	1.知道三教合一、魏晋玄学等概念和演进,了解三国至隋唐的文化成就,以及玄奘西行、鉴真东渡等中外交流的史实。 2.梳理三国两晋南北朝至隋唐时期中国文化相关史实,培养学生阅读、归纳能力。 3.运用经济基础与上层建筑的原理探究三国两晋南北朝至隋唐时期中国文化繁荣的原因,培养学生探究历史的能力。 4.评价统治者兴佛、灭佛的时代背景和影响,培养学生的辩证思维。
德性育人	1.了解三国两晋南北朝至隋唐时期我国书法、绘画、雕塑、舞蹈等方面取得的成就,认识一定时期政治经济对文化发展的作用,加深学生对唯物史观的认识。 2.探究隋唐时期科学技术的发展,树立学生的文化自信。 3.梳理隋唐时期中外文化交流的相关史实,体会中华文化兼收并蓄、开放包容、高度发达的文化内涵和特色。 4.概述玄奘西行、鉴真东渡的相关史实,感悟历史人物的担当奉献,体会他们在中外文化交流中的作用。

续表

	第8课《三国至隋唐的文化》
审美育人	1.了解王羲之、颜真卿、柳公权等书法家和顾恺之、吴道子等画家创作的艺术作品,感悟中华书法绘画的艺术之美。 2.多种途径查阅白马寺、唐招提寺、龙门石窟、敦煌莫高窟等历史遗迹相关资料,感悟中华文化中散发的自然美与社会美。
健康育人	了解玄奘西行、鉴真东渡的伟大事迹,体会他们的坚韧品质,感受他们健康的身心。
劳动育人	1.查找玄奘西行相关史料,尝试绘制玄奘西行求法的路线图,增强学生时空观念,提高学生的历史制作能力。 2.利用寒暑假去实地考察敦煌莫高窟、龙门石窟、白马寺等历史遗迹,撰写考察报告,培养学生的实证精神。 3.参观博物馆,欣赏隋唐书法、绘画、人物雕塑等艺术作品,提高艺术素养。
教学设计提示	1.指导学生以讲解员的身份介绍这一时段中国的书法、绘画、人物雕塑等艺术作品,向世界传播中国文化。 2.探究文化成就,认识一定时期内政治经济对文化发展的作用,加深学生对唯物史观的认识。 3.指导学生制作有关隋唐时期科技成就的黑板报,明确我国古代科技高度发达、世界领先,树立学生的文化自信。 4.指导学生临摹王羲之、颜真卿、柳公权等书法家和顾恺之、吴道子等画家的代表作品,感悟中华文化的艺术美。 5.指导学生搜集整理玄奘、鉴真相关事迹,并以"班级小故事"的形式进行讲述,体会他们坚韧不拔、百折不挠、乐观向上的精神。 6.指导学生查阅杜甫诗歌相关的资料,以"一定的文化反映一定的社会背景"为主题,撰写一篇历史小论文。

(三)第三单元 辽宋夏金多民族政权的并立与元朝的统一

1.单元育人导引。本单元主要叙述了从宋朝到元朝时期的中国历史,由《两宋的政治和军事》《辽夏金元的统治》《辽宋夏金元的经济与社会》《辽宋夏金元的文化》四课组成。辽宋夏金元是继三国两晋南北朝之后中国历史上又一个北方少数民族活跃的时期,以往的中学历史教材对其介绍的篇幅较少,新教材很好地弥补了这一不足。960年,后周禁军统帅赵匡胤发动兵变夺取帝位,建立宋朝,定都东京,史称北宋。宋朝强化中央集权,在文化和经济上高度发展,但军事力量不振,与北方少数民族交战常处于劣势。北宋与西夏交战,屡战屡败,造成统治集团内部分裂,北宋逐渐走向衰亡。"靖康之变"后北宋灭亡,赵构在应天府称帝,南宋开始。1125年,金灭辽,1127年,与南宋形成对峙局面。1260年,成吉思汗的孙子忽必烈即位,1271年忽必烈定国号大元。1276年,元军占领南宋都城临安,1279年,元朝完成统一。在地方管理上,元朝实行行省制度,是我国省制的开端。

本单元的育人主题为"中国各民族政权制度趋同与经济社会嬗变"。其具体育人点在学科认知上侧重于通过认识两宋王朝在政治、经济、文化与社会等方面的新变化，了解辽、西夏、金、元诸政权的建立、发展和相关制度建设，认识北方少数民族政权的建立在统一多民族封建国家发展中的重要作用。通过史料研读和活动探究训练学生获取历史、解读历史信息的能力和分析、探究历史问题的能力。在德性育人上侧重于通过对辽和西夏政治制度的学习，让学生明白辽和西夏政权维持较长时间稳定的原因，理解其对民族融合的重大作用，增强民族认同感。在审美育人上侧重于欣赏宋朝五大名窑出产的瓷器、元青花瓷和北宋张择端的《清明上河图》，发现中华传统文化的艺术之美。在健康育人上侧重于了解成吉思汗、忽必烈征服其他地区的基本史实，认识封建统治者拥有强健的体魄对国家统一的重要意义。在劳动育人上侧重于手工绘制元朝疆域简图，培养其历史地图绘制能力和时空观念。

2.课时育人导引

表2-10 《两宋的政治和军事》课时育人导引

	第9课《两宋的政治和军事》
学科认知	1.了解北宋初期的经济、政治、军事情况和边疆危机，王安石变法的时代背景。知道王安石变法的主要内容，南宋与金战和的相关史实。 2.分析王安石变法对北宋的影响及其在中国历史上的地位，培养学生用历史的方法分析历史事物的能力。 3.运用唯物史观分析宋高宗、秦桧以胜求和和残害岳飞的根源，培养学生透过现象看本质的能力。 4.辩证认识北宋崇文抑武的历史根源和"岁贡"制度，培养学生的逻辑思维和思辨精神。
德性育人	1.了解王安石的一生，认识其国为民呕心沥血的精神品质，培养学生的担当奉献精神及明礼诚信的个人品行。 2.了解宋朝加强中央集权的措施，认识国家统一、民族团结对国家发展的重要意义，增强学生的民族自豪感。
审美育人	了解宋初政治制度对维护当时社会稳定和促进国家发展所起的作用；了解宋朝加强中央集权和维护社会安定的措施，体会古人的智慧之美。
健康育人	
劳动育人	运用史料对王安石进行客观、公正的评价，培养学生的实证精神和客观、公正、实事求是的精神。
教学设计提示	1.指导学生利用教材从经济、政治、社会矛盾、民族关系等角度归纳王安石变法的背景，认识变法是挽救北宋统治的良方之一。 2.指导学生收集王安石及其变法的相关史料，并客观、公正地对其进行评价，认清其在北宋和中国历史上的地位。 3.补充相关史料，运用合作探究等方式辨析教材中南宋学者叶适对北宋初期加强中央集权措施的批评，培养学生的历史思辨思维。

表2-11 《辽夏金元的统治》课时育人导引

	第10课《辽夏金元的统治》
学科认知	1.知道辽、西夏、金、元统治的基本史实,认识北方少数民族政权在统一多民族封建国家发展中的重要作用,把握统一多民族国家发展的历史线索。 2.从经济、政治、文化、民族关系等方面认识北方少数民族之间、少数民族和汉族之间的多元交融,引导学生掌握多角度分析历史事物的方法。 3.探究元朝创立行省制度的作用和对后世的影响,提高学生分析历史事物的能力。 4.探究忽必烈在元朝建立和促进民族交融中的贡献,认识历史人物和历史发展之间的关系,培养学生的历史思维。
德性育人	1.了解辽和西夏政治制度、元朝的民族关系,探究辽和西夏维持较长时间稳定关系的原因,理解其对民族融合的作用,增强民族认同感。 2.学习元朝为巩固统一所采取的措施,如建立沟通全国的交通网络和行省制度,理解其对统一多民族国家进一步发展的作用,增强民族认同感。 3.认识元朝"四等人制",理解良好的民族关系对国家统一的重要作用。
审美育人	学习辽南、北面官制度、金"猛安谋克"制度和元朝的行省制度,体会中华民族因地制宜、与时俱进的历史智慧。
健康育人	了解成吉思汗、忽必烈征服其他地区,统一中国的基本史实,认识统治者强健的体魄和雄才大略对国家富强的重要意义。
劳动育人	1.比较辽、西夏、金和元的政治制度,理解我国政治制度在传承中发展、在发展中创新。 2.让学生绘制元朝疆域简图,培养学生的历史地图绘制能力。
教学设计提示	1.引导学生识读金、元都城变迁图,加强学生对北京城址变迁的认识,增强其时空观念。 2.引导学生查阅元朝疆域图以及《元史·地理志》相关内容,让学生直观感受元朝对统一多民族国家发展的重要作用。 3.阅读《马可·波罗行纪》,在搜集相关史料的基础上对该书记述的真实性进行辨析,并撰写一篇读书笔记。

表2-12 《辽宋夏金元的经济与社会》课时育人导引

	第11课《辽宋夏金元的经济与社会》
学科认知	1.知道宋元时期中国在农业、手工业、商业发展上的表现。 2.运用比较法分析宋朝社会阶层和社会管理上与前朝的差异,培养学生获取和解释历史信息的能力,使之掌握分析和评价历史事物的历史学科方法,加深其对宋朝科举制度和土地制度的理解。 3.梳理宋元时期纸币的产生和发展,探究纸币产生的原因和影响,并引导学生从中发现并提出纸币为什么在后来没有继续成为主要流通货币的原因,并试着对其进行解释,培养学生的发现问题、分析问题和解决问题的能力。 4.探究宋代经济与社会发展之间的关系,培养学生的发散思维。

续表

	第11课《辽宋夏金元的经济与社会》
德性育人	1.认识宋代农业耕种技术、手工业技术在世界上的领先地位,了解当时商业繁荣的情况,增强学生的民族自豪感,提升学生的爱国热情。 2.了解宋代海外贸易繁荣的表现,培养学生的国际视野。
审美育人	欣赏宋朝五大名窑出产的瓷器、元青花瓷和北宋张择端的《清明上河图》,体会中国传统文化的艺术之美。
健康育人	
劳动育人	开展瓷器和活字印刷制作活动,锻炼学生的动手能力,使其感悟中华文化的博大精深。
教学设计提示	1.参观历史博物馆,直观感受宋元时期的经济与社会成就。 2.观察北宋张择端的《清明上河图》,获取其反映的历史信息,再寻找其中一个场景,写一篇关于北宋时期社会生活的随笔。 3.开展瓷器和活字印刷术之泥活字制作活动,激发学生的历史学习兴趣,加深其对宋元时期科技成就的认识。

表2-13 《辽宋夏金元的文化》课时育人导引

	第12课《辽宋夏金元的文化》
学科认知	1.知道宋代儒学的代表人物及其主要思想,了解这一时期的主要文学、科技成就。 2.梳理中国古代儒学发展的历程,分析儒学在宋代复兴的原因,引导学生掌握分析历史事物的基本方法。 3.梳理中国古代文学体裁演进的历程,培养学生的历史归纳能力。 4.辩证看待程朱理学的宇宙观、方法论和"存天理,去人欲""格物致知"等思想,培养学生辩证地理解历史事物的能力。
德性育人	1.引导学生理解"为天地立心,为生民立命,为往圣继绝学,为万世开太平",让学生体会古人明礼诚信、孝亲敬长、诚实守信的个人品质和悲天悯人的家国情怀,培养学生为国家和民族谋发展的担当精神。 2.了解宋元时期的文学艺术成就,如宋词和元曲的代表作,增强学生的文化自信。 3.了解印刷术、火药和指南针等科技成就,了解宋元时期的科技成就在当时世界的领先地位,培养学生的民族自豪感,形成其全球视野。 4.学习辽、西夏、金、元文字的创制,理解民族交流和融合对于统一多民族国家发展的重要作用。
审美育人	1.让学生搜集宋元时期的书法和绘画代表作信息,并让学生陈述其历史和艺术价值,以提升学生的艺术鉴赏能力。 2.分析各民族间文学、艺术交融的状况,认识民族融合是历史发展的大趋势。
健康育人	引导学生理解北宋理学家"修身"思想,以健康学生的身心。
劳动育人	1.开展手工艺制作活动,组织学生制作简易指南针,体悟古代科学家的开创精神。 2.开展戏曲传唱活动,感受中国戏曲的艺术美。

续表

第12课《辽宋夏金元的文化》
教学设计提示	1.阅读《论语》《孟子》《大学》和《中庸》等,体会儒家的思想精髓。 2.开展关于"程朱理学利与弊"的辩论会,加深学生对程朱理学思想的认知和理解。 3.开展关于"元曲文化感悟"的主题活动,学生通过阅读元曲剧本,进行角色扮演,体会中华优秀的传统文化。

(四)第四单元 明清中国版图的奠定与面临的挑战

1.单元育人导引。本单元主要叙述了明清时期的中国历史,由《从明朝建立到清军入关》《清朝前中期的鼎盛与危机》《明至清中叶的经济与文化》三课组成。明清是中国古代历史上最后两个朝代,现代中国的版图在这一时期定型。这一时期,世界形势发生巨大变化。新航路开辟后世界逐渐连成一个整体,欧洲走出了中世纪,欧洲各国逐渐进入资本主义社会。此时的中国正走向衰落,政治上专制主义中央集权强化;经济上,工商业繁荣,资本主义萌芽,但小农经济依然占据主导地位;思想上掀起了对传统儒学的批判性反思,加之西学东渐,明清思想活跃局面出现,但仍未突破儒家纲常的束缚;对外关系上,明清之际实行"海禁"和"闭关锁国",统治者故步自封,阻碍了对外交流和社会进步,扼杀了中国跟上世界潮流的机会,为近代中国的落后埋下了伏笔。

本单元的育人主题为"东方大国版图的奠定与社会发展面临的挑战"。学习本单元应注意运用历史比较法,以厘清同一时期中西方发展的历史脉络,明晰近代中国落后于世界的历史原因。通过本单元的学习,从全息育人的角度,在学科认知上我们要侧重了解明清统一全国和经略边疆的相关举措,认识这一时期统一多民族封建国家版图奠定的重要意义;了解明清时期社会经济、思想文化的重要发展变化;认识明清时期封建专制发展和世界形势变化对中国的影响,以及中国社会面临的危机。通过比较中西方经济、政治、文化的差异,掌握历史比较研究法、文献研究法和调查法。通过史料阅读训练学生获取和解读历史信息的能力及分析、探究历史问题的能力。通过对比中西方科技成果,探讨中国落后于世界的原因,培养学生的学科思维和辩证思维。在德性育人上侧重通过了解郑和、戚继光等英雄人物的事迹,知道并深刻体悟家国情怀的内涵,进一步明确自己的责任和担当,确立积极进取的人生态度。在审美育人上侧重通过学习明清时期进步思想家的思想主张,汲取其中的历史智慧。在健康育人上侧重通过学习了解《本草纲目》等医学著作,了解古人养生、医疗的方法,引导学生关注身体健康,强健体魄。在劳动育人上侧重指导学生绘制郑和下西洋的路线图和明朝疆域图,培养学生绘制历史地图的能力。指导学生查阅"一条鞭法""摊丁入亩"等明清时期的税收制度,通过制作表格明确其时代背景,厘清其变化线索,加深学生对知识的理解性记忆。

2. 课时育人导引

表2-14 《从明朝建立到清军入关》课时育人导引

	第13课《从明朝建立到清军入关》
学科认知	1. 了解明清两朝的建立史实,知道明朝郑和下西洋的基本史实,了解外来侵略者对我国东南沿海地区的骚扰。 2. 比较宋、明封建专制主义中央集权的差异,概括明朝专制主义中央集权的特点,培养学生概括历史事物的能力。 3. 归纳明朝经略内陆与边疆的相关举措,分析这些举措对维护我国统一多民族封建国家的发展所起的作用,培养学生的归纳分析能力。
德性育人	1. 归纳明朝廷对边疆地区的管理措施和郑和下西洋的相关情况等,增强学生的民族自信心和自豪感,强化其对统一多民族国家的认同。 2. 了解戚继光等英雄人物的事迹,知道并深刻体悟家国情怀的内涵,进一步明确自己的责任,确立积极进取的人生态度。 3. 学习郑和下西洋相关知识,体悟中国人民的热爱和平、积极开放,增强学生的国际视野,促进学生构建开放的心态。 4. 探究明朝衰亡的原因,认识人民群众的力量。
劳动育人	1. 指导学生绘制郑和下西洋的路线图,培养学生绘制历史地图的能力。 2. 观看影片或实地考察戚继光抗倭、郑和下西洋等相关历史遗址等,撰写相关的观影或考察心得。
教学设计提示	1. 列表比较宋、明时期强化中央集权的措施,认清我国封建时期专制主义中央集权制度不断强化的趋势,把握历史发展的脉络。 2. 引导学生识读《郑和航海路线图》,强化其对郑和下西洋这一伟大航海举措的直观认识,增强学生的空间观念。 3. 通过观看郑和下西洋的相关视频,了解中国造船技术、航海技术、天文观测技术在当时世界的领先地位。

表2-15 《清朝前中期的鼎盛与危机》课时育人导引

	第14课《清朝前中期的鼎盛与危机》
学科认知	1. 知道清朝时期封建专制的发展,了解世界的变化对中国的影响、中国社会面临的危机。 2. 归纳清朝廷统一全国和经略边疆的相关举措、郑成功收复台湾的经过,知道南海诸岛、台湾及其附属岛屿是中国领土不可分割的一部分,认识这一时期统一多民族国家疆域奠定的重要意义。 3. 了解晚清白莲教起义,认识清朝"盛世余晖"中蕴含着的巨大统治危机。 4. 把握世界潮流发展的大势,分析晚清时期中国逐渐落后于世界的原因。

续表

第14课《清朝前中期的鼎盛与危机》	
德性育人	1.了解清朝巩固统一多民族封建国家的举措,认识统一是中华民族发展的必然趋势,形成对祖国、对中华民族的认同感。 2.了解清朝的对外政策,体会闭关自守无法适应新的发展,要时刻关注世界大势,培养学生正确的世界观和宽广的国际视野。
审美育人	了解清朝对边疆少数民族采取"修其教不易其俗,齐其政不易其宜"的政策以强化对边疆的管理,从中汲取因地制宜、因势利导的历史智慧。
健康育人	理解清朝"闭关自守"的政策导致中国逐渐落后于世界,让学生从中认识到积极、开放心态的重要性。
劳动育人	1.绘制清朝疆域图,增强学生识读、绘制历史地图的能力和培养学生的时空观念。 2.了解清朝时期"金奔巴瓶"制度,并为今天管理地方行政事务提建议,培养学生的创新精神。 3.指导学生查阅"一条鞭法""摊丁入亩"等税收制度,通过制作表格将其变化的线索和时代背景展示出来,加深学生对知识的理解记忆。
教学设计提示	1.归纳君主专制演进的历程,辩证认识其在不同时期的利弊,形成具体问题具体分析的意识。 2.列表梳理清朝治理边疆的措施,认识国家统一、民族团结是中国发展的重要基石。 3.比较清朝的闭关自守政策和当时世界的发展潮流,认清清朝统治者思想的落后对中国造成的重大影响,认识当今中国扩大对外开放的必要性。

表2-16 《明至清中叶的经济与文化》课时育人导引

第15课《明至清中叶的经济与文化》	
学科认知	1.了解明清时期农业、手工业和商业等发生的变化,理解其对当时社会的影响。 2.了解李贽、黄宗羲、顾炎武、王夫之的思想主张,运用生产力推动社会发展的观点解释明清思想领域变化的原因,培养学生的唯物史观素养。 3.了解明清小说的主要成就,知道明清戏曲发展演变的史实,概括其反映的时代特征,把握文学与时代之间的辩证关系,培养学生的分析能力。 4.对比中西方科技成果的差异,探讨当时中国落后于世界的主要原因,培养学生的发散思维。
德性育人	1.了解明清思想领域的变化,知道文学、科技领域的成就,增强学生的文化自信。 2.分析《坤舆万国全图》在中国的遭遇,了解清朝的闭关自守导致中国落后于世界的事实,增强学生的国际视野。
审美育人	1.欣赏具有代表性的京剧名段,感受中国传统文化的艺术美。 2.学习明清时期进步思想家的思想主张,体悟其思想精髓,汲取其与时俱进的历史智慧。
健康育人	通过学习《本草纲目》等医学著作的相关知识,了解古人养生、医疗的方法,引导学生关注身体健康,强健体魄。

续表

第15课《明至清中叶的经济与文化》	
劳动育人	
教学设计提示	1. 收集整理明清时期资本主义在中国萌芽的相关资料,探究其萌芽的条件和状况,撰写相关研究报告。 2. 阅读李贽、顾炎武等明清进步思想家的著作,学习他们经世致用的精神。 3. 阅读明清时期的小说,欣赏京剧名段等,发掘中国传统文学、艺术中蕴含的文化价值,感受中华优秀传统文化的博大精深,进而树立文化自信。

(五)第五单元　晚清时期的内忧外患与救亡图存

1. 单元育人导引。本单元主要叙述了清朝后期的中国历史,由《两次鸦片战争》《国家出路的探索和列强侵略的加剧》《挽救民族危亡的斗争》三课组成。鸦片战争后的数十年间,清政府被迫与列强签订了一系列不平等条约,逐步沦为半殖民地半封建社会。中国历史开始进入满目疮痍的近代时期。边疆不断出现危机,中国面临"数千年未有之大变局"。洪秀全领导太平天国运动试图推翻清朝统治,构建"地上天国"。19世纪60—90年代,以"自强""求富"为口号的洋务运动最终以甲午中日战争的惨败而被宣告破产。继而,康有为、梁启超等维新派掀起了一场旨在救亡图存的戊戌变法运动,这场运动虽然因将希望寄托在未掌握实权的光绪帝手中而失败,但它唤醒了民众。义和团运动高涨,八国联军趁机侵占北京,逼迫清政府签订了《辛丑条约》。至此,中国完全陷入半殖民地半封建社会的深渊。自本单元开始,中国近代史的帷幕徐徐拉开。从此,抗击外来侵略、挽救国家危亡、维护民族独立成为时代的主旋律。通过对本单元的学习,从学科育人中,我们不仅要清楚外敌入侵导致了中国的落后,更要反思中国落后的原因。被侵略是事实,差距更要正视。在经济全球化浪潮中,更多的是软实力的竞争,比的是可持续发展和民族创造力,而正确认识自己和认识世界同样重要。

本单元的育人主题为"晚清时期的内忧外患与救亡图存"。其具体育人点主要在学科认知上侧重于理解列强侵华对中国的影响,了解中国人民反抗外来侵略的斗争事迹,理解其性质和意义,认识各阶级为挽救危局所做的努力及存在的局限性。通过课例研讨掌握历史比较学习法、文献研究法、实地考察法;通过史料阅读训练学生获取、解读历史信息的能力及分析、探究历史问题的能力;通过评述鸦片战争的影响使学生形成批判思维和辩证思维。在德性育人上侧重于通过了解近代救亡图存的历史,使学生加深家国认同和民族认同;通过了解三元里抗英的基本史实,培养学生的社会责任感;通过介绍甲午中日战争中爱国官兵为国捐躯的史实,使学生有强烈的为国奉献的历史使命感。在劳动育人上通过撰写鸦片战争反思的小论文,形成初步的实证精神。

2.课时育人导引

表2-17 《两次鸦片战争》课时育人导引

	第16课《两次鸦片战争》
学科认知	1.概述两次鸦片战争的基本史实,培养学生的口头表达能力。 2.了解在两次鸦片战争中中国军民抵抗外来侵略的史实,学习中国人民不屈不挠的爱国精神,培养学生的归纳、概括能力。 3.从国内、国外两个角度分析鸦片战争前中国的基本形势,理解鸦片战争中国失败的根源,培养学生的历史解释素养。 4.利用《南京条约》《天津条约》《北京条约》的相关内容,分析两次鸦片战争给中国社会带来的影响。
德性育人	1.分析鸦片战争爆发的背景,理解鸦片战争爆发的必然性,培养学生的国际视野。 2.梳理两次鸦片战争的历程,了解一系列不平等条约带给中国社会、人民的深重灾难,帮助学生认清西方列强的侵略本质,树立奋发图强的向上精神。 3.通过对三元里人民抗英斗争史实及林则徐、魏源爱国英雄事迹的学习,激励学生树立反抗侵略、担当奉献的社会责任心。
审美育人	感受中国军民在两次鸦片战争中反抗侵略时展现的不屈之美。
健康育人	通过对"开眼看世界"一目的学习,认识学习先进的科学技术是顺应时代发展要求的,树立积极进取的心态。
劳动育人	1.阅读范文澜在《中国近代史》、茅海建在《天朝的崩溃》和马克思创作的相关著作中对鸦片战争的叙述。 2.通过瞻仰人民英雄纪念碑、参观考察圆明园遗址及观看相关影片,培养学生的实证精神。 3.查阅相关文献,以"假如我回到晚清"为主题,针对两次鸦片战争写一篇历史想象类文章。
教学设计提示	1.运用必然与偶然的观点,引导学生对比分析鸦片战争前中国与世界形势,解释两次鸦片战争爆发的必然性和偶然性。 2.引导学生阅读范文澜、茅海建、马克思等对鸦片战争的评述,论证鸦片战争中国失败的原因之一,即清朝统治者的无能。

表2-18 《国家出路的探索和列强侵略的加剧》课时育人导引

	第17课《国家出路的探索和列强侵略的加剧》
学科认知	1.知道太平天国运动、洋务运动、甲午中日战争、列强瓜分中国的基本史实。 2.概述左宗棠收复新疆、冯子材抗击法国侵略军、台湾人民反割台斗争等中国人民反抗外来侵略的斗争史实,培养学生的归纳和表达能力。 3.运用辩证的观点分析《天朝田亩制度》和洋务运动的内容,认识农民阶级、封建地主阶级在挽救民族危亡过程中表现的进步性和落后性,了解他们所做的努力和存在的局限性,培养学生的历史思辨意识。 4.利用《太平天国运动形势图》《甲午中日战争形势图》,概述太平天国运动和甲午中日战争的进程,帮助学生掌握识别历史地图的基本方法,培养学生的时空观念。

续表

	第17课《国家出路的探索和列强侵略的加剧》
德性育人	1.体悟农民阶级在反抗清政府的腐朽统治和西方列强侵略过程中所展现的反抗精神,培养学生的抗争意识。 2.学习中法战争期间冯子材抗击法国侵略军、左宗棠收复新疆、以刘永福为代表的台湾人民反割台斗争等中国军民维护祖国统一和领土完整的史实,培养学生的爱国情怀。 3.对比中日之间甲午中日战争之前的发展道路,引导学生分析甲午中日战争中国失败的主要原因,树立把握时代潮流、顺应时代发展的国际视野。
健康育人	学习甲午中日战争中为国捐躯的民族英雄的事迹,培养学生奋发学习、积极有为的人生态度。
劳动育人	1.通过参观有关太平天国运动的博物馆等,撰写参观心得,培养学生的历史考察能力。 2.收集整理北洋舰队的相关史料,探究北洋舰队的兴亡,并撰写相关的历史小论文。
教学设计提示	1.以人民英雄纪念碑上"金田起义"浮雕导入,让学生感受波澜壮阔的太平天国运动。 2.观看《甲午风云》,感知中国军民反侵略的精神。 3.举办"中国近代反抗外来侵略之民族英雄事迹故事会",了解民族英雄的英勇事迹。

表2-19 《挽救民族危亡的斗争》课时育人导引

	第18课《挽救民族危亡的斗争》
学科认知	1.知道戊戌维新运动、义和团运动、八国联军侵华、《辛丑条约》等基本史实,认识《辛丑条约》签订后中华民族危机的加深。 2.概述戊戌维新运动的经过、义和团抗击八国联军侵华的主要战役,培养学生归纳和表达历史的能力。 3.运用辩证的观点分析资产阶级维新派和农民阶级在挽救民族危亡中表现的异同,认识其进步性和局限性,培养学生的思辨意识。 4.查阅、搜集和整理康有为上书光绪帝的相关文献,考证康有为是否有向光绪帝送达"联名上书",培养学生的实证能力和精神。
德性育人	1.了解戊戌维新运动中以谭嗣同为代表的变法志士为变法甘愿流血牺牲的决心,培养学生担当奉献的社会责任感。 2.归纳义和团团民在天津和北京反抗八国联军的英勇事迹,感受中国军民反抗外来侵略的斗争精神,培养学生的家国情怀。 3.分析《辛丑条约》带给中国社会和人民的危害,引导学生树立保家卫国的爱国主义精神。
健康育人	阅读甲午中日战争中为国捐躯的民族英雄的英勇事迹,培养学生奋发学习、积极有为的人生态度。
劳动育人	就康有为是否向光绪皇帝送达"联名上书",查阅和搜集相关文献,开展学术论证,撰写学术小论文。
教学设计提示	1.运用唯物史观中透过现象看本质的观点,分析康有为编撰《新学伪经考》和《孔子改制考》的目的。 2.开展小组合作学习,利用图书馆、网络等查阅资料,论证茅海建关于康有为没有送达"联名上书"的观点。 3.观看义和团运动的相关影片,感受中国军民反抗外来侵略的决心。

(六)第六单元　辛亥革命与中华民国的建立

1.单元育人导引。本单元注重历史叙述的时代性和内容的丰富性,由《辛亥革命》《北洋军阀统治时期的政治、经济与文化》两课组成。从1902年到1911年,中国各地民变多达1300余起,平均每两天半发生一次,1911年10月武昌起义成为"压死骆驼的最后一根稻草"。辛亥革命推翻了清王朝的统治,结束了封建帝制,建立了资产阶级民主共和国。南京临时政府成立后,颁布了《中华民国临时约法》实际上确立了责任内阁制。袁世凯就任大总统后,独揽大权,很快走上复辟帝制之路。面对袁世凯的倒行逆施,以孙中山为首的革命党人发动了一系列护国战争。在民国时期,不仅民族资本主义经济得到快速发展,思想上以陈独秀为代表的先进知识分子也发起新文化运动,倡导民主和科学。

本单元的育人主题为"封建制度的倾覆与救国道路的探索"。通过本单元的学习,从全息育人的角度出发,在学科认知上侧重于通过了解三民主义的基本内容,理解辛亥革命对结束中国帝制、建立民国的意义及其历史局限性。了解北洋军阀的统治情况及特点,了解新文化运动的主要内容,理解其对近代中国思想解放的影响。通过课例研讨掌握历史比较学习法、文献研究法、实地考察法。通过史料阅读培养学生获取和解读历史信息的能力及分析、探究历史问题的能力。在德性育人上侧重于通过学习邹容、林觉民、孙中山等人的革命事迹,培养学生的家国情怀和担当奉献的社会责任感。通过学习蔡元培、陈独秀、胡适、李大钊、鲁迅、钱玄同等新文化运动巨匠的事迹,培养学生的社会责任感。在劳动育人上侧重指导学生仿制《新青年》杂志,办一份介绍新文化运动的手抄报,形成其初步的实证精神。

2.课时育人导引

表2-20　《辛亥革命》课时育人导引

第19课《辛亥革命》	
学科认知	1.知道三民主义的基本内容、武昌起义的经过和中华民国建立的基本史实。 2.分析武昌起义爆发的原因和三民主义的内涵,培养学生综合分析历史事物的能力。 3.了解辛亥革命的结果和成就,认识资产阶级革命派的进步性与局限性,培养学生历史分析能力。 4.搜集孙中山的革命活动史实,认识重要革命人物在推动历史发展中的作用;了解孙中山救国道路的转变历程,培养学生的逻辑思维;运用史料实证的方法对孙中山进行客观、公正评价,帮助学生掌握评价历史人物的基本方法。
德性育人	1.了解邹容、林觉民等人的悲壮事迹,了解支撑其不畏生死为革命英勇就义的伟大精神,培养学生的家国情怀和担当奉献的社会责任感。 2.总结孙中山的革命生涯,体会其"革命尚未成功,同志仍需努力"的进取精神,引导学生形成为国为民奋斗不息的精神品质,形成"天下兴亡匹夫有责"的历史使命感。

续表

	第19课《辛亥革命》
审美育人	感受辛亥革命在推动中国社会近代化过程中展现出的社会发展之美。
健康育人	识读孙中山"世界潮流浩浩荡荡,顺之者昌、逆之者亡",感受孙中山顺应时代发展,追求进步的理念情怀,以健全自我的人格。
劳动育人	1.整理孙中山的革命事迹,制作孙中山辛亥革命大事记。 2.对比新三民主义和旧三民主义的区别,探究孙中山革命前后思想变化的原因,撰写历史小论文。
教学设计提示	1.分析清末新政的实质,用邹容的《革命军》和孙中山从变法走向革命的经历,说明资产阶级武装推翻清王朝的必然性。 2.阅读《民报》发刊词,归纳三民主义的基本内容,分析其内涵,体会其进步性与局限性。 3.诵读林觉民的《与妻书》,感悟文本的艺术之美和林觉民为实现革命理想毅然决然慷慨赴死的精神。 4.认识资产阶级革命派在辛亥革命中扮演的角色,探究辛亥革命失败的根源。

表2-21 《北洋军阀统治时期的政治、经济与文化》课时育人导引

	第20课《北洋军阀统治时期的政治、经济与文化》
学科认知	1.了解袁世凯复辟、二次革命和护国战争等重要历史事件和战争的经过、结果;了解北洋政府统治下的军阀割据的情况;明晰新文化运动产生的背景和影响。 2.用联系的观点引导学生探究袁世凯复辟、二次革命和护国战争的内在联系,认识资产阶级革命派在革命和妥协中徘徊的状态,掌握用联系的观点分析历史事物的方法。 3.了解民国初年,中国经济、社会生活的新气象,认识革命是推动社会发展的动力之一,培养学生的历史解释素养。 4.概述新文化运动的前因后果,探究以陈独秀等为代表的新文化运动领导人物在运动中"全面否定传统文化"的真实目的,培养学生的历史逻辑思维和历史辩证思维。
德性育人	1.了解袁世凯复辟的倒行逆施,认识个人利益应与国家、民族利益保持一致,个人活动应顺应时代潮流,否则必将被时代所抛弃。 2.感受孙中山、蔡锷、李烈钧等人在反对袁世凯复辟和护国战争中体现的身先士卒精神,培养学生担当奉献的社会责任感。 3.了解蔡元培、陈独秀、胡适、李大钊、鲁迅、钱玄同等新文化运动巨匠的事迹,培养学生不畏权威、开拓进取的时代精神。
审美育人	诵读陈独秀等新文化运动巨匠的文学作品,在浓烈时代气息中感受其中蕴含的社会进步之美。
健康育人	领略新文化运动巨匠的时代风采,树立健全人格。
劳动育人	1.提炼陈独秀、胡适、李大钊、鲁迅、钱玄同等新文化运动巨匠的思想,体会创新精神。 2.仿制《新青年》杂志,办一份介绍新文化运动的班级手抄报。

续表

第20课《北洋军阀统治时期的政治、经济与文化》
教学设计提示	1.根据相关史料,分析袁世凯的倒行逆施,认清其反动本质。 2.比较资产阶级革命派在辛亥革命、护国运动中的表现,认识其在革命中妥协退让的阶级局限性。 3.搜集整理陈独秀、蔡元培、胡适等新文化运动代表人物对新文化运动的看法,深刻理解其在运动中坚持"全面否定传统文化"的时代性和进步性。 4.诵读《敬告青年》一文,感受其中浓郁的时代特色,体会新文化运动在推动社会进步和中国思想近代化的重要地位。

(七)第七单元　中国共产党成立与新民主主义革命兴起

1.单元育人导引。本单元主要叙述了中国共产党的成立与新民主主义革命兴起的历史,由《五四运动与中国共产党的诞生》《南京国民政府的统治和中国共产党开辟革命新道路》两课组成。第一次世界大战后,中国满以为就此可以和列强平起平坐,国内对于巴黎和会寄予极高期望。但巴黎和会上中国外交的失败激起了民众的愤慨,知识分子奔走相告,五四运动轰轰烈烈展开。1921年中国共产党成立,给灾难深重的中国带来了光明和希望。正当北伐战争如火如荼地进行时,蒋介石发动了"四一二反革命政变"。南昌起义打响了武装反抗国民党反动派的第一枪,井冈山革命根据地的建立点燃了"工农武装割据"的星星之火。由于"左"倾错误,红军第五次反"围剿"失利,被迫长征。

本单元的育人主题为"中华民族寻求救亡新路"。通过本单元的学习,从全息育人的角度出发,在学科认知上侧重认识五四运动的历史意义,用联系的观点认识五四运动与中国共产党的成立两件大事之间的联系,认识马克思主义在中国的传播与中国共产党成立对中国革命的深远影响;认识国共合作领导国民革命的历史作用;了解南京国民政府的成立;认识中国共产党开辟革命新道路的意义;认识红军长征的意义。通过史料研读培养学生获取和解读历史信息的能力及分析、探究历史问题的能力。通过评价"工农武装割据"思想培养学生辩证思维和学科思维。在德性育人上侧重于通过学习毛泽东、朱德、周恩来等老一辈无产阶级革命家的革命事迹,认识在民族危难关头,共产党人为实现中华民族的独立和解放所做出的贡献,增强学生的社会责任感。认识学生在五四运动中的责任担当,增强学生的社会责任感,激励学生为实现中华民族伟大复兴的中国梦而刻苦学习,不懈奋斗。在审美育人上侧重于体会中国共产党在民族危亡之际,从实际出发,实事求是地制定方针政策的历史智慧。在健康育人上侧重于学习《星星之火,可以燎原》等文章,感受伟人乐观、坚强的个人品质,引导学生形成坚韧不拔的个人品质。在劳动育人上侧重于制作五四爱国运动的手抄报,培养学生动手能力;参观中共一大会址、红船等革命遗址形成初步的实证精神。

2.课时育人导引

表2-22 《五四运动和中国共产党的诞生》课时育人导引

	第21课《五四运动和中国共产党的诞生》
学科认知	1.知道五四运动的基本史实,感受中国人民反帝爱国的决心,认识五四运动在中国近代史上的地位和特殊意义。 2.梳理马克思主义在中国的传播,简述中国共产党成立的相关史实,分析马克思主义在中国的传播和中国共产党成立对中国革命的深远影响,培养学生分析历史事物的能力。 3.分析中国共产党纲领的内容,认识中国共产党的先进性;概述国共第一次合作和国民革命运动的基本内容,分析国民革命失败的原因,认识只有中国共产党才能领导中国革命取得胜利,培养学生的历史逻辑思维。
德性育人	1.认识学生在五四运动中发挥的先锋作用,增强学生的社会责任感,激励学生为实现中华民族伟大复兴的中国梦而刻苦学习,不懈奋斗。 2.引导学生了解毛泽东等老一辈无产阶级革命家传播马克思主义和建立中国共产党所做出的贡献,体会他们对国家、民族的大爱,引导学生形成热爱中国共产党、热爱国家的正确观念。 3.了解中国共产党为实现国共第一次合作和国民大革命做出的贡献,引导学生认识中国共产党以国家、民族利益为重的先进性,增强学生对中国共产党的认同。
审美育人	感悟中国共产党的"红船精神"。
健康育人	感悟五四运动中青年坚韧不拔、自强不息、乐观向上的心理品质。
劳动育人	1.收集整理五四运动的资料,制作五四运动的宣传册,培养学生叙述历史事件的能力。 2.参观中共一大会址等革命遗址,传承和发扬"红船精神"。 3.开展"讲红色故事,唱红色歌曲,学革命精神"主题班会活动。
教学设计提示	1.概述五四运动的过程,阅读习近平总书记的《在纪念五四运动100周年大会上的讲话》,理解五四运动的意义,体会其时代价值。 2.组织学生观看《开天辟地》等影片,直观地感受中国共产党成立的历史意义。 3.分析中国共产党的纲领,理解中国共产党的先进性。

表2-23 《南京国民政府的统治和中国共产党开辟革命新道路》课时育人导引

	第22课《南京国民政府的统治和中国共产党开辟革命新道路》
学科认知	1.知道南京国民政府成立的基本史实,分析济南惨案发生的背景。 2.了解南昌起义、八七会议、井冈山会师、井冈山革命根据地的创建等中国共产党领导中国革命的一系列重大事件,理解中国共产党开辟革命新道路在推动中国革命发展中的重要意义,培养学生的历史理解能力。 3.收集秋收起义、井冈山革命根据地的创建、工农武装割据思想等相关史料,认识毛泽东在探索中国革命新道路中的开创性贡献,培养学生的实证意识和创新思维。 4.概述长征的经过,深刻体会红军在长征中展现的长征精神的内涵。

续表

	第22课《南京国民政府的统治和中国共产党开辟革命新道路》
德性育人	1.通过对中国共产党独立领导革命运动、开辟革命根据地、探索革命新道路的学习,让学生认识中国共产党的领导地位是历史的选择、人民的选择,进一步增强对中国共产党的认同。 2.通过了解毛泽东、朱德、周恩来等老一辈无产阶级革命家的革命事迹,认识在民族危难关头,共产党人为实现中华民族的独立和解放所做出的贡献,增强学生的社会责任感。
审美育人	1.分析南昌起义的背景,感受中国共产党在革命危难时刻毅然决然的斗争精神。 2.了解遵义会议的相关史实,体会中国共产党实事求是,从实际出发的历史智慧。
健康育人	1.学习毛泽东《中国的红色政权为什么能够存在?》等文章,感受伟人乐观、坚强的个人品质,引导学生树立坚韧不拔的意志。 2.开展"长征故事会"大赛,弘扬长征精神,引导学生强健体魄。
劳动育人	绘制红军长征路线示意图,培养学生的动手能力和历史地图的制作能力。
教学设计提示	1.查阅南昌起义、八七会议及井冈山时期的毛泽东、朱德、周恩来等无产阶级革命家相关活动的资料,实地参观南昌八一起义纪念馆、八七会议会址、遵义会议会址等革命遗迹,了解中国共产党早期革命斗争的艰难历程。 2.比较中国共产党在国民大革命和创建革命根据地开辟革命新道路中的不同表现。了解中国共产党从幼稚走向成熟的历程。 3.观看红军长征相关纪录片,结合习近平《在纪念红军长征胜利80周年大会上的讲话》,提炼长征精神的内涵。

(八)第八单元 中华民族的抗日战争和人民解放战争

1.单元育人导引。本单元主要叙述了抗日战争和解放战争时期的中国历史,由《从局部抗战到全面抗战》《全民族浴血奋战与抗日战争的胜利》《人民解放战争》三课组成。在内容设置上按照时间线索从局部抗战、全民族抗战、日本投降、人民解放战争讲到中国共产党领导中国人民取得新民主主义革命的胜利。1931年,日本侵略者发动九一八事变,侵占我国东北三省,激起中国民众的抗日救亡热潮,中国局部抗战开始。随着日本侵略的加深,1936年张学良、杨虎城逼蒋抗日,之后,西安事变和平解决使得抗日民族统一战线初步形成。1937年七七事变爆发,中国全面抗战由此开始。1945年日本法西斯投降,中国结束十四年抗战。抗战胜利后蒋介石利用重庆谈判大搞"假和平,真内战"。不久,蒋介石单方面撕毁"双十协定",全面内战爆发。1949年4月21日人民解放军发起渡江作战,23日,人民解放军占领南京,中华民国时期结束。

本单元的育人主题为"国家和民族的解放"。其具体育人目标,在学科认知上侧重于了解日本军国主义的侵华罪行;了解正面战场和敌后战场的抗战,认识中国共产党是全民族抗战的中流砥柱;认识中国战场是世界反法西斯战争的东方主战场,理解14

年抗战胜利在中华民族伟大复兴中的历史意义;了解全面内战的爆发及人民解放战争的进程,分析国民党政权在大陆统治覆亡的原因,探讨中国共产党领导人民取得新民主主义革命胜利的原因和意义。在德性育人上侧重于了解杨靖宇等抗日民族英雄的抗战事迹,引导学生树立崇高的爱国主义精神。在审美育人上侧重于体会中国共产党在重大历史关头坚持一切实际出发、实事求是、团结一切力量共同抗日的策略智慧。在劳动育人上侧重于指导学生课后收集抗战中的中日普通民众的生活情况,了解战争对双方普通民众带来的巨大精神创伤,认识战争的残酷性,树立和平意识。

2.课时育人导引

表2-24 《从局部抗战到全面抗战》课时育人导引

	第23课《从局部抗战到全面抗战》
学科认知	1.知道九一八事变、卢沟桥事变等日军侵华的重要历史事件,知道南京大屠杀、细菌战等日军侵华的暴行。把握日本侵华从局部到全面的历程,理解十四年抗战的概念。 2.从日本国内和国际两个方面分析日本发动局部和全面侵华战争的时代背景。 3.运用透过现象看本质的原理,探究国民党九一八事变和七七事变后对日本侵华的不同反应,揭示其"攘外必先安内"方针的实质。 4.归纳中国共产党为建立抗日民族统一战线做出的努力,运用史料探究的方式理解中国共产党和平解决西安事变的原因,培养学生归纳历史的能力和历史发散思维。
德性育人	1.梳理日军的侵华暴行,认识日军的凶残和给中华民族带来的深重灾难,引导学生时刻不忘历史,树立强国意识。 2.对比抗战前期国共两党对抗战所做的贡献,引导学生认识中国共产党是抗战的中流砥柱。 3.讲述赵一曼、杨靖宇等抗日英烈的光辉事迹,了解在民族危难关头,共产党人为实现中华民族的独立和解放所做出的贡献,培养学生敬重英烈的爱国意识,增强学生以强国为己任的责任担当和历史使命感。
审美育人	
健康育人	认识中国人民在生死存亡的危急时刻勇于抛头颅、洒热血的史实,学习中国人民坚韧不拔、自强不息、乐观向上的精神。
劳动育人	1.参观侵华日军南京大屠杀遇难同胞纪念馆,实地感受中国人民在抗战中遭受的深重苦难。 2.编辑抗战英烈人物志,举办抗战英烈事迹校园展。
教学设计提示	1.引导学生收集整理《侵华日军细菌与毒气部队分布图》和抗战期间《东京日日新闻》报道的侵华日军"百人斩"暴行等史料,加深学生对日军侵华暴行的直观认识。 2.引导学生通过比较国民党"攘外必先安内""不抵抗"政策和中国共产党"八一宣言"、瓦窑堡会议和和平解决西安事变,明晰国共两党在抗战初期的不同反应。

表2-25 《全民族浴血奋战与抗日战争的胜利》课时育人导引

第24课《全民族浴血奋战与抗日战争的胜利》	
学科认知	1.知道国民党正面战场和共产党敌后战场抗战的主要史实。 2.概述台儿庄战役、百团大战等重要战役的经过,感悟中华民族英勇不屈的精神,认识中国共产党领导下的全民族抗战是抗战胜利的保证,培养学生的口头表达能力。 3.认识中国战场是世界反法西斯战争的东方主战场,理解十四年抗战胜利在中华民族伟大复兴中的历史意义。 4.利用计量史学方法列举中国共产党在抗战及其领导的人民军队在抗战中的贡献,理解其中流砥柱作用,培养学生的历史解释素养和史料实证素养。
德性育人	1.了解以张自忠、左权等为代表的爱国将领的英勇抗战事迹,引导学生认识其浓烈的爱国热情,树立崇高的爱国主义精神。 2.充分认识中国的抗战在世界反法西斯战争中的地位,全面认识抗战胜利的伟大意义,正确理解抗战的胜利开辟了中华民族伟大复兴的光明前景,增强学生的民族自豪感、民族自信心,提升民族凝聚力。 3.引导学生从内外因的角度分析中国抗战胜利的原因,准确把握中国共产党在抗战中起到的中流砥柱作用,强化对中国共产党的认同。
审美育人	中国抗日志士在抗击日军侵略过程中展现的英勇之美。
健康育人	了解日本细菌实验、731部队的恶劣行迹,认识战争的残酷性,认识健全人格对人的重要性。
劳动育人	参观中国人民抗日战争纪念馆或重庆歌乐山烈士陵园,获取真实、直观的抗战感受。
教学设计提示	1.多途径收集整理中国军民抵抗日军侵略的相关资料,认识中国战场是世界反法西斯战争的东方主战场的历史地位。 2.认识中国共产党在抗战中所起的中流砥柱作用。 3.组织学生聆听抗战老兵口述的抗战经历、观看中国人民抗击日军侵略的相关影像资料,感受抗日英雄们在国家危急关头所展现的社会责任感,养成坚忍不拔、自强不息、乐观向上的精神品质。 4.开展瞻仰张自忠烈士陵园等活动,培养学生尊重英烈的意识以及强烈的爱国主义精神。

表2-26 《人民解放战争》课时育人导引

第25课《人民解放战争》	
学科认知	1.知道重庆谈判的基本史实,揭露国民党"假和平,真内战"的阴谋。知道解放战争中的重要战役,分析人民解放战争胜利的原因。 2.分析国民党政权统治危机出现的原因,认识国民党政权在大陆统治灭亡的原因,培养学生多角度分析历史问题的能力。 3.概述解放战争胜利的过程,探讨中国共产党领导人民取得解放战争胜利的原因和意义,培养学生探究并解决历史问题的能力。

续表

	第25课《人民解放战争》
德性育人	1.归纳抗战胜利后中国共产党争取和平民主的表现,增强学生对中国共产党的认同。 2.体会毛泽东等中国共产党领导人为实现国家和平而置个人安危于不顾的崇高品格和社会责任,树立与祖国同呼吸、共命运的正确价值观。 3.理解中国共产党代表了中国最广大人民的根本利益,中国共产党的领导是人民选择的结果,进一步强化学生对中国共产党的认同。
审美育人	总结中国共产党在人民解放战争中展示出的高超的战略和战术水平,提炼其中蕴含的智慧。
健康育人	诵读《七律·人民解放军占领南京》,体会百万雄师过长江的恢宏气势。
劳动育人	1.制作有关新民主主义革命的大事年表。 2.参观重庆谈判会址,观看《辽沈战役》《平津战役》《淮海战役》《渡江战役》影片,撰写观影心得。
教学设计提示	1.收集整理抗战胜利后蒋介石邀请毛泽东赴重庆谈判的电文和重庆谈判的相关史料,认识中国共产党争取和平民主新局面,国民党真内战的阴谋。 2.利用教科书辅助栏目"史料阅读"和毛泽东有关"纸老虎"论断创设情境,探究中国共产党取得人民解放战争胜利的原因,培养学生探究历史问题的能力和历史发散思维。 3.对比全面内战爆发后人民群众对国共两党的不同态度,认识中国共产党的先进性。

(九)第九单元 中华人民共和国成立和社会主义革命与建设

1.单元育人导引。本单元主要介绍了改革开放前的新中国史,由《中华人民共和国成立和向社会主义过渡》《社会主义建设在探索中曲折发展》两课组成。1949年10月1日新中国成立。新中国成立后在疮痍满目的基础上党和国家开始着手国民经济的恢复,经过三年恢复,国民经济有所发展,三大改造后社会主义制度在我国初步建立。1958年中共八大二次会议召开后开展了轰轰烈烈的"大跃进"和人民公社化运动,给国民经济带来了极大破坏。这一时期国民经济在曲折中发展,虽有挫折但工业化体系也基本建立起来。十年"文革"使国民经济再次倒退。

本单元的育人主题为"新中国的成立和社会主义革命与建设"。通过本单元的学习,在学科认知上侧重于认识中华人民共和国成立的伟大意义;了解新中国巩固人民政权的主要举措;了解新中国为民主政治建设和向社会主义过渡所做的努力;了解20世纪50—70年代中国探索社会主义建设道路的曲折发展和成就,认识"文化大革命"的错误及教训;了解政治、经济、外交、国防等领域所取得的成就。通过课例研讨掌握历史比较学习法、文献研究法、实地考察法,通过史料阅读培养学生获取和解读历史信息的能力及分析、探究历史问题的能力。在德性育人上侧重于通过学习全面建设社会主义的措施和取得的成绩,增强学生对国家和中国共产党的认同,树立其制度自信、道路自信。了解十年"文革"对法制的破坏,培养学生树立法制观念和意识。在审美育人上通过学习独立自主的和平外交及我国在外交上取得的成就体会中国外交的智慧之美。在劳动育人上侧重于指导学生查阅资料，对比中共历史上几次土地革命发生的时间、背景、原因，并说明每次土改对中国革命带来的变化，培养学生的实证精神。

2.课时育人导引

表2-27 《中华人民共和国成立和向社会主义的过渡》课时育人导引

	第26课《中华人民共和国成立和向社会主义的过渡》
学科认知	1.知道中华人民共和国成立的相关史实。了解人民政权的巩固、"一化三改造"、《中华人民共和国宪法》的制定等相关史实。 2.理解新中国政权的性质，从中国和世界的角度分析新中国成立的历史意义，培养学生的历史分析能力。 3.归纳巩固人民政权的措施，多角度认识抗美援朝战争胜利的重大历史意义，培养学生归纳历史事物的能力和多角度分析历史事物的能力。 4.认识独立自主的和平外交的意义，挖掘和平共处五项原则的内涵，理解其创新性贡献，培养学生的发散思维。
德性育人	1.通过了解新中国建立初期在政治、经济、外交和国防等方面取得的伟大成就，坚定学生的"四个自信"。 2.通过学习杨根思、黄继光、邱少云、罗盛教等英雄模范的事迹，增强学生的民族自信心。
审美育人	1.通过学习"银元之战"和"米棉之战"，了解国家领导人为稳定国内物价，恢复国民经济，争取市场主动权的决心和智慧。 2.分析和平共处五项原则的提出背景和意义，体会以周恩来为代表的新中国外交家的外交智慧和人格魅力。
健康育人	体悟志愿军将士面对强敌所展示的强大自信心。
劳动育人	观看有关开国大典、抗美援朝等纪录片，撰写心得体会。
教学设计提示	1.概述新中国成立的历程，归纳巩固新生政权的措施，运用相关史料阐释"没有共产党就没有新中国"。 2.利用教材"探究与拓展"中的相关内容，运用唯物史观阐述中华人民共和国成立的历史意义。 3.梳理20世纪50年代中国外交的成就，观看周恩来接见印度代表团的视频，感受周恩来的外交魅力。

表2-28 《社会主义建设在探索中曲折发展》课时育人导引

	第27课《社会主义建设在探索中曲折发展》
学科认知	1.了解中共八大、"文化大革命"等社会主义建设在探索中曲折发展的基本史实。 2.认识"文化大革命"对中国社会造成的危害，理解社会主义建设的曲折性。 3.从政治、经济、国防、外交、艺术、教育等领域概括从新中国成立到改革开放前，中国所取得的伟大成就，把握中国社会主义建设发展的主流，提高学生认识历史事物的能力。 4.理解在全面建设社会主义时期，中国人民走自己的路，探索适合中国情况的社会主义建设道路的意义。

续表

	第27课《社会主义建设在探索中曲折发展》
德性育人	1.归纳中国全面建设社会主义的措施和取得的成绩,增强学生对中国共产党、中华人民共和国、社会主义制度、社会主义道路的认同。 2.了解"文化大革命"对法制的破坏情况,认识破坏法治的危害,树立正确的法治观念。 3.了解新中国建设时期,"铁人"王进喜、党的好干部焦裕禄、解放军好战士雷锋等人的事迹,培养学生艰苦奋斗、担当奉献、勇挑重担的个性品质。
审美育人	
健康育人	
劳动育人	1.学习王进喜、焦裕禄、雷锋、李四光等典型代表的先进事迹,引导学生树立正确的价值观和人生观。 2.采访身边的劳动模范,撰写采访纪录,树立劳动光荣的意识。
教学设计提示	1.引导学生收集自新中国成立到改革开放前中国社会主义建设成就的相关材料。 2.从微观的角度探究中国在社会主义建设中所取得的成就(如50年代的工业化、70年代的外交等),认识其开创性。

(十)第十单元 改革开放与社会主义现代化建设新时期

1.单元育人导引。本单元主要叙述了改革开放以来的中国历史,由《中国特色社会主义道路的开辟和发展》《改革开放以来的巨大成就》两课组成。1978年中共十一届三中全会实现了新中国成立以来党的历史上具有深远意义的伟大转折,揭开了社会主义改革开放的序幕。中共十九大指出,中国特色社会主义进入了新时代,我国社会的主要矛盾已经转化为人民日益增长的美好生活需要和不平衡不充分的发展之间的矛盾。中华民族迎来了从站起来、富起来到强起来的伟大飞跃。

本单元的育人主题为"中华民族的伟大复兴"。通过本课的学习,引导学生坚定中国特色社会主义"道路自信、制度自信、理论自信和文化自信"和增进其对伟大祖国、中华民族、中华文化、中国共产党、中国特色社会主义的认同。通过本单元的学习,从学科认知上侧重于认识真理标准问题的讨论,理解中共十一届三中全会的历史意义;认识改革开放以来中国在各个领域取得的成就、综合国力及国际影响力的不断提高;认识"一国两制"对实现祖国完全统一的重大意义;认识邓小平理论、"三个代表"重要思想、科学发展观和习近平新时代中国特色社会主义思想。在德性育人上侧重于通过了解中共十四大提出我国经济体制改革的目标是建立社会主义市场经济体制,增强学生的"四个自信""五大认同"。在劳动育人上侧重于查阅"一带一路"相关史料,理解今天"一带一路"建设对实现中国梦的重要意义。

2.课时育人导引

表2-29 《中国特色社会主义道路的开辟与发展》课时育人导引

	第28课《中国特色社会主义道路的开辟与发展》
学科认知	1.知道中共十一届三中全会内容和改革开放等基本史实,把握"一国两制"概念的核心内涵。 2.理解中共十一届三中全会在党史上的转折性意义,理解改革开放和中国特色社会主义之间的关系,认识发展才是硬道理。 3.探讨"一国两制"的由来、发展及其实践意义,理解"一国两制"是实现祖国统一大业的开创性举措。
德性育人	1.理解中共十一届三中全会是新中国成立以来党和国家历史上具有深远意义的伟大转折,认识中国共产党勇于自我革新的勇气。 2.分析改革开放的提出背景,认识其在社会主义现代化建设中的作用。 3.探究"一国两制"在完成祖国统一大业中所起的作用,认识祖国统一是中华民族的根本利益所在。
审美育人	认识"一国两制"对于祖国统一的重要意义,感受国家领导人在决策中展现的政治智慧。
健康育人	
劳动育人	收集家乡在改革开放前后变化的相关资料,感受改革开放的重要意义,撰写主题论文。
教学设计提示	1.收集整理中共十一届三中全会的相关史料,概述其基本内容。 2.观看香港、澳门回归仪式的纪录片,感受祖国统一对于民族复兴的历史意义。

表2-30 《改革开放以来的巨大成就》课时育人导引

	第29课《改革开放以来的巨大成就》
学科认知	1.概述改革开放以来我国在中国特色社会主义理论、经济、外交、国防等方面取得的成就,培养学生的归纳能力。 2.探究中国特色社会主义建设取得巨大成就的原因,培养学生探究问题的能力。
德性育人	1.概述改革开放以来我国在中国特色社会主义理论、经济、外交、国防等方面取得的成就,增强学生的理论自信、道路自信、制度自信和文化自信。 2.探究中国特色社会主义建设取得巨大成就的主要原因,加深学生的"五大认同"。
审美育人	理解中国特色社会主义理论体系是中国共产党领导集体智慧的结晶。
健康育人	
劳动育人	1.搜集新闻等素材,概述改革开放后中国在外交、经济、国防等方面取得的成就。 2.查阅"一带一路"历史渊源,理解今天"一带一路"建设对实现中国梦的重要意义。
教学设计提示	1.分门别类地概述改革开放以来中国取得的成就。 2.探究取得上述成就的原因。 3.开展社会调查,了解改革开放以来,人民在衣、食、住、行等方面的变化,感受经济发展给人民生活带来的影响。

二、《中外历史纲要(下)》育人点导引详解

《中外历史纲要(下)》主要叙述了世界历史演进的历程,分为世界古代史、世界近代史和世界现代史三个部分,每个部分都有其独特的育人内涵和价值。我们在处理教材时,需要深入挖掘每个部分的育人内涵,凝练育人主题,定位育人目标,并通过单元+课时的方式将育人目标落实于教学实践。其中,世界古代史的主题是世界文明产生发展的多样性;世界近代史的主题是资本主义、社会主义两大制度的产生和发展;世界现代史的主题是两次世界大战和战后世界格局的演变。《中外历史纲要(下)》育人导引依此而拟定。

(一)第一单元 古代文明的产生与发展

1.单元育人导引。本单元由《文明的产生与早期发展》《古代世界的帝国与文明的交流》两课组成。第一课以人类古代农耕文明的产生和发展为线索,主要介绍了人类文明的产生,古埃及文明、两河流域文明、古印度文明、古希腊文明等不同区域古代文明的产生、发展和繁荣及多元特点。第二课主要以人类文明的扩展与交流为线索,叙述了古埃及文明、古印度文明、古希腊文明、古代中国文明等之间物质文化、生产技术的冲突与交流,突出不同区域文明以武力扩张和文化交流为主要方式的碰撞与融合。通过本单元的学习,我们不仅要知道早期人类文明的产生,了解各文明古国发展的不同特点,而且要分析其形成的时空条件,认识古代各大帝国的区域性影响和不同文明之间的联系。

本单元的育人主题为"古代世界文明产生与发展的多元性和交互性"。在学科认知上表现为从整体的角度把握人类文明的产生、发展、繁荣历程,认识历史发展的基本逻辑。运用联系的观点分析不同地域早期文明产生、发展的多元性,学会将历史事物放在具体、客观的时空条件下进行分析的基本方法。在德性育人上侧重于通过了解古代文明产生与发展、古代社会的多元治理模式,培养学生的全球视野。在审美育人上通过了解金字塔、楔形文字、希腊字母、拉丁字母、贝希斯敦铭文、浮雕等古代优秀的文化遗产,感悟古代人民的智慧。在劳动育人上通过收集整理古代文明产生与发展的有关史料,印证文明发展的多元性,形成初步的实证精神;绘制罗马帝国与汉朝交往的主要路线示意图,培养学生的历史制作能力和空间概念。

2. 课时育人导引

表2-31 《文明的产生与早期发展》课时育人导引

第1课《文明的产生与早期发展》	
学科认知	1.知道农耕文明、海洋文明、城邦、寡头政治等历史概念及相关文明代表。 2.识读教材中的地图,分析早期文明古国发展的时空条件,让学生掌握运用地图分析历史事物的基本方法,形成空间观念。 3.分析古代世界典型文明诞生和发展的不同特点,认识不同地域自然条件在早期文明产生和发展中的影响,解释不同地域诞生不同文明等观点,培育学生解释历史的能力。 4.正确认识古代文明的多元特点,训练学生发散思维和辩证思维。
德性育人	1.对比古巴比伦的《汉谟拉比法典》、古斯巴达的寡头政治、古雅典的民主政治、古代印度的种姓制度,理解古代世界国家治理模式的多元化,形成面向世界的全球视野。 2.了解在古代文明起源和发展的过程中,自然环境、地理位置、经济状况、政治生态对文明进程的影响,理解世界文明的多元性。
审美育人	了解埃及金字塔、楔形文字、莎草纸等古代文明的标志物,感悟古代世界劳动人民的智慧。
健康育人	
劳动育人	1.梳理古代文明发展过程中人类从采集者到生产者,从狩猎到驯养的有关史实,理解社会分工的发展和劳动在人类迈向文明过程中发挥的巨大作用,培养学生的劳动意识。 2.收集整理古代两河流域文明、古代希腊文明的相关史料,论证环境是影响文明形成发展的重要因素,培养学生的史料实证精神。
教学设计提示	1.识读《农耕畜牧的产生》,认识人类农耕文明的表现和产生、发展历程;识读《古代主要文明示意图》,认识自然条件对古代文明产生的影响。 2.指导学生搜集整理古巴比伦的《汉谟拉比法典》、古斯巴达的寡头政治、古雅典的民主政治等相关史料,理解古代世界国家治理模式多元化特点。

表2-32 《古代世界的帝国与文明的交流》课时育人导引

第2课《古代世界的帝国与文明的交流》	
学科认知	1.了解古希腊、波斯、亚述、马其顿、罗马等奴隶制帝国发展演变的历程。 2.利用图表等方式梳理古希腊、波斯、亚述、马其顿、罗马等奴隶制帝国对外扩张和相互交往的基本史实,培养学生的归纳能力。 3.了解古希腊、波斯、亚述、马其顿、罗马扩张的基本方式,认识战争在人类文明交往中的作用,培养学生分析事物的能力。 4.运用唯物史观的相关观点,探究人类文明交往对人类社会发展的推动作用,训练学生的历史发散思维,培养学生的唯物史观。

续表

	第2课《古代世界的帝国与文明的交流》
德性育人	1.认识战争和移民等对古代各大帝国的影响和对不同文明之间早期联系所起的作用,理解古代文明的扩展性。 2.了解古代区域文化间相互交流的内容和路径,认识相互交流是促进文化发展的有效方式,是联系世界的有效手段,增强学生的全球视野。 3.了解古代罗马西西里奴隶起义的基本史实,理解人民群众在推动历史发展中所起的重要作用。
审美育人	了解有关早期希腊雕刻、波斯浮雕、庞贝城壁画、波斯御道、希腊字母、拉丁字母等知识,感悟古代世界劳动人民的智慧。
健康育人	了解古希腊、罗马等奴隶生存的状态,认识健康对人的重要意义。
劳动育人	
教学设计提示	1.指导学生运用古希腊、波斯、亚述、马其顿、罗马等奴隶制帝国发展演变的史料,概括其发展的不同特点,解释古代文明的多元性和扩展性。 2.运用史料创设情境,探究古代文明扩展和交往,理解战争在古代文明扩展和交往中所起的作用。

(二)第二单元《中古时期的世界》

1.单元育人导引。自本单元始,世界历史进入中古时期,包括《中古时期的欧洲》《中古时期的亚洲》《古代非洲与美洲》三个课时。中古时期的世界各地区封建文明不断发展。在西罗马帝国的废墟之上,产生了以封君封臣制度、庄园与农奴制度为特征的西欧封建社会。同时,封建经济的发展推动了城市的兴起和西欧民族国家的形成。先后兴起的阿拉伯帝国、奥斯曼帝国,由地区性国家逐渐发展成为横跨欧亚非三洲的大帝国,其特殊的地理位置,对东西方交流产生了极大的影响。日本积极引进中华文化,用先进的中华文化改造日本社会,推动日本变为中央集权制国家。在美洲,印第安人建立了阿兹特克人国家和印加帝国,创造了光辉灿烂的文明。

本单元的育人主题为"中古世界区域文明的多元面貌"。其育人要求在学科认知上体现为通过学生收集整理有关中世纪教会的相关史实,客观评价教会的作用,培养学生探究历史事物的能力,训练学生的辩证思维。通过了解阿拉伯帝国和奥斯曼帝国发展、衰亡的历程,客观评价其对欧亚历史的影响,培养学生分析历史问题的能力,训练学生的发散思维和批判思维。在德性育人上侧重于通过了解中古时期世界不同地区的文明成就,认识世界文明发展的多样性和各地劳动人民在文明发展中的创造性作用。在审美育人上,通过了解世界不同地区的重要文明成果,感受不同区域文明在演进过程中体现的人文艺术之美和人类智慧之美。在劳动育人上通过绘制封君封臣关系示意图、制作介绍古代非洲与美洲文化成就的手抄报等,培养学生的历史实作能力。

2. 课时育人导引

表2-33 《中古时期的欧洲》课时育人导引

	第3课《中古时期的欧洲》
学科认知	1.了解西欧封君封臣制度、庄园与农奴制度、王权与教会关系等有关史实,运用唯物史观关于经济基础和上层建筑的关系,探究西欧封建经济与教会、城市、王权之间的关系,概括西欧封建社会的基本特征,培养学生分析历史问题的能力。 2.指导学生收集整理西欧中世纪教会的有关史实,客观评价教会在西欧社会发展中的作用,培养其探究历史事物的能力,培养其历史思辨意识。 3.以拜占庭帝国为例,探究中古时期世界主要区域文明的联系交往,认识地理位置在文明交往中的作用,培养学生的空间观念。
德性育人	1.对比同时期西欧和中国封建社会发展的异同,探究影响西欧封建社会(脆弱性)和中国封建社会(稳固性)的因素,认识中国封建社会在世界历史中的地位。 2.学习拜占庭帝国法律体系对拜占庭帝国国家治理中的贡献,认识法律在国家治理中的重要作用,培养学生的法治观念。
审美育人	欣赏各地的城市建筑、艺术作品,感受历史沉淀下的艺术美。
健康育人	指导学生收集整理有关中世纪基督教的史料,客观评价基督教在中世纪的作用,引导学生正确认识宗教。
劳动育人	指导学生绘制封君封臣关系示意图、封建庄园思维导图、拜占庭帝国发展简图,培养学生的历史制作能力。
教学设计提示	1.概述西欧庄园经济的情形,培养学生观察事物和口头表达能力。 2.指导学生整理拜占庭帝国兴衰的有关史实,绘制罗马法体系思维导图。 3.阅读教材"历史纵横"中的内容,仔细识读《俄国在欧洲和亚洲的领土扩张(至18世纪初)》,梳理俄国发展的历史线索。

表2-34 《中古时期的亚洲》课时育人导引

	第4课《中古时期的亚洲》
学科认知	1.了解阿拉伯国家发展历程的有关史实,掌握阿拉伯国家发展的历史线索,运用唯物史观分析阿拉伯国家文化发展的原因,培养学生分析历史问题的能力。 2.了解奥斯曼土耳其人灭亡拜占庭帝国的过程,认识其对欧亚历史发展的影响,培养学生探究历史事物的能力和批判思维。 3.了解笈多帝国和德里苏丹国、古代中国对朝鲜和日本的影响、日本幕府统治的有关史实,认识不同地区文明的交融。

续表

	第4课《中古时期的亚洲》
德性育人	1.了解阿拉伯帝国、奥斯曼帝国、笈多帝国、德里苏丹国、古代日本和朝鲜文明的有关史实,认识中古亚洲不同地区的文明特色,让学生学会理解异域文明,以培养学生的全球视野。 2.梳理各国的发展历程,认识统一与团结是国家昌盛、民族兴旺的必要条件,培养学生的国家认同感。 3.了解中朝日三国古代文明交流的史实,增强学生的民族自豪感和自信心。
审美育人	了解中世纪亚洲文学、艺术、史学等成就,感悟世界古代文化的人文之美和古代人民的智慧。
健康育人	
劳动育人	
教学设计提示	1.结合本课所学,指导学生收集整理阿拉伯人与东西方交往的有关史实,认识阿拉伯人在东西方文化交流中所扮演的角色。 2.结合本课所学,指导学生收集整理古代日本、朝鲜学习中国文明的有关史实,认识中国文明对朝鲜和日本的影响。

表2-35 《古代非洲与美洲》课时育人导引

	第5课《古代非洲与美洲》
学科认知	1.知道古代非洲与美洲文明的代表,列举古代非洲桑海文明、古代美洲玛雅文明、阿兹特克文明、印加文明的主要成就。 2.结合地理知识,分析古代非洲与美洲文明的地域性特点和区域差异,培养学生运用跨学科知识解决历史问题的能力。 3.阅读历史地图,结合当地的自然环境,运用唯物史观,理解地理环境对人类文明进程的影响,培养学生的历史发散思维。
德性育人	1.了解古代非洲与古代美洲的文明成就,帮助学生理解世界古文明产生、发展的多元性,培养学生的全球视野。 2.了解欧洲殖民者入侵破坏非洲、美洲本土文化的相关史实,认识殖民入侵的危害,理解中国主张"构建人类命运共同体"的意义。
审美育人	1.了解西非桑海国和印加帝国在治理国家方面的相关史实,感悟古代非洲、美洲人民的政治智慧。 2.了解古代非洲与美洲在文学、艺术、城市建筑、农学等方面的成就。
健康育人	
劳动育人	1.制作《古代非洲与美洲文化成就》手抄报,培养学生制作能力和实践精神。 2.指导学生收集整理古代美洲和非洲文明成就的有关史料,把握其特点,培养学生的史料实证精神。
教学设计提示	1.收集整理古代非洲、美洲文明成就的有关史料,探究地理因素对其文明产生的影响。 2.比较桑海国和印加帝国文明的异同,认识古代文明产生、发展的差异性和地域性。

(三)第三单元 《走向整体的世界》

1.单元育人导引。本单元由《全球航路的开辟》《全球联系的初步建立与世界格局的演变》两课组成。新航路开辟不仅是人类历史从分散走向整体的重要节点,更是人类历史发展的关键点。新航路开辟的发生,既有经济动因,又有文化动因,还有社会动因,更有现实需要,因为那时的欧洲,具备了开辟新航路的基本条件,它包括西班牙、葡萄牙王室的支持,航海技术的进步,地圆学说的成熟等。新航路,不仅包括达·伽马、麦哲伦、哥伦布等人开辟的航线,也包括英国、法国、荷兰、俄罗斯等国的航海家在北半球和南半球开辟的航线。新航路的开辟推动了人类历史发展的进程,不仅沟通了世界主要的大陆,也让世界面貌逐步发生巨大而深刻的变化,如人口流动,物种交换,疾病传播,世界市场逐步形成。欧洲人为了获取更多的财富,占领更多的土地,拥有更廉价的劳动力,向亚非拉地区进行殖民掠夺,从而导致亚非拉国家原有的社会形态发生变化甚至解体。

本单元的育人主题为"人类世界从分散走向整体的开始"。在学科认知上侧重于通过理解新航路开辟对欧洲,对亚非拉,对世界造成的影响,训练学生的辩证思维,通过学习理解新航路开辟是人类社会走向整体过程中的重要节点,培养学生的发散思维;在德性育人上通过梳理新航路开辟的过程,理解新航路开辟的艰巨性、复杂性和开拓性,培养学生担当奉献的精神,通过学习全球航路开辟对世界的重大影响,了解人类历史发展的基本规律,培养学生的全球视野,通过理解早期殖民扩张对亚非拉民族的影响,坚定学生强我中华的决心;在劳动育人上通过梳理新航路开辟与全球格局演变的有关史实,形成初步的实证精神;在健康育人上通过学习航海家的事迹,形成积极进取的人生态度,通过了解疾病对亚非拉人民健康造成的影响,形成强健个人体魄的意识。

2.课时育人导引

表2-36 《全球航路的开辟》课时育人导引

	第6课《全球航路的开辟》
学科认知	1.辨析新航路开辟这一历史概念,知道开辟新航路的航海家及其航海线路。 2.运用唯物史观,从经济、政治、科学技术、社会需求等不同层面分析开辟新航路的动因,认识其必然性,培养学生的唯物史观。 3.结合《新航路开辟示意图》,概述新航路开辟的经过,培养学生的空间观念。 4.运用辩证唯物主义的相关观点,结合相关史实,从现实和未来的角度分析新航路的开辟对不同地域国家和人民产生的影响,全面、公正、客观地认识开辟新航路在人类历史发展进程中的地位和作用,培养学生的历史辩证思维、时空素养和史料实证素养。

续表

	第6课《全球航路的开辟》
德性育人	1.梳理新航路开辟的过程,理解新航路开辟的艰巨性、复杂性和开拓性,培养学生开拓进取的个人品质。 2.学习全球航路开辟等有关史实,了解人类历史发展的基本规律,逐步打开面向世界的视野。 3.对比新航路开辟和郑和下西洋,认识人类文明发展的多样性,增强学生为了中华民族伟大复兴而奋斗的历史使命感,形成其对祖国和人民的爱。
审美育人	
健康育人	了解迪亚士、哥伦布、达·伽马、麦哲伦等航海家在开辟新航路过程中的壮举,帮助学生形成直面困难、积极进取的人生态度。
劳动育人	制作新航路开辟路线示意图,培养学生的动手能力。
教学设计提示	1.指导学生阅读教材和教师补充的相关史料,多角度归纳新航路开辟的动因和条件,并运用唯物史观的相关内容,认识其开辟的必要性和必然性。 2.指导学生结合教材内容用表格的方式梳理开辟新航路的代表人物、时间和成就。 3.从背景、内容、目标等层面比较郑和下西洋和西欧新航路开辟的异同,补充郑和下西洋和哥伦布、麦哲伦等在航海中的不同表现,全面、客观地认识新航路的开辟。

表2-37 《全球联系的初步建立与世界格局的演变》课时育人导引

	第7课《全球联系的初步建立与世界格局的演变》
学科认知	1.辨析三角贸易、马尼拉大帆船贸易、商业危机、商业革命、价格革命、资本原始积累、世界市场等概念。 2.分析新航路开辟所引发的人口迁移与物种交流、商品的世界性流动、早期的殖民扩张等史实,分析这些史实对人类历史发展和世界格局演变的影响,培养学生分析历史问题的能力。 3.运用唯物史观,分析殖民扩张活动的影响,培养学生解读历史信息和分析历史问题的能力,训练学生的辩证思维。
德性育人	1.学习全球航路开辟对世界的重大影响,了解人类历史发展的基本规律,逐步形成面向世界的全球视野。 2.理解早期殖民扩张对亚非拉民族的影响,认识殖民主义的危害,树立民族平等的正确价值观。
审美育人	了解物种大交流对人类物质生活的影响,感受社会转型对人类历史发展的促进作用,感悟人类社会发展之美。
健康育人	
劳动育人	收集整理新航路开辟中人口迁移与物种交流、商品的世界性流动、早期的殖民扩张等史料,撰写相关的历史小论文,培养学生的写作能力。
教学设计提示	1.指导学生收集整理全球航路开辟引发三角贸易、马尼拉大帆船贸易、全球物种大交流的相关史实,分析其对世界历史的发展带来的影响。 2.指导学生从世界格局的角度辩证认识西欧早期殖民扩张活动的影响。

(四)第四单元 《资本主义制度的确立》

1.单元育人导引。本单元由《欧洲的思想解放运动》《资产阶级革命与资本主义制度的确立》两课组成。《欧洲的思想解放运动》的内容包括文艺复兴、宗教改革、近代科学的兴起和启蒙运动。文艺复兴运动肯定了人的力量,在文艺复兴的基础之上,宗教改革进一步解放了人们的思想,启蒙运动则对未来社会进行了规划。欧洲的思想解放运动推动了英、法、美资产阶级革命的爆发。英国经过"光荣革命",颁布了《权利法案》,逐步建立起了君主立宪制。美国经过独立战争,建立了三权分立的政治体制。法国经过君主制和共和制的反复较量,最终确立了共和制。至19世纪中后期,资本主义制度也在不断地完善自我并向外扩展——美国经过南北战争,消灭了奴隶制,维护了国家统一;意大利和德国结束了长期的分裂,实现了统一,并建立了君主立宪制;俄国经过1861年农奴制改革,走上了资本主义道路,但没有直接触及沙皇专制制度,保留了大量的农奴制残余;日本经过明治维新,迅速崛起,由此迅速走上了资本主义道路,但是保留了大量的封建残余。通过本单元的学习,我们不仅要了解文艺复兴、宗教改革、启蒙运动与资产阶级革命发生的历史渊源,更要认识资产阶级革命的发生和资本主义制度的确立,是近代西方政治思想理念的初步实现。

本单元的育人主题为"资本主义制度的确立"。其具体育人点主要在学科认知上侧重于通过收集整理三场思想解放运动和资本主义制度在欧美等国确立和扩散的有关史料,以唯物史观为指导,分析三场思想解放运动发生的条件,培养学生探究历史事物的能力,训练学生的发散思维,评价三场思想解放运动的影响,分析资本主义制度的进步性和局限性,培养学生分析历史问题的能力,训练学生的辩证思维,比较君主立宪制和民主共和制的异同,培养学生获取和解读历史信息的能力;在德性育人上通过学习人类追求民主的思想和实践,让学生感悟担当奉献的精神,培养学生的全球视野;在劳动育人上通过梳理三场思想解放运动和资本主义制度建立与扩展的相关史料,形成初步的实证精神,通过编制主题手抄报,培养学生的历史制作能力;在审美育人上通过了解文艺复兴时期人文主义者的代表作品,感悟文艺复兴时期各位大家创作的作品的人文艺术之美,通过了解《拿破仑法典》《独立宣言》《人权宣言》等文献中所蕴含的民主思想,感受人类智慧之美和社会发展之美。

2.课时育人导引

表2-38 《西欧的思想解放运动》课时育人导引

	第8课《西欧的思想解放运动》
学科认知	1.辨析文艺复兴、人文主义、启蒙、理性、三权分立、君主立宪等概念,提高学生的历史解释能力。 2.指导学生收集整理关于文艺复兴的相关史料,运用唯物史观,分析文艺复兴发生的条件,客观评价文艺复兴的影响,培养学生分析历史问题的能力,训练学生的辩证思维和发散思维。 3.指导学生收集整理关于宗教改革的相关史料,以唯物史观为指导,分析宗教改革在德国发生的原因,认识宗教改革的进步性和局限性,培养学生分析历史问题的能力,训练学生的辩证思维和批判思维。 4.指导学生收集整理关于启蒙运动的史料,以唯物史观为指导,评价洛克、伏尔泰、孟德斯鸠、卢梭为代表的启蒙思想家,理解启蒙运动对世界的影响,培养学生分析历史问题的能力,训练学生的辩证思维和批判思维。
德性育人	学习启蒙思想家的思想主张,理解他们反专制、求民主的追求。
审美育人	了解但丁、彼特拉克、薄伽丘、达·芬奇、米开朗琪罗、拉斐尔等文艺复兴时期人文主义者的代表作品,感悟文艺复兴作品的人文艺术之美。
健康育人	
劳动育人	
教学设计提示	1.指导学生收集整理关于文艺复兴的相关史料,运用唯物史观的基本观点,认识文艺复兴的实质,把握人类社会从神性到人性的历程并深刻理解人的自然属性和社会属性。 2.指导学生查阅关于西欧宗教改革的相关资料,分析宗教改变的背景,理解经济与政治之间的辩证关系,得出物质决定意识,意识反作用于物质的观点。

表2-39 《资产阶级革命与资本主义制度的确立》课时育人导引

	第9课《资产阶级革命与资本主义制度的确立》
学科认知	1.梳理英、法、美资产阶级革命的进程,并分析其特点,培养学生获取和解读历史信息的能力。 2.概述英、法、美资产阶级民主政治的确立,比较君主立宪制和民主共和制的异同,运用唯物史观,分析资产阶级民主政治的进步性和局限性,培养学生的辩证思维。 3.比较主要资本主义国家资产阶级革命的特点,培养学生用比较的方法解决历史问题。
德性育人	1.梳理资本主义制度在欧美等国确立的经过,让学生学会理解并尊重世界各国的文化传统,以促使学生打开面向世界的视野。 2.学习各国资产阶级革命的领导者在革命过程中所表现出的非凡的勇气,勇于担当的精神,培养学生担当奉献的精神。
审美育人	学习《独立宣言》《人权宣言》《拿破仑法典》中蕴含的民权思想,体会人类探究社会进步和国家治理中所体现的人类智慧之美。
健康育人	
劳动育人	

续表

	第9课《资产阶级革命与资本主义制度的确立》
教学设计提示	1.指导学生制作时间轴,梳理英、法、美资产阶级革命的进程。 2.收集英、法、美资产阶级民主政治确立的相关史料,比较君主立宪制和民主共和制的异同,在唯物史观的指导下探究在资产阶级革命过程中,启蒙运动和资产阶级革命之间的关系。

(五)第五单元 《工业革命与马克思主义的诞生》

1.单元育人导引。本单元由《影响世界的工业革命》《马克思主义的诞生与传播》两课组成,主要介绍了工业革命的发生与传播和马克思主义的诞生与影响。工业革命是影响人类文明进程的重大历史事件。工业革命的发生,离不开资本主义国家稳定的政局,充足的原料和劳动力,广阔的国内外市场,技术的积累和科学的突破。两次工业革命改变了原来的生产组织形式,极大地促进了生产力的发展,使人类迈入了蒸汽时代,再由蒸汽时代迈入了电气时代,物质生活更加丰富,城市化迅速发展;工业革命让世界各地联系日益紧密,最终形成了由西方国家主导的资本主义世界体系。但是,工业革命也让资本主义的弊端充分暴露——工业资产阶级压榨工业无产阶级,社会贫富分化严重。为了解决资本主义制度的弊端,马克思和恩格斯一方面深入到工人群众中,分析资本主义社会,指导工人运动,另一方面在德国古典哲学、英国古典政治经济学和英法空想社会主义的基础上,发表了《共产党宣言》,创立了马克思主义学说。马克思主义的诞生,推动了国际工人运动的发展——第一国际的建立,巴黎公社的成立。通过本单元的学习,了解工业革命带来的社会生产力的极大发展以及所引起的生产关系的深刻变化,理解工业革命对资本主义世界体系的形成及对人类社会的深刻影响,通过了解马克思主义产生的时代背景,以及马克思、恩格斯的理论探索与革命实践,了解《共产党宣言》的主要内容,理解马克思主义产生的世界意义。

本单元的育人主题为"工业革命的历史影响和马克思主义诞生的时代意义"。在学科认知上侧重于对比分析两次工业革命的特点,培养学生获取和解读历史信息的能力,通过多角度把握工业革命的条件及影响,马克思主义诞生的意义,培养学生分析历史问题的能力,训练学生的发散思维;在德性育人上侧重于通过理解工业革命对世界造成的多元影响,打开学生的全球视野,通过了解工业革命对环境造成的影响,增强学生的环保意识,通过学习早期社会主义者的经历,培养学生担当奉献的精神,通过学习马克思主义诞生的意义,坚定走中国特色社会主义道路的信心,强化学生对中国特色社会主义的认同;在劳动育人上通过收集整理工业革命的背景和影响,以及早期工人运动和社会主义思潮萌发的有关史料,形成初步的实证精神;通过学习工业革命时期发明家的事迹,马克思、恩格斯创立马克思主义学说的经过,培养学生的创新意识;列表梳理工业革命的进程,对比分析两次工业革命的特点,培养学生的历史制作能力,并形成初步的实证精神;在审美育人上通过学习马克思、恩格斯创立马克思主义学说的经过,感悟马克思、恩格斯的个人智慧;在健康育人上通过学习工业革命对环境的影响,让学生形成保护环境和强健个人体魄的意识。

2.课时育人导引

表2-40 《影响世界的工业革命》课时育人导引

	第10课《影响世界的工业革命》
学科认知	1.分析工业革命的背景,培养学生发现和提出历史问题的能力,学会获取和解释历史信息的方法。 2.概述工业革命的进程、"蒸汽时代"和"电气时代"相继到来,理解人类从此开始进入工业社会,让学生主动认识历史现象、历史事件、历史人物、历史线索。 3.认识工业革命的影响,学会理解和判断历史事实、分析和评价历史事物的方法;培养其逻辑思维、辩证思维、发散思维。
德性育人	1.辩证认识工业革命给人类带来影响,培养学生环保意识并增强其爱护环境的社会责任感。 2.工业革命改变了世界,推动了历史发展,使世界越来越紧密地连成一体,培养学生的全球视野、社会责任感。
审美育人	1.梳理人类利用科学技术改造自然和社会,创造人类美好生活的历程,培养学生感悟社会发展的美。 2.概述工业革命中科学家做出的贡献,认识人类的创造性智慧。
健康育人	分析工业革命的影响,认识工业革命造成的环境污染对人类的危害,培养学生爱护环境的意识,树立人与自然和谐相处的理念。
劳动育人	1.认识工业革命在全球的扩展过程是人类从农业社会演进到工业社会的发展过程,理解劳动改变世界,引导学生树立劳动意识。 2.分析当时的英国成为欧洲科技中心的重要原因,培养学生的实践精神。 3.认识发明创造凝聚着许多科学家、发明家的智慧和汗水,培养学生的创新精神。
教学设计提示	1.指导学生收集整理英国工业革命发生前的有关史料,理解工业革命发端于英国的必然性。 2.指导学生梳理瓦特改进蒸汽机过程,树立其投身科学研究的人生目标和为人类服务的正确价值观念。 3.探究科学与社会生产的辩证关系,形成对历史事物的理性认知。

表2-41 《马克思主义的诞生与传播》课时育人导引

	第11课《马克思主义的诞生与传播》
学科认知	1.辨析第一国际、剩余价值学说、空想社会主义等概念,提高学生的历史解释能力。阅读教材内容,梳理《共产党宣言》的内容和巴黎公社的革命措施,培养学生提取历史信息的能力。 2.分析马克思主义诞生的历史条件,培养学生分析历史问题的能力。 3.指导学生整理国际工人运动发展的有关事实,多角度分析巴黎公社失败的原因,理解马克思主义诞生的重大意义。

续表

	第11课《马克思主义的诞生与传播》
德性育人	对比马克思主义和空想社会主义的异同,认识马克思主义的科学性。分析马克思主义诞生、传播的意义和时代价值,以坚定理想信念。
审美育人	学习马克思主义对世界产生的深远影响,认识马克思、恩格斯在推动人类历史发展中的作用,感悟其开创性智慧。
健康育人	梳理马克思、恩格斯和德国资产阶级做斗争的经历,体会其乐观的人生态度,养成积极进取的生活态度。
劳动育人	1.梳理马克思、恩格斯创立马克思主义学说的经过,领会创新在人类思想发展进程中的重要性,培养学生的创新意识。 2.指导学生收集整理早期工人运动与空想社会主义萌发的有关史料,全面理解马克思主义的科学性,认识到其科学性所在,培养学生的史料实证精神。
教学设计提示	1.指导学生收集整理早期工人运动、空想社会主义的有关史料。 2.结合教材,梳理《共产党宣言》的主要内容,归纳巴黎公社建立的意义。 3.带领学生高唱《国际歌》,体会巴黎公社运动的伟大意义。

(六)第六单元 《世界殖民体系与亚非拉民族独立运动》

1.单元育人导引。本单元由《资本主义世界殖民体系的形成》《亚非拉民族独立运动》两课组成。教材主要叙述了亚非拉国家沦为殖民地或半殖民地的经过;侵略亚非拉的主要国家及其侵略方式,对世界殖民体系的评价。为了反抗殖民者的压迫和争取民族独立,在拉丁美洲首先爆发了海地民族独立运动,随后便是西属拉美和葡属巴西独立;在亚洲,除了朝鲜义兵运动之外,在中国、伊朗、印度等国,先后发生了资产阶级民族民主革命——辛亥革命、立宪革命、民族独立运动;在非洲的苏丹、埃及和埃塞俄比亚,爆发了马赫迪起义、抗英斗争和抗意斗争,只有埃塞俄比亚抗意斗争获得最终胜利。通过本单元的学习,我们不仅要了解西方列强对亚非拉的殖民扩张,世界殖民体系的建立以及亚非拉人民的抗争等史实,认识殖民主义的危害,更要理解世界殖民体系的建立及殖民地半殖民地民族独立运动对世界历史发展的影响。

本单元的育人主题为"殖民体系的形成与亚非拉民族独立运动的兴起"。在学科认知上以唯物史观为指导,客观评价世界殖民体系对亚非拉国家的双重影响,培养学生分析历史问题的能力,训练学生的辩证思维和批判思维。在德性育人上侧重于通过学习西方列强入侵亚非拉的基本史实,对比亚非拉三洲独立运动的异同并发现其特点,培养学生的全球视野;通过学习亚非拉独立运动领导人的事迹,强化学生对国家和民族的认同,培养学生担当奉献的精神。在劳动育人上通过收集整理世界殖民体系建立的经过和亚非拉民族独立运动等相关史料,形成对世界殖民体系的多维认识;通过以"世界殖民体系"为主题历史小论文的撰写,培养学生历史资料的收集整理能力、历史问题的分析能力和写作能力。

2.课时育人导引

表2-42 《资本主义世界殖民体系的形成》课时育人导引

	第12课《资本主义世界殖民体系的形成》
学科认知	1.了解西方列强对亚非拉侵略的主要史实和世界殖民体系的形成过程。 2.识读《列强在拉丁美洲的殖民地(18世纪晚期)》《列强在亚洲的殖民地和势力范围(19世纪末20世纪初)》《帝国主义瓜分非洲》等图,提高学生识读历史地图的能力。 3.分析世界殖民体系形成的原因,认识殖民主义的危害,培养学生历史解释素养。 4.多维评价世界殖民体系对亚非拉被殖民国家(地区)产生的双重影响,认识殖民主义的罪恶,训练学生的发散思维和批判思维。
德性育人	了解西方列强对亚洲国家的掠夺,体会中国人民在近代因列强侵略所遭受的深重苦难,感悟中华民族在艰难困苦中奋勇向前的精神品质,树立以民族复兴为己任的正确观念,进一步强化学生对国家和民族的认同感。
审美育人	
健康育人	
劳动育人	通过以"世界殖民体系"为主题历史小论文的撰写,培养学生历史资料的收集整理能力、历史问题的分析能力和写作能力。
教学设计提示	指导学生制作世界殖民体系形成过程时间轴,帮助学生加深对世界殖民体系形成过程的认识和理解。

表2-43 《亚非拉民族独立运动》课时育人导引

	第13课《亚非拉民族独立运动》
学科认知	1.知道"拉丁美洲的民族独立运动""亚洲的觉醒""非洲的抗争"中涌现的主要代表人物等基本史实。 2.从殖民者对亚非拉殖民地和半殖民地统治的角度,分析亚非拉民族独立运动爆发的原因,培养学生分析历史问题的能力。 3.指导学生自主学习教材知识,结合地图,从运动的内容、方式、手段等不同角度比较拉丁美洲的民族独立运动、亚洲的觉醒、非洲独立运动的异同并概括其特点,培养学生获取和解读历史信息的能力、归纳和概括历史的能力。

续表

	第13课《亚非拉民族独立运动》
德性育人	1.通过对玻利瓦尔、圣马丁、提拉克等历史人物相关事迹的了解,体会其为实现各自民族独立而英勇奋斗的爱国情怀,培养学生乐于担当、甘于奉献的高尚品质和以爱国主义为核心的家国情怀。 2.通过从民族独立运动的内容、方式、手段等不同角度比较拉丁美洲的民族独立运动、亚洲的觉醒、非洲独立运动的异同,概括其不同特点,帮助学生了解人类历史发展的多样性,打开其全球视野。
审美育人	
健康育人	通过对玻利瓦尔、圣马丁、提拉克等历史人物相关事迹的了解,体会其在为实现各自民族独立而英勇奋斗的爱国情怀,培养学生乐于担当、甘于奉献的高尚品质。
劳动育人	
教学设计提示	1.指导学生收集整理殖民者对亚非拉殖民地和半殖民地的统治,分析亚非拉民族独立运动爆发的原因。 2.指导学生列表梳理亚非拉民族独立运动中的重大事件,比较亚非拉民族独立运动的特点。

(七)第七单元 《两次世界大战、十月革命与国际秩序的演变》

1.单元育人导引。本单元由《第一次世界大战与战后国际秩序》《十月革命的胜利与苏联的社会主义实践》《亚非拉民族民主运动的高涨》《第二次世界大战与战后国际秩序的形成》四课组成。本单元主要介绍了两次世界大战的历史,包括19世纪晚期到20世纪初的世界形势、两大军事集团的形成、法西斯国家的形成、两次世界大战的经过及其战后国际秩序的建立和演变历程等。两次世界大战对人类历史产生了深远的影响。通过本单元的学习,我们不仅要了解两次世界大战的进程,认识战争的危害,热爱和平,更要深入分析两次大战前后国际格局发生的重大演变,并透过相关历史事件,认识20世纪上半叶国际秩序的变化。

本单元的育人主题为"世界大战、十月革命与国际秩序的演变"。学科认知上侧重于了解两次世界大战引起的国际秩序的变化,理解十月革命的历史意义,理解两次大战之间的民族民主运动对国际秩序的深远影响。在德性育人上则通过了解两次世界大战对人类社会带来的巨大灾难,体会战争的残酷性,树立热爱和平反对战争的正确观念;通过学习列宁、甘地、桑地诺等人克服困难领导本国革命与建设的经过,培养学生担当奉献的精神;通过学习两次世界大战及战后国际秩序的建立,培养学生的全球视野。健康育人则通过认识战争对生命的危害,认识生命的脆弱,帮助学生形成尊重

84

生命、悦纳自己的健康心理。在劳动育人上则通过学习"新经济政策",体会列宁锐意改革的创新精神,培养学生的创新意识。

2.课时育人导引

表2-44 《第一次世界大战与战后国际秩序》课时育人导引

	第14课《第一次世界大战与战后国际秩序》
学科认知	1.了解"三国同盟""三国协约"和第一次世界大战的进程等相关史实。 2.运用唯物史观关于主要矛盾的观点,结合当时帝国主义国家有关数据,如帝国主义瓜分世界情况,两大军事集团的形成等有关史料,分析列强之间的矛盾,认识列强之间的矛盾是第一次世界大战爆发的主要原因,培养学生运用唯物史观分析历史事物的能力。 3.利用《第一次世界大战后欧洲和中东领土变迁示意图》,分析第一次世界大战的性质,培养学生透过现象看本质的学科思维。 4.收集整理凡尔赛—华盛顿体系的有关史料,引导学生从积极和消极的角度分析凡尔赛—华盛顿体系对世界历史产生的影响,训练学生的辩证思维。
德性育人	分析战争给人类社会带来的巨大损失和灾难,认识战争的危害,树立热爱和平反对战争和维护世界正义的正确价值观。
审美育人	
健康育人	通过了解战争对生命的危害,认识生命的脆弱,帮助学生形成尊重生命、悦纳自己的健康心理。
劳动育人	
教学设计提示	1.指导学生收集整理凡尔赛—华盛顿体系的有关史料,引导其从积极和消极的角度分析凡尔赛—华盛顿体系对世界历史产生的影响。 2.观看第一次世界大战的相关影片,撰写观影体会,认识战争的残酷和和平的珍贵。

表2-45 《十月革命的胜利与苏联的社会主义实践》课时育人导引

	第15课《十月革命的胜利与苏联的社会主义实践》
学科认知	1.了解列宁主义的形成过程、十月革命的历程和苏联建设社会主义的实践史实。 2.从经济、政治、思想文化等不同角度分析十月革命在俄国发生的原因,理解十月革命胜利的必然性,培养学生多角度认识历史事物的能力。 3.结合教材内容,列表比较战时共产主义政策和新经济政策,分析新经济政策的特点,培养学生获取和解读历史信息的能力。 4.收集整理苏联社会主义建设成就,揭示其弊端,运用唯物史观,客观评价苏联模式,培养学生辩证认识事物的能力。

续表

	第15课《十月革命的胜利与苏联的社会主义实践》
德性育人	1.体会列宁在领导俄国人民取得十月革命的胜利和开展社会主义建设实践中的艰辛,认识其身上具有的克服困难、不懈追求的可贵品质,培养学生担当奉献的精神品质。 2.引导学生从人类社会发展的角度认识十月革命的胜利对人类历史产生的深远影响,培养学生的时空观念和用全球视野认识历史事物的眼光。 3.归纳苏联建设社会主义的经验与教训,认识社会主义建设的曲折性,帮助学生理解中国现代化建设方向的正确性,坚定其走中国特色社会主义道路的信念。
审美育人	分析"新经济政策"实施的背景、经过及影响,汲取列宁因时而变、大胆改革的历史智慧。
健康育人	
劳动育人	分析苏俄在建立初期面临的困境,学习列宁锐意改革的创新精神。
教学设计提示	1.指导学生收集整理20世纪初期俄国的经济发展、社会状况,列宁主义的传播等有关史料,分析十月革命在俄国取得胜利的原因。 2.结合教材内容,引导学生列表比较战时共产主义政策和新经济政策,辨析两者的异同,概括新经济政策的特点。 3.分组合作探究,通过归纳苏联建设社会主义的经验与教训,认识社会主义建设的曲折性,帮助学生理解中国现代化建设方向的正确性,坚定其走中国特色社会主义道路的信念。

表2-46 《亚非拉民族民主运动的高涨》课时育人导引

	第16课《亚非拉民族民主运动的高涨》
学科认知	1.知道亚非拉民族民主运动高涨的相关国家、代表人物等史实。 2.对比两次世界大战之间亚非拉民族民主运动与一战前的民族解放运动,分析亚非拉民族民主运动高涨的新特点,归纳其对世界历史产生的深远影响,培养学生探究历史事物的能力,训练学生的发散思维。 3.运用唯物史观,评价非暴力不合作运动,培养学生分析历史事件的能力,训练学生的辩证思维和批判思维。
德性育人	学习甘地、桑地诺、卡德纳斯等人为国家的独立与富强而做出的努力,培养学生担当奉献的精神。
审美育人	理解甘地"非暴力不合作"的思想内涵,感受甘地进行斗争的历史智慧。
健康育人	
劳动育人	
教学设计提示	1.指导学生查阅甘地"非暴力不合作"的相关资料,进一步理解甘地"非暴力不合作"的思想内涵,探究其在印度成功实践的原因。 2.分组合作,探讨亚非拉民族民主运动的发生及其对世界格局的影响。

表2-47 《第二次世界大战与战后国际秩序的形成》课时育人导引

	第17课《第二次世界大战与战后国际秩序的形成》
学科认知	1.知道经济危机、法西斯主义、罗斯福新政、雅尔塔体系等历史概念。 2.分析第二次世界大战爆发的原因,培养学生的历史分析能力。 3.叙述第二次世界大战的进程,培养学生空间观念和口头表达能力。 4.比较凡尔赛—华盛顿体系与雅尔塔体系的异同;结合两种国际秩序建立后对世界格局产生的影响,客观辩证地评价雅尔塔体系,训练学生的辩证思维和批判思维。
德性育人	1.通过分析战争给人类社会带来的巨大损失和灾难,认识战争的危害,树立热爱和平反对战争和维护世界正义的正确价值观。 2.通过学习中国为世界反法西斯战争胜利所做出的贡献,认识中国战场在世界反法西斯战场中的突出地位,增强学生对国家和民族的认同感。 3.通过了解世界反法西斯同盟的建立及二战的最终胜利,认识人类命运休戚相关,让学生树立为人类和平和进步事业做贡献的精神。
审美育人	
健康育人	通过了解战争对生命的危害,认识生命的脆弱,帮助学生形成尊重生命、悦纳自己的健康心理。
劳动育人	
教学设计提示	1.识读《1943—1945年的欧洲、北非战场示意图》《第二次世界大战期间的亚太战场示意图》后简述第二次世界大战的进程,培养学生空间观念和历史表达的能力。 2.用观看纪录片、阅读回忆录等方式,感受战争的残酷性,树立和平意识。 3.指导学生通过列表的方式,比较凡尔赛—华盛顿体系与雅尔塔体系的异同。

(八)第八单元 《20世纪下半叶世界的新变化》

1.单元育人导引。本单元由《冷战与国际格局的演变》《资本主义国家的新变化》《社会主义国家的发展与变化》《世界殖民体系的瓦解与新兴国家的发展》四课组成。二战结束之后以美国为首的资本主义阵营和以苏联为首的社会主义阵营之间的冷战成为当时国际形势的主要态势。冷战下的世界,也在发生着变化。一方面,以美国为代表的资本主义国家通过自我的内部调节,经济不断发展,但基本矛盾仍然存在。另一方面,由于斯大林模式的弊端日益暴露,苏联内部进行了不断改革,可是改革并没有从根本上解决斯大林模式的弊端。但与之同时,随着中国特色社会主义建设取得举世瞩目的成绩,证明了社会主义的强大生机与活力。加之,民族解放运动掀起了新的高潮,帝国主义国家在亚非拉的殖民地相继获得独立,帝国主义殖民体系瓦解。冷战结束后,世界格局从两极格局向多极化转变。通过本单元的学习,我们不仅要了解二战后资本主义国家、社会主义国家与第三世界国家的变化,认识其发展中取得的成就与遇到的问题,也要了解冷战时期的典型事件,认识冷战的基本特征,理解冷战的演变与国际格局变化之间的关系。

本单元的育人主题为"多极化、全球化下的世界"。其具体育人点主要在学科认知上侧重于引导学生梳理冷战的经过,探究冷战产生的原因,把握冷战的本质,培养学生透过现象看本质的能力;分析二战后资本主义国家、社会主义国家与第三世界国家的变化,认识世界发展的多样性,把握世界发展的多极化趋势,培养学生分析历史事物的能力,训练其历史发散思维。在德性育人上通过引导学生从人类社会发展路径的角度分析资本主义国家、社会主义国家和亚非拉国家的发展变化,培养学生的全球眼光;引领学生对比中苏社会主义建设方式、取得成就的异同,坚定学生的"四个自信"和"五大认同"。在审美育人上通过引领学生探究苏联社会主义建设的经过,分析其解体的原因,吸取其经验和教训。

2.课时育人导引

表2-48 《冷战与国际格局的演变》课时育人导引

	第18课《冷战与国际格局的演变》
学科认知	1.知道"北约""华约""杜鲁门主义""马歇尔计划""冷战""两极格局""柏林墙事件""多极化"等概念。 2.从美苏两国的对峙、战后初期的国际形势等角度多维分析冷战的起因,培养学生的历史分析能力。 3.了解冷战时期的典型事件,概述美苏冷战的形成过程,认识冷战的基本特征,把握冷战的实质,让学生掌握概述历史的基本方法。 4.了解冷战的发生、发展、结束的历程,理解冷战与世界格局变化之间的关系,培养学生解释历史的能力。
德性育人	学习两极格局的终结与多极化趋势的出现,理解中国坚持和平崛起的意义,强化学生对国家的认同,树立其投身建立人类命运共同体的意识。
劳动育人	探究冷战对国际形势产生的深远影响,认识多极化是世界格局发展的趋势,培养学生总结历史经验、把握历史规律的能力。
教学设计提示	1.多角度阐释"冷战""国际秩序"和"国际格局"等概念。 2.从世界格局和苏美自身,两个不同层面分析两极格局形成的深层次原因,理解冷战的实质。 3.引用相关史料和部分专家学者关于冷战的观点,认识冷战对二战后国际秩序的深远影响。

表2-49 《资本主义国家的新变化》课时育人导引

	第19课《资本主义国家的新变化》
学科认知	1.知道国家宏观调控政策的来龙去脉,理解"滞胀""福利国家"等概念。 2.对比国家执行宏观调控政策在20世纪30年代和70年代效果的差异,培养学生具体问题具体分析的意识。 3.了解第三次科技革命的背景及其影响,梳理其对社会发展的巨大影响,认识科学技术是第一生产力,培养学生的唯物史观。 4.了解二战后西方"福利国家"和社会运动的基本史实,客观、全面、辩证地评价西方"福利国家"政策,培养学生分析历史问题的能力。

续表

	第19课《资本主义国家的新变化》
德性育人	认识科学技术与社会进步之间的关系,引导学生树立学科学、用科学的意识并走上科学研究的道路。
劳动育人	运用相关史料分析两次工业革命、第三次科技革命对社会的影响,认识科学技术是推动人类社会进步的重要力量,培养学生的科学实践意识。
教学设计提示	1.指导学生收集整理二战前后,资本主义国家政治、经济、思想、社会等方面的史料,理解宏观调控是资产阶级为维护其统治而施行的国家干预政策。 2.结合本课所学,分析《第二次世界大战后美国、联邦德国、日本就业人口分布的变化》一图,理解第三次科技革命的影响。

表2-50 《社会主义国家的发展与变化》课时育人导引

	第20课《社会主义国家的发展与变化》
学科认知	1.了解苏联改革、东欧剧变、苏联解体等相关史实,知道中国特色社会主义建设取得的成就。 2.比较中国和苏联及东欧各国社会主义建设的方式,帮助学生掌握对比学习方法。 3.探究苏联解体的原因,培养学生探究历史问题的能力。
德性育人	对比苏联、东欧改革的失败和中国特色社会主义建设取得的巨大成就,分析苏联改革失败和中国特色社会主义建设取得巨大成就的原因,认识我国社会主义制度、道路、方向等的正确性,引导学生树立道路自信、制度自信、理论自信和文化自信,形成自觉拥护中国共产党的领导和投身中国特色社会主义建设的正确价值观。
审美育人	1.分析苏联三次改革失败的原因,理解社会主义建设的复杂性、艰巨性、曲折性,并从中汲取促使自身成长的经验。 2.概述中国特色社会主义建设的历程,分析中国共产党在其中所起的关键性作用,总结党的执政智慧,以助推自我的发展。
劳动育人	通过学习中国特色社会主义的新发展,认识中国领导人的理论创新,培养学生的创新意识。
教学设计提示	1.引导学生观看苏联解体的相关视频,收集相关史料,探究苏联社会主义建设的经验和教训。 2.引导学生观看中国特色社会主义现代化建设的成果展,对比中苏不同的建设道路,认识"中国道路"的正确性。

表2-51 《世界殖民体系的瓦解与新兴国家的发展》课时育人导引

	第21课《世界殖民体系的瓦解与新兴国家的发展》
学科认知	1.知道世界殖民体系瓦解的基本史实和新兴国家发展的相关状况。 2.多维度分析世界殖民体系瓦解的必然性和进步性,培养学生分析历史问题的能力,训练学生的辩证思维和发散思维。 3.辩证地认识亚非拉国家发展所面临的问题及挑战,培养学生分析历史问题的能力。

续表

	第21课《世界殖民体系的瓦解与新兴国家的发展》
德性育人	通过分析新兴国家发展的原因,汲取其中有利的经验。
审美育人	
健康育人	
劳动育人	
教学设计提示	1.指导学生收集整理二战后第三世界国家政治、经济、社会、思想等方面的史料,多维度分析世界殖民体系瓦解的必然性和进步性,分析亚非拉国家独立的必然性和进步性。 2.从世界政治、经济发展的角度,认识当前世界的经济秩序,并分析发展中国家所取得的成就与面临的挑战。

(九)第九单元 《当代世界发展的特点与主要趋势》

1.单元导引。本单元由《世界多极化与经济全球化》《和平发展合作共赢的时代潮流》两课组成,主要介绍了当代世界发展的趋势——世界多极化与经济全球化及时代潮流——和平发展合作共赢。

通过本单元的学习,我们不仅要了解当代世界多极化与经济全球化的有关史实,更要深刻认识到随着各国之间经济文化交流的日益频繁,合作共赢已成为时代潮流。我们应努力抓住当前的机遇,积极应对挑战,努力构建人类命运共同体。在学科认知上侧重于通过学习当代世界多极化与经济全球化的有关史实,理解和平、合作、发展、共赢成为时代潮流的原因,认识世界面临的机遇与挑战,训练学生的辩证思维。在德性育人上侧重于通过本单元学习,认识人类社会发展的不稳定性;理解中国在世界和平发展中所担负的使命,强化学生对国家和民族的认同。在审美育人上,通过学习多极化趋势,感受人类社会发展之美;体会中国在面对世界百年未有之大变局,倡导并坚持推动构建人类命运共同体,对全球治理体系进行改革和建设提供的中国智慧和中国方案。

2.课时育人导引

表2-52 《世界多极化与经济全球化》课时育人导引

	第22课《世界多极化与经济全球化》
学科认知	1.了解世界多极化发展趋势的有关史实,知道世界多极化和经济全球化的进程并熟悉其标志性事件。 2.运用绘制大事年表的方式串联世界多极化和经济全球化的进程,引导学生掌握大事年表的制作方法。 3.在唯物史观的指导下分析世界多极化和经济全球化的关系,培养学生认识历史事物的能力。 4.结合"英国脱欧""美国威胁退出WTO"等材料,认识世界多极化和经济全球化的曲折发展,探究经济全球化的利与弊,培养学生运用所学知识分析、解决历史问题的能力,训练学生的发散思维和批判思维。

续表

	第22课《世界多极化与经济全球化》
德性育人	1.认识中国在世界多极化和经济全球化趋势中承担的重要使命,强化学生的国家认同感。 2.了解信息化和文化多样性,辩证认识信息化时代存在的风险,引导学生树立遵纪守法的意识。
审美育人	把握世界多极化和经济全球化发展趋势,从中体会人类社会发展之美。
健康育人	
劳动育人	
教学设计提示	1.播放2016年二十国集团领导人杭州峰会、英国脱欧、美国威胁退出WTO等相关视频,认识当前经济全球化和反全球化并存,认识人类面临的百年未有之大变局。 2.列举世界多极化和经济全球化的相关事例,引导学生认识世界多极化和经济全球化是当今世界发展的趋势。 3.辩证认识经济全球化对不同国家的影响。

表2-53 《和平发展合作共赢的时代潮流》课时育人导引

	第23课《和平发展合作共赢的时代潮流》
学科认知	1.知道战后时代发展的主题,了解战后出现的全球性问题,认识人类社会面临的机会与挑战。 2.了解促进全球共同发展的史实,总结和平、发展、合作、共赢之间的辩证关系,培养学生分析历史事物的能力。 3.认清和平发展的时代潮流,总结合作共赢的发展规律,培养学生探究历史的能力。 4.牢固树立构建人类命运共同体的意识,培养共同担当、同舟共济、共建和平和共促发展的正确价值观。
德性育人	1.认清人类社会所面临的机会和挑战,激发学生投身社会建设的热情,培养学生担当奉献的精神。 2.深刻认识中国在新冠肺炎疫情、联合国维和行动中展示的负责任的大国形象,强化学生对国家认同。
审美育人	学习邓小平关于"和平与发展"的相关讲话,理解邓小平对时代主题的科学论断,体会中国领导人顺应时代潮流、把握时代发展趋势的大智慧。
健康育人	
劳动育人	制作以"人类社会面临的机遇与挑战"或"人类命运共同体的构建"为主题的手抄报,培养学生的历史制作能力。
教学设计提示	1.播放中国抗击新冠肺炎疫情的相关视频,以导入新课。 2.引用习近平总书记关于构建人类命运共同体的讲话,分析构建人类命运共同体的作用,认识构建人类命运共同体是中国对全球治理体系改革和建设提供的中国智慧和中国方案。

第三章

高中历史学科全息育人教学设计

高中历史学科全息育人的提出,对高中历史课堂教学提出了更高的要求。通过对历史的学习,不仅能让学生增加历史知识,掌握关键能力,形成历史思维,树立正确的价值观,而且还能让师生相互促进、相互成就,共同成长。而要取得这一教学成效,教学设计的创新就显得尤为重要。教学设计的创新要求历史教师在教学设计前革新设计理念,理清设计思路,更新设计方式。高中历史学科全息育人教学设计立足师生终身发展,依据学科课程标准,突出学科核心素养,强调跨学科学习理念,经过多年教学实践最终选用了单元主题式教学设计。我们在提炼高中历史学科全息育人的原则并研制高中历史学科单元主题式教学设计模板的基础上,给出了相关教学案例。

第一节　高中历史学科全息育人教学设计理念

"兵马未动,粮草先行。"任何一种实践活动,如果没有理念支撑,就是无舵之舟、无弦之弓,教学设计亦是如此。教学设计不是各个教学环节的简单拼凑,它涉及学生的学、教师的教、教材的处理、学习的指导和评价的安排。[①]不同理念指导下的教学设计取得的教学效果完全不同,先进的教学理念顺应时代发展的要求、符合师生自身的特点,对学科教学设计起着正向指导作用,能让教学取得较好的教学效果;反之则会让教学效果较差。高中历史学科全息育人教学设计的理念包括立足师生终身发展、依据学科课程标准、突出学科核心素养和强调跨学科学习四点。

一、立足师生终身发展

普通高中历史课程教学的目标是坚持落实立德树人的根本任务。"中国学生发展核心素养"以科学性、时代性和民族性为基本原则,以培养"全面发展的人"为核心,共分为文化基础、自主发展、社会参与三个方面,综合表现为人文底蕴、科学精神、学会学习、健康生活、责任担当、实践创新六大素养,具体细化为国家认同等十八个基本要点。

---

① 曾文婕.运筹帷幄:教学设计的方略[M].北京:北京师范大学出版社,2016:10.

习近平总书记在全国教育大会上深刻指出："新时代新形势,改革开放和社会主义现代化建设、促进人的全面发展和社会全面进步对教育和学习提出了新的更高的要求。"《中国教育现代化2035》提出了推进教育现代化的八大基本理念:更加注重以德为先,更加注重全面发展,更加注重面向人人,更加注重终身学习,更加注重因材施教,更加注重知行合一,更加注重融合发展,更加注重共建共享。因此,学科全息育人目标不应仅聚焦于课堂教学对人的培养,更应关注师生的未来。

高中历史学科全息育人"坚持文化知识学习与思想品德修养的统一、理论学习与社会实践的统一、全面发展与个性发展的统一"[①],主张高中历史教师在教学设计中要以促进学生终身发展为目标,设计科学合理的学习活动,帮助学生从学科学习中汲取对自身未来发展有用的营养。对学生而言,通过活动的参与,掌握了学习的方法,感受了学习的魅力,认识到了学习的重要性,进而养成终身学习的好习惯。对历史教师而言,依据教学实施情况对教学设计及时进行总结和反思,并根据总结和反思调整教学设计环节、优化设计内容,从而使自身的教学素养得到提升。

人本主义学习理论认为学习实质上就是自我潜能实现的过程。历史教师既要遵从内心,又要遵循学生身心的发展,激发自我和学生的潜能,启蒙师生的思想,开启师生的智慧,突出师生的个性,让师生都得到充分发展。

二、依据学科课程标准要求

"教教材"而非"用教材教"是当前部分高中历史教师课堂教学的真实写照。教学设计中,很多高中历史教师常常忽视对学科课程标准的解读,更多关注对教学内容的把握,并根据教材中的内容设计教学环节,安排教学进度。这一做法虽然看似合理且有利于教师已有教学经验的展示,但它与高中历史课程设计者的意图大相径庭,更违背了高中历史学科教学的初衷。《普通高中历史课程标准(2017年版2020年修订)》对历史课程目标等提出了具体的要求,历史教师应加强对它的研读,并将它作为学科教学设计的依据。

高中历史学科全息育人教学设计坚持依据学科课程标准要求,提倡采用逆向设计模式,即主张在教学设计中首先根据《普通高中历史课程标准(2017年版2020年修订)》制定的评价标准来确定学习目标,然后依据学习目标规划教和学的路径,最后根据规划的教学路径完成教学设计。逆向设计有助于教师带着问题思考教学,并用问题导向教学,确保学习目标的达成和准确评价教学。依据课程标准的逆向设计不是按图索

---

① 参看:《国家中长期教育改革和发展规划纲要(2010 – 2020年)》。

骥,而是一种基于标准和目标导向下的创造性学科教学设计。其教学设计的创造性反映了历史教师对《普通高中历史课程标准(2017年版2020年修订)》的独特理解,是历史教师对教学内容的"解构"与"重构"后的创造性使用,是对教学资源的优化和重组,集中反映了历史教师的学科核心素养和教学智慧。这种教学设计能实现教、学、评相互促进,能满足学生历史学科核心素养发展的需要,体现了历史教学的教、学、评一致性。

三、突出学科核心素养

如何利用历史核心素养来指导历史课堂教学?如何通过教学实施来浸润历史核心素养?在历史课堂中如何让教学内容与学生学科核心素养培养充分契合?这三个问题是自提出历史学科核心素养之后,每个历史教师都应该认真思考并解决的问题。高中历史学科全息育人要求在教学设计中将历史学科核心素养与教学目标相融合,通过主题探究的方式将其有效地贯穿于教、学、评全过程。

以唯物史观为例。唯物史观是揭示人类社会历史客观基础及发展规律的科学的历史观和方法论。人类对历史的认识是由表及里、逐渐深化的,要透过历史的纷杂表象认识历史的本质,科学的历史观和方法论的指导是非常重要的。唯物史观使历史学成为一门科学,只有运用唯物史观的立场、观点和方法,才能对历史有全面、客观的认识。历史教师在进行教学设计时要有意识地设计让学生主动运用唯物史观分析历史事物的主题探究活动以培养学生的唯物史观。例如在"商鞅变法"教学设计中,我们可引导学生运用"生产力决定生产关系"基本原理去探究商鞅变法的实质。首先,引导学生通过对时代背景的梳理,分析"在春秋战国时期,随着牛耕的推广和铁农具开始使用等,社会经济有了长足的发展,阶级关系发生变化,上层建筑变革,变法成为潮流"。然后,引导学生运用"生产力决定生产关系"这一基本原理,认识"秦国落后的奴隶制(生产关系)已经无法适应当时秦国生产力发展的要求"。学生通过参与这一教学活动,理解商鞅变法的根本原因,认识其"封建化改革运动"的实质,得出"社会变革的根源是社会生产力发展"的历史认知,进而汲取"把握时代发展大势、顺应时代发展潮流"的历史智慧。

四、强调跨学科学习

对于跨学科和交叉学科这两个概念的界定,迄今未达成共识,因此产生了跨学科、交叉学科、边缘学科、混合学科、多科性、学科互涉等多种说法,港台地区还有"科际整合"等不同译法。[1]跨学科学习指以本学科学习为基础,借用其他学科的概念、方法、策略等来增强本学科学习的有效性。高中历史课程的性质决定了高中历史教学开展跨学科学习的必要性。《普通高中历史课程标准(2017年版2020年修订)》明确提出:"历史课程的设计,既要注意与思想政治、语文、艺术(或音乐、美术)、地理、信息技术等课程的关联,又要有助于学生对其他课程的学习,力图使其与相关课程发挥整体作用,共同促进学生人文素养的发展。"[2]高中历史学科全息育人强调在必要时开展跨学科学习,提倡在教学设计中借助其他学科的概念、方法等分析历史事物,进而使学生形成学科综合思维。

例如,在"工业革命"的教学设计中,可借助"科教兴国战略""可持续发展"等政治学科的相关概念分析工业革命的影响。又如,在中国共产党创立革命根据地的教学设计中,可借助对中国共产党创立鄂豫皖等革命根据地地域特点的分析,概括根据地创建对中国革命的意义等。再如,在抗战历史的教学设计中,可借助对《义勇军进行曲》音乐特点的分析,感受中国全民族抗战的决心和勇气。

第二节 高中历史学科全息育人教学设计原则

教师进行教学设计的初衷是提高教学效率和教学质量,使学生在单位时间内能够完成学习任务,实现预设的学习目标。教学设计是一项复杂的系统性工程,需要考虑的事项林林总总,需要厘清的思路千头万绪。它具有严谨、科学、可行和可操作等特点。因此高中历史学科全息育人要求在进行高中历史学科教学设计时应坚持思想性、系统性、科学性、反馈性四个原则。

一、思想性原则

思想性原则是高中历史学科全息育人进行教学设计应坚持的基本准则。坚持正确的思想引领,既是一个优秀历史教学设计的判断标准又是一堂优秀历史课的保障。

---

[1] [美]C.赖特·米尔斯著.陈强,张永强译.社会学的想象力[M].北京:生活·讀书·新知三联书店,2016.
[2] 中华人民共和国教育部制定.普通高中历史课程标准(2017年版2020年修订)[M].北京:人民教育出版社,2020:1.

只有坚持了正确的思想引领,历史课堂才能真正担负起学科育人的重任。学生在课堂上学过的历史知识可能会出现遗忘等情况,但历史课堂上形成的价值观念和品德品质将伴随他的一生。全息育人下的高中历史学科教学不单单是为了学生学习历史知识,更是为了对他们进行思想品德的浸润。"德才兼备,以德为先"。高中历史学科教学要为国家培养合格人才,在教学中必须坚持思想性原则。中学阶段是学生优秀个人品德形成的关键时期,高中历史学科教学又是学生个人价值观念和思想品德形成的关键环节。教师要明白历史教学对培养学生个人思想品德的重要性。

"学高为师,身正为范"。教师的言行时刻影响学生的言行。首先,教师在进行教学设计时要坚持正确的价值导向,用正确的价值观念和道德品质去影响学生。其次,教师要借助教学设计让学生积极主动地参与教学活动,帮助其形成正确人生观、价值观、世界观、历史观和优秀的个人品德。高中历史教学内容中蕴含了丰富的思想品德教育元素。因此,历史教师要深挖教材并设计相关活动,有意识地引导学生从各个历史时期的英雄人物的嘉言懿行、英勇事迹中,感受其身上体现的优秀道德品质,传承民族气节、崇尚英雄气概。

二、系统性原则

"系统论的方法是任何教学设计都应遵守的第一原则。"[1]在高中历史学科全息育人教学设计中,教学者也非常重视对这一原则的运用。历史教学中的系统性教学原则是指在历史教学设计中从教学的整体内容出发,全程、全面、深层次地认识和处理整体内部各要素的地位、作用、属性,以帮助、引导学生掌握历史学科的整体知识的原则。它是"以提高学生的素质为起点,以构建整体知识结构为主要方式,以改善学生的思维方式为核心,以提高学生思维能力为目标,由师生共同参与完成的教学原则"[2]。

为什么学科全息育人教学设计要坚持系统性原则?首先,高中历史学科教科书的编写体现了系统性原则。高中历史教科书均呈现出各自内恰式系统性结构,它的每一课时、每一单元都不是孤立存在,而是相互关联,有着内在联系的。其次,从师生的认知上看,我们在解读历史教学内容时,要将单个的历史知识作为一系列连贯或关联的历史知识中的一部分来认识,而不是将其作为孤立的个体来看待,只有将这个历史知识放在系统的知识体系中来认识,才能进行合乎逻辑、恰如其分的分析、解读,进而得出相应的、较为科学合理的结论。再次,要使学生全面理解历史事物,而不仅仅是认识

---

[1] 侯桂红.中学历史教学设计及评价[M].北京:北京师范大学出版社,2016:42.
[2] 邓辉.整体性原则在历史教学中的运用[J].四川教育学院学报,2004(S1):164.

这个历史事物发展的某个阶段或一个局部，就应当让其完整感知这个历史事物产生、发展、衰亡的全过程，从历程中全面把握历史，并形成"部分—系统"的历史思维。教师要启发学生从宏观上系统地把握历史发展的脉络，多角度、深层次地分析历史事物，发现隐藏在历史背后的知识和历史发展的规律，从而用它去解决现实生活中遇到的问题。

三、科学性原则

科学性，是指教师传授给学生的知识是真实、可信、准确、系统的，是符合客观事实的；所运用的理论是科学的；所使用的方法是合理的。高中历史学科全息育人教学设计坚持科学性原则主要表现为两个方面。

一方面，历史教师在教学设计时选用内容必须是真实可靠的，理论是科学的。这里的"选用内容必须是真实可靠的，理论是科学的"，指教师在做教学设计时所选内容是得到考古发现佐证的，所运用的理论、观点是符合马克思主义基本原理的。同时，在教学设计过程中，历史教师选用的理论、观点还应该是被当前学术界广泛认可的、最新的理论和观点。在教学设计过程中，历史教师选取的史料、案例应是真实的、典型的，表述应是准确和严谨的。历史教师可从以下几个方面对所选内容的真实性和准确性进行判断：一、确保所选内容是得到考古发现佐证的史实；二、所选材料是已经被自然科学等证实的原理、定理等。

另一方面，历史教师在进行教学设计时所使用的方法是合理的。第一，教师选用的教学方法应该适应当前学生的认知水平。认知规律指出，人的认识始于表象，升华为本质；始于局部，升华为全局；始于感性，升华为理性。教师在使用教学方法进行教学设计时，要从浅处入手，逐步引导学生由浅入深、由此及彼，循序渐进。第二，教师选用的教学方法应该适应当前学生的心理特征。教育学和心理学的有关研究表明，不同层次的心理状况，其对于知识的接受方式和理解方式是不同的。教师需要深入了解、研究学生当前的心理特征，再选择与之相适应的教学方法。在使用相应教学方法进行教学设计时，教师应该选择更能满足学生实际需要，更加贴近学生实际生活，更能为学生解惑排忧的设计方案，通过形式多样的教学，提升学生各方面的能力。第三，教师选用的教学方法要与其自身的教学风格相契合，体现自身的教学特色，展现自身的人格魅力。只有教学方法与其自身的教学风格相契合，才能收到一加一大于二的结果。

四、反馈性原则

教学设计中的反馈性原则是指利用从教学实施过程中获得的反馈信息和教学完成后得到的反馈信息，教师及时地调整自己的教学设计，学生即时调整自己的学习方式，借以提高教学效率的原则。它是高中历史学科全息育人的师生共育理念的重要体现。贯彻这一原则的基本要求是：教师和学生要通过多种手段，及时获得教与学的反馈信息；教师和学生及时对所获得的反馈信息进行评价，合理地调整教学活动，包括学生调整学习方式，教师调整教学设计和实施等。学生利用反馈性原则培养自我的调节能力，提高自主学习的主动性。教师利用反馈性原则提升自我的教学素养和课堂教学效益。需要强调的是高中历史学科全息育人教学设计中的反馈性原则主要通过课堂教学实践反馈发生作用。

第三节　高中历史学科全息育人教学设计模型

高中历史学科全息育人采用单元主题式教学设计，这是高中历史学科全息育人在教学设计上的一个亮点。当前的高中历史学科教学处在新课标、新教材、新高考的"三新"背景下，探索新的历史学科教学设计模型势在必行。从2019年9月开始，北碚区高中历史教师们经过不断思考、论证、实践、反思，最终建构了高中历史学科单元主题式教学设计模型。这里的单元主题式教学设计即以单元为教学目标设计的载体，以主题分解目标、问题承载主题，并通过对主题下的各问题进行教与学的探究从而推进教学流程的设计。它是高中历史学科全息育人教学设计理念、原则和课堂实践相结合的产物。

一、模型核心价值

采用单元主题式教学设计模型，是北碚区高中历史学科贯彻落实立德树人根本任务、培养学生历史学科核心素养的重要教学方式，是北碚区高中历史教师在"三新"背景下对高中历史学科教学进行教学实践探究取得的重要成果，具有一定的教学价值。

第一，单元主题式教学设计是历史课程教学落实立德树人根本任务的重要举措。立德树人是一项长期工程，是学科课程教育的重要目标，需要贯穿于课程教学的始终。高中历史学科教学要落实立德树人根本任务，不是任何一个课时能够单独完成的，而是要以其为目标,集高中历史教师的全力,经过长时间的培养从而去完成。因此,我们在明确了高中历史课程的育人目标后,应依据《普通高中历史课程标准(2017年版2020年修订)》,结合教材内容,以课堂教学为载体,采用单元主题式教学设计模型去完成这一任务。高中历史教材中的每一单元都是编者依据历史学科知识的内在逻辑体系和历史的认知逻辑体系等编写而成,它不仅有助于学生阅读、学习,而且有助于教师在一定时间内系统完整地分析、掌握,进而进行较为系统的教授。因而采用单元主题式教学设计模型是达成育人目标重要载体。高中历史教学设计以单元为基进行通盘思考,有利于完成立德树人教育教学任务的设计。以进行《中外历史纲要(上)》第八单元"中华民族的抗日战争和人民解放战争"教学活动为例。本单元主要叙述了中华民族的抗日战争和人民解放战争的起因、经过和影响等内容,是我们进行爱党教育、爱国主义教育的绝佳载体。在教学设计中,我们依据《普通高中历史课程标准(2017年版2020年修订)》对本单元教学的要求和其在《中外历史纲要(上)》中地位,确定了本单元的教学目标:知道中华民族的抗日战争和人民解放战争的相关史实;感受中华民族的抗日战争和人民解放战争的艰辛;认识中国共产党领导全体人民在取得抗日战争胜利和取得人民解放战争胜利中的贡献,增强对中国共产党的认同。

第二,单元主题式教学设计是历史学科核心素养落地的关键环节。单元主题式教学设计的优势在于有利于教师整合单元教学内容,明晰单元育人目标,合理评测单元教学表现。单元主题式教学的上述优势,可以帮助教师在教学设计中聚焦历史必备知识的掌握、关键能力的养成和正确价值观念的树立,从而使学生的历史学科核心素养得到有效提升。例如,在《中外历史纲要(上)》第一单元"从中华文明起源到秦汉统一多民族封建国家的建立与巩固"的教学设计中,我们设计了如后的历史学科核心素养目标:了解中华文明起源的相关史实并在此基础上分析其特点;知道中华统一多民族封建国家建立、巩固的历程;理解中华文明在早期国家治理上和世界其他文明的差异,并把握其贡献。把中华文明放在人类历史发展的长河中进行考察,认识和梳理其起源、发展的全过程,进而让学生形成全面、正确的唯物史观、历史时空观和家国情怀。全息育人理念下的高中历史学科教学,既要关注中华文明起源的背景和历史意义,又要将中华文明的起源和发展置于全球视域下细致考量,从而认识其在人类文明起源和演进中所占的重要地位和所做出的巨大贡献,让学生学会基于全球视域认识中国,认识世界。

第三,单元主题式教学是让师生适应历史学科高考改革的有效手段。高考对学科教学起着反拨作用,学科教学应适应高考改革的需要,契合高考评价体系的要求。"高考评价体系是新时代高考内容改革和命题工作的理论基础和实践指南。以高考评价体系'一核四层四翼'的理论框架为依据,明确高考历史科作为高中学业水平选择性考试的功能定位,确定历史科在核心价值、学科素养、关键能力、必备知识方面的考查内容,提出历史科在基础性、综合性、应用性、创新性方面的考查要求,设计历史科的考查载体。"[①]历史学科高考改革为高中历史学科实施单元主题式教学提供了理论指导。单元主题式教学设计注重知识的应用、方法的迁移和素养的提升,并以此为设计的重点。这一教学设计基于学生的学情和目标导向,明确和规划了单元教学目标和教学活动,构建了清晰的单元知识框架,关注了学生历史探究能力的培养和历史学科思维的形成,能有效提升历史课堂教学的效率。

二、模型结构阐释

高中历史学科全息育人教学设计以立德树人为根本任务,以培育学生历史学科核心素养为抓手,将"五育"全域、全面地贯穿于教学设计的全程,并以此搭建了高中历史学科全息育人教学设计的模型结构(见图3-1)。它以单元为设计的载体,以核心概念的解析和阐释为手段,从宏观、中观、微观的角度对教学设计进行三重建构,具有直观立体、简易便行的特点,是结构化教学理念的重要体现。

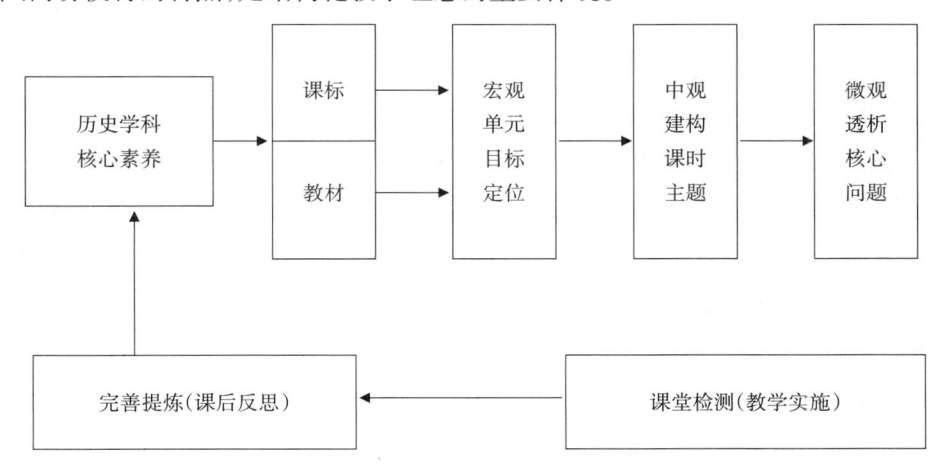

图3-1 高中历史学科全息育人单元主题式教学设计模型结构图

(一)核心概念界定

单元既可以是教科书中的自然单元,也可以是历史教师依据历史认知逻辑对教科书的教学内容进行有机整合后的教学单元。例如,《中外历史纲要(上)》第一、二、三、四、九、十这六个单元,我们用教科书的这些自然单元进行教学。第五单元、第六单元

---

① 徐奉先.基于高考评价体系的历史科考试内容改革实施路径[J].中国考试,2019(12):59.

叙述了近代中国人民对救亡图存之路的探索，属于旧民主主义革命的范畴，所以我们以"东方大国的危机与救亡图存"为题，将其整合为一个教学单元。第七、八两个单元则叙述了中国共产党的成立和领导中国人民探究救国新路的历程，属于新民主主义革命的范畴，所以我们以"民族救亡新路的探索与成功实践"为题，将其整合为一个教学单元。

宏观单元目标定位，即将单元目标置于单元所在教科书大时空下进行定位。通过宏观单元定位，明确单元在教科书中的地位，从宏观的角度把握教材编写者编写此单元的核心意图。中观建构课时主题，即依据单元目标并结合课时教学内容，从中观的角度分解单元目标并建构课时主题链。微观透析核心问题，即依据单个课时主题并结合课时单元内容，设计能够突出主题的问题，并对其进行多角度的深度解析。主题指文艺作品中或者社会活动等所要表现的中心思想，此处它指的是反映单元或课时教学内容的主旨。例如，《中外历史纲要（上）》第8课《三国至隋唐的文化》，它主要叙述了三国至隋唐这一时段中国文化的演进历程，反映了中国文化"多元一体"特征。由此，我们将本课的主题定为"多元一体的三国至隋唐的文化"。关键问题就是认清某一事物本质的最关键的问题。关键问题可以是历史事件发生的原因、影响，也可以是历史人物的思想、品质，还可以是历史事物的特征、历史线索的表现等。例如我们在教学第7课《隋唐制度的变化与创新》中的"三省六部制"时，提出的关键问题是"为什么这么好的三省六部制度在唐朝中后期却无法推行、名存实亡了？"要回答这个问题，就需要学生对三省六部制度的内部结构、运用机制、运行环境等做充分的探究。历史核心概念是历史研究者从历史事物中提炼的能够反映历史事物的本质属性的概念。在历史教学中，历史概念类似于串联问题的绳子，合理地运用它可帮助学生加深对历史事物的理解，并形成系统的认知结构。例如《中外历史纲要（下）》第三单元"走向整体的世界"，我们要正确理解新航路的开辟和走向整体的世界之间的联系，就要全面、准确理解教科书"全球航路"这个历史概念。需要指出的是，上述核心概念共同构成了单元主题式教学模型的基本情境。

（二）操作流程阐释

第一步是宏观定位，即历史教师根据该单元内容在所在教科书中展现的历史脉络、历史线索，对该教材单元的教学内容进行整体认知和宏观定位，理清单元教学内容和教科书内容的关系，把握单元教学内容的主题，并据此拟定单元的教学目标和统领概念（主题）。据此，我们对《中外历史纲要（上）》进行了单元整理，并制作了单元表，详见表3-1。

表3-1 《中外历史纲要(上)》单元表

序号	单元名称	内容组合	统领概念或主题
1	第一单元 从中华文明起源到秦汉统一多民族封建国家的建立与巩固	第1、2、3、4课	中华文明的兴起与东方大国的形成
2	第二单元 三国两晋南北朝的民族交融与隋唐统一多民族封建国家的发展	第5、6、7、8课	中华民族深度交融与大国治理下的制度创新
3	第三单元 辽宋夏金多民族政权的并立与元朝的统一	第9、10、11、12课	中华民族制度趋同与经济文化嬗变
4	第四单元 明清中国版图的奠定与面临的挑战	第13、14、15课	东方大国版图奠定与社会发展和挑战
5	第五单元 晚清时期的内忧外患与救亡图存 第六单元 辛亥革命与中华民国的建立	第16、17、18、19、20课	东方大国的危机与救亡图存
6	第七单元 中国共产党的成立与新民主主义革命兴起 第八单元 中华民族的抗日战争和人民解放战争	第21、22、23、24、25课	民族救亡新路的探索与成功实践
7	第九单元 中华人民共和国成立和社会主义革命与建设	第26、27课	新中国的成立与社会主义建设道路的探索
8	第十单元 改革开放与社会主义现代化建设新时期	第28、29课	中华民族伟大复兴的历史征程

第二步是中观建构,即历史教师根据课时内容分解单元教学目标,提炼课时教学主题,并以问题链(串)的方式,将课时目标转化为教学核心问题,以问题解决设计教学路径。教学目标是教学设计的重要组成部分。"在进行教学设计时,教师通常会关注教学内容、教学方法和教学材料等的选择,虽然这些都是教学设计的重要因素,但如果教师能在一开始就直接考虑教学目标,则整个设计过程会更有效。"[1]高中历史学科全息育人教学目标的设计遵循可达成、可观测、可评价的原则。例如,《中外历史纲要(上)》第一单元"中华文明的兴起与东方大国的形成",我们拟定了如下单元目标和教学主题。

1.中华文明起源的多元一体格局和早期国家治理的特点。(时空观念、家国情怀)

1.1 制作、解读中华文明起源的时空图。

1.2 探究中华文明起源的特点。

1.3 梳理中国早期国家治理的措施,认识古代中国在世界早期国家治理中的开创性地位。

---

[1] [美]诺曼·E.格朗伦德,苏珊·M.布鲁克哈特著.盛群力,郑淑贞,冯丽婷译.设计与编写教学目标 第八版[M].北京:中国轻工业出版社,2017:3.

2.中华文明不断发展壮大。(唯物史观、历史解释、家国情怀)

2.1 探究诸侯纷争、变法兴起的原因。

2.2 理解世易时移,变法宜矣的道理。

2.3 把握中华文明不断发展繁荣的原因。

3.统一多民族封建国家的建立。(时空观念、历史解释)

3.1 概述秦、汉治理国家的措施。

3.2 认识秦、汉分别在统一多民族封建国家建立、巩固中的重要地位。

3.3 汲取秦、汉兴亡的历史教训。

4.中华民族与世界各民族共同推动了人类文明的进步。(家国情怀)

4.1 对比早期中华文明与早期世界文明。

4.2 阐释早期中华文明对世界文明的贡献。

4.3 坚持文化自信。

第三步是微观透析,即历史教师根据预设的教学路径,选择相关史料对关键问题或核心概念进行多角度的深入解析,并形成历史解释。"横看成岭侧成峰,远近高低各不同。"认识事物,分析问题的角度不同,得出的结论也不同。多维度观察历史事物才能够发现其全貌进而发掘其本质,才能真正体悟历史学习的魅力。例如,对中国古代儒学的复习,我们以"古代儒学思想的时代价值"为主题,从个人、社会、国家、民族和世界五个维度对其进行微观解析,详述如下。

1.引导学生从个人角度,梳理中国古代儒学思想家们齐家与治国,感悟他们以天下己任的家国情怀,认识儒学为个人的发展修建了一条"家国一体"的奋斗途径。

2.引导学生从社会角度,理解中国古代儒学思想"天人合一""道法自然"的生态理念,认识儒学思想为社会治理提供了科学的方法。

3.引导学生从国家角度,体悟中国古代儒学思想中的"民为邦本""本固邦宁"的民本精神,认识以人为本、重视民生的价值观念。

4.引导学生从民族角度,感受中国古代儒学思想蕴含的刚健有为、自强不息的民族精神,认识强调人的社会责任和历史担当的民族使命。

5.引导学生从世界角度,理解中国古代儒学思想中蕴含的"天下为公""世界大同"的和谐观念,认识儒学中和谐共生的治世理念。

教学设计作为课堂教学活动的实施方案,是实现教学目标的重要前提和保证。高中历史学科全息育人通过合理的教学设计,能彰显学科全息育人理念,激发师生的学习潜能,体现历史课堂教学的核心价值,可为师生的发展打下扎实的基础。

第四节　高中历史学科全息育人教学设计案例及评析

本节内容主要呈现高中历史学科全息育人教学设计的一个完整课时案例,暨希望通过这个案例的呈现和相应的评析,帮助读者进一步理解高中历史学科单元主题式教学设计的理念,熟悉其操作流程。

一、案例

表3-2　三国两晋南北朝的民族交融与隋唐统一多民族封建国家的发展

单元名称	三国两晋南北朝的民族交融与隋唐统一多民族封建国家的发展	授课时间	2021年10月
授课类型	新授课	授课年级	高一
学科课程标准分析	课程标准对本单元的要求为:通过了解三国两晋南北朝政权更迭的历史脉络,隋唐时期封建社会的高度繁荣,认识三国两晋南北朝至隋唐时期的制度变化与创新、民族交融、区域开发和思想文化领域的新成就。 课程标准要求学生通过对此单元的学习,能够了解三国至隋唐时期的相关史实,把握其历史阶段特征,认识此时期我国在国家治理、经济和文化发展上取得的重大成就,以加深其对中华文明的认同感。		
单元教学内容分析	这一历史时期主要包括三国、西晋、东晋十六国、南北朝几个阶段,除西晋外当时的国家都处于分裂状态。战乱频发、政局动荡是这一时期的主旋律。尽管战火频繁,但社会经济仍在曲折中发展。在这一时期,国家的经济重心逐渐向南方转移;南北双方加强了文化交流,逐步走向交融,推动了统一多民族封建国家的发展。隋唐时期天下一统,国力强盛,特别是在唐朝时期,对外交往活跃。在这一时期,制度呈现变化与创新的特点。在选官制度上,实行科举制扩大了统治的基础,提高了官员的素质,加强了中央集权;在中央行政体系上,确立三省六部制,扩大宰相的任用范围,提高了行政效率;在赋税制度上,推行租庸调制和两税法,减轻了政府对农民的人身控制。自唐中期安史之乱起,唐朝由盛转衰,藩镇割据局面形成,中央对地方的控制被削弱,黄巢起义后朱温废唐称帝,唐朝灭亡,五代十国局面形成。		
学情分析	学科认知:知晓这一时期历史发展的大致轮廓,了解孝文帝改革、隋唐科举制、三省六部制度等重要史实。具有一定的探究学习的兴趣和能力,能够对重大的历史事件、历史现象进行初步的理解与分析(但缺乏在大时空背景下从历史现象中认识历史本质、把握历史规律的意识和能力)。 德性育人:通过对前一个单元的学习,学生对中国文明的起源与秦汉统一多民族封建国家的建立与巩固已有初步的了解(但需要通过了解它的发展和繁荣以加深学生的认同感)。 审美育人:能从不同的文学、艺术作品中感受到历史的美(缺乏从历史发展方式的多样性中感悟历史的社会美)。		

续表

单元名称	三国两晋南北朝的民族交融与隋唐统一多民族封建国家的发展	授课时间	2021年10月
授课类型	新授课	授课年级	高一
师情分析	作为一名年轻教师,对这一时期中国政治、经济状况有较细致的了解,能从宏观上认清此时期在中国统一多民族封建国家演进中的地位,知晓从多元走向一体是此时期中华文明演进的主方向,能把握从分裂走向统一是此时期中国历史发展的趋势。但在微观上缺乏对诸如"三省六部制"等中央机构演进历程的深入研究和"三教合流"等文化现象的深入分析。		
单元目标预设	单元育人主题:"中华民族深度交融与大国治理下的制度创新"。 育人目标: 在学科认知上,通过梳理三国两晋南北朝政权更迭的历史脉络和了解隋唐王朝的鼎盛局面,掌握这一时期制度演进、民族交融、区域开发和思想文化发展等相关知识;评价三省六部制的运行机制、运行环境,认识其先进和局限,训练批判性思维。 在德性育人上,通过了解魏晋南北朝时期社会的动荡,理解人民对和平的渴望;通过分析此时期民族交融的史实,把握中国文明从分裂走向统一的大趋势;通过感受隋唐时期社会的繁荣,增强对中华民族的认同。 在审美育人上,阅读或欣赏三国至隋唐时期的文学、艺术作品,感受中国古典文学艺术的美;分析此时期中国人民在国家治理上的多样性,感受中国古代历史的社会美。 在劳动育人上,利用相关学科实践活动,培养学生的动手能力,感受历史人物的家国情怀。		
课时名称	三国两晋南北朝的政权更迭与民族交融	课时主题	一个时代的两面
课时教学内容分析	本课是《中外历史纲要(上)》第二单元"三国两晋南北朝的民族交融与隋唐统一多民族封建国家的发展"中的一课,它主要叙述了三国两晋南北朝时期,政权更迭和民族交融的史实以及史实背后蕴含的从分裂走向统一的社会发展大趋势,反映了那一个时代的特有的两个面。三国两晋时期,政局动荡、百姓饱受战乱之苦。进入南北朝时期后,南方世家大族长期把持朝政;北方少数民族政权入主中原,形成了国家在事实上的分裂,但分裂中孕育着统一的因素。在经济上,江南经济得到开发,北方少数民族人民受到中原汉族的生产生活方式影响,逐渐从游牧向农耕转化。文化上,各民族间在治国理念、方式,生产方式,生活习惯等方面相互交融,中国文明逐渐从多元走向一体,这为国家的再一次统一奠定了基础。		
课时教学目标预设	目标预设: 引导学生通过对政权更迭史料的辨析,以唯物史观为指导探究这一现象出现的原因,分析中国历史发展的基本走向,形成政权在分裂中孕育统一的历史解释。(学科认知、德性育人、劳动育人) 引导学生通过对孝文帝改革等历史知识中有关民族交融史实的释读,理解民族交融对于当时社会发展的巨大推动作用,认识其在中华民族多元一体的格局形成中的地位,增加学生对于中华民族的认同,并从中获得"学习先进经验是促进自身发展的重要方式"的历史智慧。(学科认知、德性育人、审美育人)		

续表

单元名称	三国两晋南北朝的民族交融与隋唐统一多民族封建国家的发展	授课时间	2021年10月
授课类型	新授课	授课年级	高一
教学重难点	教学重点:三国两晋南北朝时期政权更迭和民族交融的史实。 教学难点:基于对"三国两晋南北朝时期政权更迭的实质和民族交融的影响"这两个关键问题的分析去理解该时期"政权分裂孕育统一,民族交融促进发展",进而把握历史发展的大趋势。		
教学方法	讲授法、情境体验式教学法、问题探究式教学法		
教学参考	1.陈寅恪《隋唐制度渊源略论稿》(陈寅恪著.《陈寅恪集》[M].北京:生活·读书·新知三联书店,2001.)。 2.唐长孺著.魏晋南北朝隋唐史三论[M].北京:中华书局,2011. 3.翦伯赞主编.中国史纲要 增订本 上[M].北京:北京大学出版社,2006.		

教学环节(呈现教与学的主要思路和素材)

环节	内容	教师行为	学生行为	教学意图
环节一: 新课导入	图片:男立俑、武士俑	创设情境:PPT展示考古发现的三国两晋南北朝时期的《三国蜀灰陶持杖男立俑》《魏晋武士俑》《北魏彩绘陶武士俑》的图片,围绕该男立俑、武士俑的服饰等提问(服饰风格等)。	学生观察图片,思考并回答:图片中男立俑、武士俑服饰的风格是什么?	基于图片史料,围绕相关问题创设情境,为新课教学作铺垫,激发学生学习兴趣并导入新课。
环节二: 新课教学	篇章一 政权更迭中孕育统一	活动一:男立俑、武士俑服饰风格变化的原因分析。展示三国、魏晋、南北朝三个时期的男立俑、武士俑图片和相关文字材料,并设问:三个时期的男立俑、武士俑服饰风格有什么特点?结合唯物史观观点分析出现这一特点的原因是什么?	根据教师提供的图片、文字材料并结合已学知识思考问题并分享自己的结论:"特点是服饰风格在不断变化""服饰的变化反映了社会习俗的变化,这一变化受到当时政权更迭的影响"等。	以不同时期男立俑、武士俑的服饰风格变化为切入点,基于唯物史观,培养学生历史认知。(学科认知育人)

续表

环节	内容	教师行为	学生行为	教学意图
环节二：新课教学	篇章一 政权更迭中孕育统一	活动二：政权更迭线索梳理。教师提出活动要求：结合教材叙述和已学知识，勾画出这一时段政权更迭时间轴，并结合三国两晋南北朝时期的相关历史地图判断当时中国政权演变趋势。	根据教材内容和所学知识勾画出这一时期政权更迭示意时间轴。根据教科书中相关历史地图给出的信息判断当时的中国政权演变的趋势："处于分裂状态，但在分裂中孕育着统一的因素。"	以政权更迭为切入点，基于时空观念，培养学生识别历史地图，从地图中获取历史信息的能力和训练其历史思维。（学科认知育人、德性育人）
		活动三：了解这一时期政权更迭之表现。教师展示并带领学生大声诵读这一时期的经典诗词作品。带领学生体会诗词中表现的政权更迭对社会的影响。	在教师的带领下有感情的大声诵读古诗词作品，并体会诗（词）人对国家政权更迭、社会动荡的担忧。	以古诗词为切入点，基于家国情怀，培养学生的审美情趣及悲天悯人的道德品质。（审美育人、德性育人）
		活动四：探究政权更迭频繁的原因。教师展示并引导学生分析崔鸿夫妇墓图片和崔鸿夫妇墓志铭简介的文字材料。设问：崔鸿夫妇墓葬有什么特点？其家族属于什么阶层？请说出判断依据。从崔鸿夫妇墓推出此时政权更迭频繁的原因是什么？	根据教师提供图片和文字材料，了解崔鸿夫妇墓葬规模宏大的特点，并判断出其家族属于士族阶层，具有较高的社会地位，进而得出氏族的兴衰和氏族对国家政权的垄断是导致政权更迭频繁的主因。利用课前收集关于崔鸿的资料对以上判断加以印证。	以判断崔鸿家族的所属阶层作为切入点，基于史料实证，探究政权更迭频繁的原因，培养学生的求真、求实的史学观念。（学科认知育人、劳动育人）
	篇章二 民族交融·共同发展	活动一：微观透析不同时期男立俑、武士俑的外貌、服饰等情况。教师展示三国和南北朝两个时期男立俑、武士俑图片，如《三国蜀灰陶持杖男立俑》《北魏彩绘陶武士俑》。设问：男立俑与武士俑在外貌、服饰等方面有何不同？依据这一不同，结合已学知识，推断当时社会出现了什么变化。结合唯物史观，分析这一变化对当时社会经济产生了什么影响。	仔细观察图片中男立俑、武士俑的外貌、服饰等情况，得出三国和南北朝时期，我国出现了民族交往融合的趋势。结合有关"孝文帝改革"等知识，推断在南北朝时期少数民族和汉族之间的民族交融频繁。运用唯物史观关于经济基础和上层建筑之间的辩证关系认识民族之间交融对推动社会发展的重要贡献。	以三国和南北朝两个时期的男立俑、武士俑图片为切入点，基于史料实证、唯物史观，培养学生准确把握当时社会发展大势的能力。（学科认知、劳动育人、德性育人）

续表

环节	内容	教师行为	学生行为	教学意图
环节二：新课教学	篇章二 民族交融·共同发展	活动二：教师展示这一时期北方少数民族经济文化发展的相关史料和有关南方经济开发原因的史料，帮助学生加深民族交融对当时社会、国家发展作用的理解。	归纳少数民族与汉族之间社会生活的交融体现在哪些方面。	以民族交融为切入点，基于家国情怀，帮助学生理解中华民族多元一体的特点，增强学生对中华民族的认同感。
	篇章三 继往开来奠定辉煌	宏观定位：三国两晋南北朝在中国文明多元一体演进过程中的历史地位。教师展示有关学者关于三国两晋南北朝时期的相关研究资料，引导学生将此段历史放在整个中国古代历史的大时空下进行考量，从个人、社会、国家、民族等多角度探讨三国两晋南北朝在中华文明多元一体演进过程中的历史地位。	根据相关研究资料的观点，结合所学知识，从个人、社会、国家和民族的角度认识三国两晋南北朝对中国历史尤其是对隋唐统一天下、社会昌盛、经济繁荣所产生的影响，认识其继往开来奠定隋唐辉煌的历史地位。	以三国两晋南北朝的历史地位为切入点，基于历史解释，培养学生多角度分析历史事物的能力。（学科认知）
环节三：课堂小结		三国两晋南北朝时期是中华民族多元一体格局发展的重要时期。一方面，南方政权更迭频繁，但在更迭中孕育着统一因素；另一方面，汉族和鲜卑等少数民族在国家治理、经济、文化之间交流频繁，社会上出现了民族交融的趋势。 三国两晋南北朝时期是中华民族继往开来的重要时期，这一时期对秦汉以来的统一多民族封建国家发展的延续，同时又为隋唐的统一及开放、繁荣的社会景象奠定了坚实的经济基础、政治基础和文化基础。		教师结合板书进行情感升华，既梳理了本课的教学内容，又升华了学生的情感，让课堂育人的效果进一步得到提升。
环节四：板书设计		三国魏晋南北朝：一个时代的两面 政权更迭 ⇄ 民族融合 分裂中孕育着统一		运用结构图的方式，搭建本课教学框架，展示教学路径，让学生感受历史板书简约、对称美。
环节五：课堂练习		历史写作： 1.论三国两晋南北朝的民族融合对中国文明多元一体的影响。 2.我眼中的孝文帝。 以上两个题目任选一题作答。要求观点鲜明、史论结合、逻辑严密、表述清晰。		利用历史写作，训练和培养学生研究历史的意识和能力，增强课堂育人效果。
环节六：教学反思				学生改进学习方式，教师优化教学设计。

二、评析

（一）教学目标设计：在教学目标设计上，教师以《普通高中历史课程标准（2017年版2020年修订）》为依据，以单元育人目标为基础，以教材内容为载体，通过正确判断课时教学内容在单元中的地位，充分认识三国两晋南北朝的政权更迭与民族交融的时代特征，并结合师情、学情的细致分析，拟定了《三国两晋南北朝的政权更迭与民族交融》的"五育"教学目标并凝练出本科的教学主题——"一个时代的两面"。本课的教学目标设计依据高中历史学科全息育人教学设计的理念、原则，目标设计合理、准确。

（二）育人思路设计：在育人思路设计上，教师围绕"一个时代的两面"这一主题建构了两条育人路径。第一条路径，教师以"政权更迭"为引，相关问题为导，通过对史料的辨析探究了"政权更迭"出现的原因，判断了三国两晋南北朝时期中国历史发展的基本走向，形成了"分裂中孕育统一"的历史认知。第二条路径，教师引导学生通过对孝文帝改革等有关民族交融史实的释读，让学生深刻地认识孝文帝改革对后世的深远影响，把握当时中华文明多元一体的特点和趋势，增强了学生的对中华优秀传统文化和中华民族的认同感。

（三）育人过程设计：在育人过程设计上，教师依据两条育人路径将本课分成"政权更迭分裂中孕育统一""民族交融·共同发展""继往开来奠定辉煌"三个篇章。在第一篇章中，教师运用不同时期男立俑、武士俑图片、崔鸿夫妇墓图片和墓志铭等创设学习情境，引导学生分别通过探究三国两晋南北朝时期政权更迭的影响和原因，把握此时期中国"分裂中孕育统一"的历史趋势。第二篇章中，教师运用三国和南北朝两个时期《三国蜀灰陶持杖男立俑》《北魏彩绘陶武士俑》图片和孝文帝改革前后北方少数民族经济文化发展的史料创设学习情境，引导学生探究孝文帝改革对当时中国社会的影响，理解这一时期民族交融推动了社会进步。在第三篇章中，教师运用有关学者关于三国两晋南北朝时期的相关研究资料创设学习情境，引导学生将此段历史放在整个中国古代历史的大时空下进行考量，并从个人、社会、国家、民族等角度进行深度思考，认识三国两晋南北朝对中国历史尤其是对隋唐统一天下、社会昌盛、经济繁荣所产生的影响，认识其继往开来奠定隋唐辉煌的历史地位。"古诗词的历史意境"引导学生通过对关键历史问题的探究，以古诗词为切入点，基于家国情怀，培养学生的审美情趣及悲天悯人的道德品质。整体而言，本课的教学设计均围绕着提升学生的唯物史观、时空观念、史料实证、历史解释、家国情怀等历史学科五大素养展开。

（四）育人评价设计：在育人评价设计上，教师以课堂探究和课后练习为路径，通过分层评价的方式将育人评价贯穿于设计全程。评价方式多样，难度逐渐提升，且所有的评价都是基于学生对学习内容的深入理解,重视学生通过本课学习应掌握的必备知识、具备的关键能力和形成的正确价值观念,是符合"双减"背景下的高中历史学科减负提质要求的。

(五)育人小结设计:在育人小结设计上,教师利用思维导图的方式进行小结,一方面有助于学生对本课的知识有一个直观、完整的把握,另一方面有助于学生打通知识间的隔膜、建立知识间的联系,形成结构化、逻辑化的知识体系,同时为后面的教学埋下了伏笔。

(六)育人技术设计:在育人技术设计上,教师利用互联网信息技术,收集了大量的一手史料,帮助学生掌握了利用网络收集史料的方法。在教学过程设计中,根据教学的需要,教师利用技术手段创设了多个具象化的历史情境,引导学生进行问题探究等深度学习,将历史教学与信息技术进行了有机的融合。

(七)育人资源设计:在育人资源设计上,教师以历史学科求真、求实、求证观念为指引,选用了大量教学资源,且资源题材多样,有图片、视频、文献资料、文化遗迹等。通过对教学资源的合理运用,活跃了课堂教学氛围,突出了教学主题,有利于核心问题的解决和教学目标的达成。

第四章 高中历史学科全息育人教学实施

"所谓课堂教学,是教师和学生根据特定的教学目的,围绕一定教学内容所进行的一系列的有效教学活动。"[1]高中历史学科全息育人教学实施,即将编订好的教学设计付诸施行的教学实践,是教师通过一定的教育教学方法和手段,以让学生获得知识和技能的实践活动。学科全息育人下的历史教学实施,具有不同于以往教学实施的很多特性。根据高中历史学科全息育人教学实施的理念和原则,其教学实施最根本目的是育人,为此必然要突出学生作为教学实施的中心和主体地位,以全息理念为依据开展教学实践活动,即学生知识掌握、素养养成和德智体美劳全面发展融合并举。作为高中历史学科全息育人基本途径的教学实践,如何在具体的教育教学活动中贯彻全息育人理念,关乎学生历史学科核心素养的养成和德智体美劳的全面发展。因此,要求教师在历史教学实践活动中,改变传统的教学理念、原则和方式成为必然选择。历史教师应具有全息理念和育人的目标意识。同时,为落实立德树人根本任务,浸润社会主义核心价值观,满足学生发展的需要,历史教师还应充分挖掘历史学科特有的育人内容,按"育人价值实现的需要重组教学内容"[2],进行全息育人下的历史教学实践。这样做弥补了过去教学实施中的很多不足,如忽视学生的主体地位、课堂教学手段单一和方式死板、教学目标不明确及教师只为教知识而教等。本章主要从高中历史学科全息育人教学实施的理念、原则、常用教学方法三个方面,论述如何根据高中历史学科全息育人教学实施的理念,制订合理有效的教学实施策略,并通过三个不同的案例及评析,进行初步的实验验证。

第一节 高中历史学科全息育人教学实施理念

高中历史学科全息育人教学实施理念是指导高中历史教师实施教学行为的理论、观念和思想。高中历史学科全息育人教学实施以提升师生素养、促进师生终身发展为中心,其教学实施理念包括"育人为本""双主共学""发展为先""全息建构""融合技

---

[1] 北京教科院基础教育教学研究中心课堂教学评价研制小组.课堂教学评价体系的研究与实验[J].课程·教材·教法,2003(2):45.
[2] 杨小微,张天宝.教学论[M].北京:人民教育出版社,2019:154.

术"。这"五大理念"之间相互关联、相互影响,全方位指导了高中历史课堂教学。

一、育人为本

教学实施需要正确理念的指引。在过去的高中历史课堂教学实施的理念上,强调学科知识的传授,即以"学科为本"。在这一理念的指引下,历史知识的传授在高中历史课堂中居主导地位,成为课堂教学的首要任务,一切教学活动都围绕它开展。但它与国家对高中历史教学的期盼,与《普通高中历史课程标准(2017年版2020年修订)》对高中历史教学的要求存在着较大的差距。党的十八大明确提出,要"把立德树人作为教育的根本任务,培养德智体美全面发展的社会主义建设者和接班人"。《普通高中历史课程标准(2017年版2020年修订)》也强调:高中历史学科教学应"发挥历史课程立德树人的教育功能,使学生能够从历史的角度关心国家的命运,关注世界的发展,成为德智体美劳全面发展的社会主义建设者和接班人。"[①]为满足国家发展的需要,适应普通高中历史新课程标准的要求,高中历史教师应重构高中历史教学实施理念,处理好知识传授和学科育人的关系。

"知识是个体成长的精神食粮,它蕴涵着极其丰富的育人价值,是教育的个体性价值得以实现的一个必要条件。"[②]高中历史学科全息育人在教学实施理念上主张从"学科为本"转向"育人为本"。在这一理念指引下的教学实施,不再"单纯强调传授历史知识在教学实施中的核心地位",而是强调历史知识的基础地位,并基于从历史知识中挖掘出来的育人内涵开展教学活动,以发挥历史的育人价值,达成历史教育教学的目标,实现高中历史课堂教学从知识传授到知识育人的转向。通过对历史知识的学习,不仅能帮助学生增长知识,开阔眼界,更能让他们获得正确的价值体悟。首先,高中历史教师在教学实施中围绕既定的育人目标,优化课程实施,激发学生自觉地学习历史知识,发展历史思维,进而树立他们正确的历史观。其次,高中历史教师在教学实施中要将以育人为侧重的课堂教学评价贯穿于教学实施的全过程。"课堂教学评价,是以现代教育教学理念、现代课堂教学观为依据,运用可操作的科学手段,评价主体按照一定的价值标准,对课堂教学的各个要素及其发展变化进行价值判断的过程。"[③]合理而有效的课堂教学实施评价,能够对教师的教和学生的学、师生的互助成长做出科学判断,进而

---

① 中华人民共和国教育部制定.普通高中历史课程标准(2017年版2020年修订)[M].北京:人民教育出版社,2020:2.
② 余文森.核心素养导向的课堂教学[M].上海:上海教育出版社,2017:110.
③ 北京教科院基础教育教学研究中心课堂教学评价研制小组.课堂教学评价体系的研究与实验[J].课程•教材•教法,2003(2):45.

推动课堂教学的改革和发展。高中历史学科全息育人教学实施"以学生历史学科核心素养的整体发展为着眼点,将评价贯穿于历史学习的整个过程"[①],让"育人为本"教学实施理念贯穿于高中历史课堂教、学、评的全过程。

二、双主共学

"教和学两个主体的存在对于课堂教学文化的形成具有极大影响,他们是形成课堂教学文化特殊性的主要原因。"[②]高中历史学科全息育人在教学实施上倡导"双主共学"理念。"双主共学"是指在教学中发挥教师的主导和学生的主体作用,在教师的引导下,通过师生之间、生生之间的相互合作、相互探讨、相互交流去发现问题、分析问题和解决问题,以达到全方位育人的目的。[③]高中历史学科全息育人教学实施,注重发挥课堂中教师的主导和学生的主体作用,改变了过去历史课堂教师单主体的现象。教师的主导和学生的主体,作为课堂教学的两大核心,各自发挥着不同的作用,它们之间又相互配合、相互促进。

教学相长　在教学实施过程中,高中历史教师根据学科特点,围绕教学主题,创设科学合理的情境和问题,并引导学生通过对问题的探究和解决,提升自身的历史素养。在这一过程中,学生不仅仅是外界刺激的被动接受者和灌输对象,而是自身成长的主动建构者、参与者,所以通过历史教学实施能凸显学生在学习中的主体地位,可以让他们积极主动地参与自身的发展,获得真正意义上的成长。同样,历史教师通过对学生的引导,也能发现自身在教学实施中的不足,从而刺激历史教师打破原来的教育实施定式,不断改进教学方式、提升教学能力。

三、发展为先

促进师生发展,为国家培养德智体美劳全面发展的优秀人才,并建立一支高素质的高中历史教师队伍,是高中历史学科全息育人教学实施的要义。高中历史学科全息育人以"发展为先"理念指导教学实施,是高中历史学科教学顺应历史课程改革的结果。余文森说:"改革教学必须进行价值本位的转移,即由以学科为本位转向以人的发展为本位。学科本位论的错误不在于学科本身,而在于指导思想。学科教学依然要体

---

① 中华人民共和国教育部制定.普通高中历史课程标准(2017年版2020年修订)[M].北京:人民教育出版社,2020:56.
② 李斌,孟凡丽.课堂教学文化的内涵与特征[J].教育学术月刊,2008(8):81.
③ 廖成林,张代洪."双主共学"下高中历史"三段五环节"复习策略探析[J].求学,2017(32):17.

现和重视学科知识的特点、遵循学科发展的规律,但是,一定要以人的发展为本,服从和服务于人的个性自由和全面健康发展。"[1]高中历史学科课堂教学实施基于《普通高中历史课程标准(2017年版2020年修订)》的要求,以师生发展为着眼点,根据学生相关特点和个性需求,有针对性地实施教学,这既打破了教材对教师和学生的束缚,又对学生德智体美劳全面发展和教师的专业素养提升有实际帮助。

教学实施能否真正践行以"发展为先"的理念,促进学生发展,依赖于教师自身拥有的并在教学实施中向学生传递的价值导向。有学者认为:"学生的价值观培养很大程度上有赖于教师在课堂中的价值导向……教师必须加强自身在课堂教学中的思想自觉,才能引导学生形成正确的价值观。"[2]因而,高中历史学科要想通过教学实施促进师生发展,首先历史教师要研究学科课程标准和教学内容,把握历史教学内容对师生发展的作用。其次,历史教师需要了解学生的学情和自己的教情,按照所授学生的已有基础和成长需求,明确恰当的发展目标。最后,教师依据设定的教学路径完成教学实施,达成预设目标。

四、全息建构

"全息建构"是高中历史学科全息育人教学实施的基本理念。"全息是指整体上的任何一部分或母体系统中的任何一个子系统,都包含着整体或母体系统全部信息。"[3]高中历史学科全息育人教学实施依据"全息建构"理念,科学地处理了教学实施中各个环节之间的关系,并将育人目标置于教学的全过程。首先,从高中历史课堂教学实施各个环节之间、环节与教学实施整体之间的关系上看,每个教学实施环节在一定程度上都反映出了整个教学实施活动的全息性,每个教学实施环节之间也是相互联系的。同时,每个教学实施环节共同服务于教学目标的达成。高中历史学科全息育人教学实施,追求教学环节的独立性与完整性相统一。其次,对于单个环节而言,其内部结构完整,且逻辑严密,同时,环节与环节之间联系紧密、逻辑关系顺畅,即前一环节是后一环节的铺垫,后一环节是前一环节的延续或提升。

以高中历史学科全息育人新课教学实施为例,它是由新课导入、新课教学、课堂小结、作业布置等环节组成。在"全息建构"理念的指引下,所有环节都指向教学目标,共同组成了教学目标达成的有机统一体。其中,新课导入是教学实施的起始环节,包括

---

[1] 余文森.核心素养导向的课堂教学[M].上海:上海教育出版社,2017:101.
[2] 谭友坤.价值导向:教师课堂教学应有的思想自觉[J].教学理论与实践,2020(2):27.
[3] 刘宗寅,秦荃田.全息教学论原理[M].济南:山东大学出版社,1990:1.

材料准备和问题预设两部分,它们具有激趣指引的作用,为教学目标的达成奠定了坚实的基础。新课教学是教学实施的主体部分,包括情境设置、知识讲授、问题探究、师生互动等。课堂小结和作业布置是教学实施末端,是对新课导入、新课教学的延续或提升,对教学目标的达成起着巩固作用。

五、融合技术

高中历史学科全息育人教学实施下的"融合技术",强调通过现代信息技术深度融合教学过程,实现教学过程的技术化、规范化和深度化。发展信息技术教育是当前中国基础教育的趋势,它是信息技术达到一定阶段的产物,突出强调了信息技术作为教育手段的作用。信息技术教育强调培养复合型人才,鼓励师生向复合型人才方向发展,这与高中历史学科全息育人的"融合技术"理念一致。高中历史学科全息育人教学实施下的"融合技术"主要包括以下几方面:

第一,将信息技术作为传递信息的媒介。这不仅提高了信息传递的速度,而且增加了信息传递的容量和保存的时长。例如,针对课堂上部分学生对某个历史概念认识不清、某个历史现象理解不明等问题,历史教师可以用信息技术相关软件等制作微课,再利用网络云等现代教育技术构建云端学习平台,让学生通过这一平台在课堂学习外开展自助型或研讨型等自学,从而实现个性化学习等。

第二,运用信息技术创设历史教学实施的情境。这有助于学生在更接近真实的情境下进行学习,获得体悟。例如,我们在讲授长城时,为弥补无法现场考察长城的遗憾,可以利用相关信息技术手段制作、播放关于长城的微视频,以帮助学生直观感受长城的雄伟。利用相关信息技术创设接近真实的情境辅助学生学习,可帮助他们更好地认识、理解历史事物,获得对历史的体悟。

第三,借助现代教育技术,拓宽教学资料获得渠道,优化教学资源的使用。

第二节　高中历史学科全息育人教学实施原则

高中历史学科全息育人教学实施原则,是在高中历史学科全息育人教学实施理念指引下,结合课堂教学实际而提炼出的高中历史全息育人教学实施的基本准则。它包括五个方面内容,即教学与育人相结合、基础与发展相结合、整体与侧重相结合、多样与灵活相结合、课堂和课外相结合。它的提出有力地规范了高中历史教学实施的相关行为。

一、教学与育人相结合

高中历史学科全息育人教学实施是贯彻党和国家育人要求的基本路径,它强调依据"教学与育人相结合"原则开展教学。教学与育人是学科教育的两面。过去,在高中历史课堂上强调的学科教育的教学面,它注重学科知识的传授、学科技能的训练,注重学生学科知识的获得。现在,在高中历史课堂上除了强调学科教育的教学面以外,还强调学科教育的育人面,即通过学科学习,在促进学生系统地掌握各学科基础知识、基本技能、基本方法的基础上,让学生树立起正确价值观念,拥有必备品格、关键能力和终身发展的能力。整体而言,历史教师都认同"学科教学是育人的载体,育人是教学的核心"观点,主张教学和育人相结合。

教学实施的过程是教师依据学生心理发展及已有知识的掌握情况和发展需求,对教学内容进行重构,针对学生未来发展需要实施教学的过程。从这一过程要达成的目标上看,它是教学和育人的过程。育人不是喊口号,而是依托学科教学,将知识学习与知识育人相融合,通过历史知识的学习促进学生综合素养的提升。高中历史教师要根据"教学与育人相结合"原则,优化教学实施的各环节,查找问题,提出建议,完善过程,进一步提升课堂育人效率。

二、基础与发展相结合

学生的发展是在已有基础上的不断完善的过程。建构主义学习理论的支持者们认为,学习是一个双向的过程,一方面新知识纳入已有的认知结构中,获得了新的意义;另一方面,原有的知识经验因为新知识的纳入,而得到了一定调整或改组。他们提出,学习是引导学生从原有经验出发,生长(建构)起新的经验。苏联教育家维果茨基认为,学生的发展有两种水平:一种是学生现有的水平;另一种是学生可能的发展水平,也就是通过教学所获得的潜力,两者之间的差异就是最近发展区。[①]高中历史学科全息育人教学借鉴了建构主义的部分观点,以"基础与发展相结合"原则为指导,提倡高中历史教学实施,要建立在学生"原认知"基础上构建科学的实施策略,针对学生的

---

① 吴勇毅.汉语作为第二语言教学的教学模式研究[M].北京:商务印书馆,2019:424.

最近发展区进行教学。

教学实施前,高中历史教师可通过与学生交流、家访等方式,多渠道了解学生情况,全面掌握学生"原认知"基础。如果教师对学生学情把握不准确,会造成在教学实施中教与学的分离,导致事倍功半。如果目标设置过易,比如重复学生已掌握的知识和能力,就不能激发学生学习兴趣;目标设置过难,教学不但不能达到预定的目标,还会让学生丧失对学习的信心。高中历史学科全息育人教学实施,要结合学生心理发展和已有知识情况,有针对性地为学生成长提供相关知识,选用有效的教学方式,调动学生学习的主动性和积极性,发挥学生自身的潜能,促进学生全面发展。

三、整体与侧重相结合

高中历史学科全息育人教学实施中的"整体与侧重相结合"原则主要表现在坚持德智体美劳"五育"并举和侧重上。德智体美劳"五育"之间,一方面,虽然它们各自相互独立,但是它们又相互联系成为一个有机的整体。另一方面,德智体美劳又各有侧重。其中,德育教育体现了新时代中国特色社会主义教育的方向,是五育的灵魂所在,对其他各育在价值方向上起着导向作用。智育侧重对学生进行必备知识的培养和关键能力的提升,为其他各育的实施提供了认识基础。体育侧重对学生过硬的身体素质和健康的身心的关注,是实施其他各育的基本保证。美育侧重培养学生正确的审美观,增强其审美鉴赏能力。劳育侧重让学生运用已学知识解决现实问题,是一种实践活动,是树德、提智、强体、育美的重要基础,它以发展其他教育为归旨。

德智体美劳之间相互独立,又存在内在联系。教学实施中要注意从整体把握"五育"特性的基础上出发,不孤立发展某一育或将"五育"分裂开来,而是要让"五育"携手同行、融合推进。另外,高中历史教师在实施教学时,不能贪多求全。"五育并举"、整体发展,并不是要学生平均发展,要因人而异,因材施教,为学生未来发展着想,为其终身学习奠基。高中历史教师要根据教学内容的不同,有侧重地进行育人教学。

四、多样与灵活相结合

高中历史学科全息育人教学实施的"灵活与多样相结合"原则,主要表现在教学实施的方法和方式上。以往的教学实施方法单一,主要以讲授法为主,是灌输式教育。这一教学实施方法限定了教学活动,使其主要以向学生的单向授受知识为主。这样的高中历史课堂教学,容易把历史课上成了教师的"一言堂",师生间缺乏互动,学生没有学习的主动性和积极性,缺乏对学生未来需求的有效满足,更别谈对教学相长了。

高中历史学科全息育人教学实施,突破了以往教学实施的方法、方式的束缚,讲求方法上的多样性和方式上的灵活性,要求高中历史教师根据教与学的需要,灵活选取教学方法(讲授法、谈话讨论法、师生合作探究法、分组讨论法、情境创设法和实践活动等)。例如,在讲授某个学生不知道的历史概念时,教师可以采用讲授法,让学生明确其含义;在引导学生透过历史现象揭示本质时,教师可采用师生合作探究法,让学生养成积极主动学习的习惯,促进教学互长;在引导学生解决诸如"造成北宋积贫积弱局面的原因有哪些?"等核心问题时,教师可选用分组讨论法,让师生在讨论中相互促进。

五、课堂和课外相结合

课堂教学是学科教学实施的主渠道,是提升学生历史学科核心素养和教师教学素养的主要路径,主要分为课堂教学与课外教学两种。就目前的课堂教学现状而言,余文森教授说:"课堂教学是学校最重要、最基本、最经常的一种教育活动,但目前这种活动被绝对化,甚至被唯一化了。"[1]这一观点在一定程度上反映出了目前的学科教学仍然存在强调课堂教学实施而忽视其他教学形式的问题。虽然课堂教学是学科教学实施最主要、最基本的教育活动,但学生的全面发展只依靠课堂学习的支撑是完全不够的,它还需要来自课外学习等获得更多的营养。因而,高中历史教师应重视比如课外学习等其他教学形式的价值,并积极开展比如课外学习等活动。

高中历史学科全息育人教学实施主要包括课堂教学实施和课外教学实施两个方面,它可以通过课堂学习和课外学习助力学生发展。历史学科核心素养的提升是学生课堂学习和课外活动共同作用的结果。高中历史教学实施,不仅要照顾所教学生的相关情况和整体需求,还应满足学生个性化成长的需要。例如在课堂教学中,因为受限于篇幅,历史教科书不可能将所有的历史知识、细节纳入学生的学习范畴,它只能选取基础的历史知识和重要的历史时间、人物和现象。学生要了解历史事物的全貌,知晓历史事件的细节等,这就需要教师引导学生从教科书以外的史料中寻找,让学生在对史料探究中吸取更多的成长能量。又比如,在历史正确价值观念的培养方面,仅靠课堂教学的培养是远远不够的,这就需要学生在日常生活和学习等实践活动中对课堂上习得的价值观念进行巩固。所以,高中历史教师要根据课堂教学与课外学习相结合原则,在发挥课堂教学固有优势的基础上,有效指导学生开展课外学习活动,以丰富历史教学的育人途径。

---

[1] 余文森.核心素养导向的课堂教学[M].上海:上海教育出版社,2017:133.

第三节　高中历史学科全息育人教学实施方式

课堂教学是落实学科全息育人教育理念的关键环节,教学方式是贯彻这一理念的主要手段。2019年6月11日,国务院办公厅在《国务院办公厅关于新时代推进普通高中育人方式改革的指导意见》中强调,普通高中要深化课堂教学改革,"积极探索基于情境、问题导向的互动式、启发式、探究式、体验式等课堂教学,注重加强课题研究、项目设计、研究性学习等跨学科综合性教学,认真开展验证性实验和探究性实验教学。"高中历史学科全息育人在教学方法上主张准确把握学情,重视差异化教学和个别化指导。结合教学实践,我们选用了"情景体验式""问题探究式""拓展研修式"三种教学方式进行探究。

一、情景体验式教学

情景体验式教学是高中历史学科全息育人教学实施的重要方式之一。高中历史学科全息育人强调将育人目标贯穿于教学的全过程,这就要求教师在教学方式的选用上做出巨大的转变,即摒弃过往的"讲座式"教学,探寻新的教学方式。情景体验式教学具有"真情、意切、客观、理论实践结合"四个特点,包括"培养兴趣性、强化感受性、发展思维性、渗透情感体验性、发掘实践潜能力"[1]五个要素,它们与高中历史学科全息育人教学实施的理念、原则是相契合,且有助于高中历史学科全息育人教学实施的顺利开展。

(一)情景与情景体验式教学

情景,通常指(具体场合的)情形、景象。创设、利用情景开展教学实践是高中历史教师的常用手段。情景体验式教学法是"在教学过程中,教师有目的地引入或创设具有一定情绪色彩的、以形象为主体的、生动具体的场景,以引起学生一定的身体和心理体验,提供学生认识抽象教材内容本来意义的途径,从而帮助学生理解学习内容,并使学生的心理机能得到发展的教学方法。"[2]过去性是历史的基本特征之一。这一特征决定了人们要深入学习和研究相关历史问题必须要置身于相应的具体历史场景之中进

---

[1] 苏春.大学语文:"读研写演"生态情景式教学模式研究[D].长沙:湖南师范大学,2013:6.
[2] 靳占忠,王同坤.高等教育教学改革研究[M].秦皇岛:燕山大学出版社,2018:418.

行。高中历史学科全息育人主张历史教师在教学实施中巧妙地创设各种与学生所学历史相关的、生动的、多彩的和恰当的学习情景，以引起学生一定的身体和心理体验，让学生获得认识抽象教材内容的可能。学生在恰当的历史学习情景中借助教师的引导，凭借自己已有的知识储备、认知能力及生活经验对新知识进行合理解构，同时，找到新旧知识之间的交叉点并搭建起互相连接的桥梁，以实现新旧知识之间的互联互通，触类旁通。如此一来，学生在情景体验式学习中既丰富了知识储备又提升了认知能力。

和其他教学方式相比，情景体验式教学有其独特的优势。这一优势主要表现为：第一，学生学习的主动性增强。俗话说："兴趣是最好的老师。"情景创设的依据是学生的心理和认知特点，目的是激发学生兴趣。有了兴趣，学生就有了深入探索求知的欲望，自然就会主动地参与，进而也满足了自我发展的需要。第二，师生交流的双向性提升。双向性是"教学时教师的教与学生的学共同进行的双边活动。"[①]学生作为学习者也是一种教学资源，教师作为"学习的促进者"可以在情景体验式教学中与学生相互研讨、交流，促进师生教学相长。罗杰斯认为学生能通过自己发现并加以同化的知识进行学习，这是很有意义的学习。教师对学生的单向授受"很可能限制了学生的创造性思维的生长，因为这样的教学剥夺了学生自己探索、发现并提出不同意见的机会"[②]。因此，教师的教学不应是仅仅将自己已有的知识传授给学生，还要为学生提供丰富的学习资源，创设适宜的学习情景，让学生在特定的氛围、情景中去体验、去探索、去学习，以获得新知。情景体验式教学与单向授受式教学（或演示教学）是有着较大区别的（见表4-1）。第三，趣味性。情景体验式教学摒弃了传统的"填鸭式""灌输式"等强势且单调的教学方式，它基于创设丰富多样的教学情景，让学生身临其境，亲身感受，从而获得新知；第四，实践性。情景体验式教学既强调最终结果，即对所学知识的掌握情况，又强调学习过程，即在情景中实践、体验。

表4-1 情景体验式教学与单向授受式教学（演示教学）对比表

情景体验式教学	单向授受式教学（演示教学）
目的：激发学生学习兴趣和求知欲	目的：让学生的操作模仿
以学生为中心，以教师为引导，情景设置丰富	以教师为中心，知识传递直接、单一
聚焦于学生在情景中发现问题、解决问题	聚焦于教师对知识的单向传递（灌输）
鼓励自主探究、积极思考、归纳总结	被动地接受与模仿、机械重复、题海训练
依靠学生已有的认知能力、知识储备、生活经验	认为学生对一切一无所知

---

① 于友西.中学历史教学法[M].北京：高等教育出版社，2009：140.
② 郯庭瑾.从发现教学到研究性学习[J].教育理论与实践，2002(1)：46.

(二)对情景体验式教学的反思与展望

首先,情景的设置要符合历史学科特点和教学实际。教师在创设情景时要符合学生的心理特征、认知能力和认知水平,更要紧扣教学主题,不能为了追求课堂的热闹氛围而做过多的渲染。这种做法不仅不利于教学的深入开展,而且还会扰乱正常的课堂秩序。情景教学一定要找准情景与教学两者之间的连接点,借景悟理、以景生情,将学生领入教师创设的情景之中去揭示情景背后历史事物的本质,获得对历史的体悟,进而升华情感,提升历史学科核心素养。

其次,情景教学要切忌钳制学生思想。教师创设情景的目的在于引导学生利用已有的知识、经验等,通过主动发现问题、解决问题,进而找到历史的真相。因此,在情景教学中,教师要引导学生主动地发现问题、解决问题,用多向交流取代单向灌输,在培养学生联想思维、发散性思维和逆向思维上下功夫,把情景体验式教学作为培养学生历史思维、求真意识的重要途径。

二、问题探究式教学

《普通高中历史课程(2017年版2020年修订)》提出,学生通过历史课程的学习,能够"学会从历史表象中发现问题,对历史事物之间的因果关系做出解释;能够客观评判现实社会生活中的问题"[1]。学科核心素养指向下的历史科高考,注重考查学生在唯物史观指导下,运用历史学科思维和方法去发现问题、分析问题、解决问题的能力。因此,历史教学就不仅仅是对现成历史结论的简单记忆,而是"要以问题引领作为展开教学的切入点,结合教学内容的逻辑层次,设置需要在教学过程中解决的问题"[2]。

高中历史学科全息育人主张将问题探究式教学作为高中历史教学的主要方式。

(一)问题与问题探究式教学

"问题"一词有"要求回答或解释的题目;须要求研究讨论并加以解决的矛盾、疑难"等解释。从教育学的角度看,问题式教学是"通过设置情境,提出、解决问题进行教学"。[3]朱智贤在《心理学大词典》中将问题式教学定义为"它是在一般不改变教材内容,不打乱教材体系的情况下,在教学过程中把教材以问题的形式向学生提出来,并使

---

[1] 中华人民共和国教育部制定.普通高中历史课程标准(2017年版2020年修订)[M].北京:人民教育出版社,2020:6.
[2] 中华人民共和国教育部制定.普通高中历史课程标准(2017年版2020年修订)[M].北京:人民教育出版社,2020:51.
[3] 顾明远.教育大辞典(增订合编本)[M].上海:上海教育出版社,1998:1635.

其接受后成为自己的问题"①。从课程与教学论的角度来看,聂幼犁教授提出的教学问题研讨模式是指"教师在教学过程中组织学生围绕教师或学生提出的问题进行有一定深度、广度的研讨,让学生在独立思考、互相启发或争辩中,最大限度地发挥学习的主动性,培养创造性学习能力的教学模式"②。

(二)探究与探究式教学

《普通高中历史课程标准(2017年版2020年修订)》指出,在高中历史课程实施上应"进一步改进教学方式、学习方式和评价机制,将教、学、评有机结合,促进学生的自主学习、合作学习和探究学习,提高实践能力,培养创新精神。"探究的含义有很多,在《现代汉语词典》中的解释是"探索研究;探寻追究"。国外的一些学者将科学与探究结合在一起来对它进行解读,比如美国学者韦尔奇就认为:"探究是人类寻求信息和理解的一般过程。"③在《美国国家科学教育标准》中指出,科学探究指"学生构建知识、形成科学观念、领悟科学研究方法的各种活动"。"探究式教学"强调在探究过程中调动学生的主动性,体现学生的主体地位,培养和提升学生的探究能力和品格。

对"探究式教学"研究影响较大的是萨其曼,他认为要进行探究教学必须满足三个条件:第一,有一个集中学生注意的焦点,它最好是一个能引起学生惊异的事件或者现象;第二,学生享有探索的自由;第三,有一个丰富的且容易引起反应的环境。他在总结自己的教学经验和研究的基础上,提出了"探究训练教学模式"。在国内,左秀兰老师是研究探究式教学的重要代表。她指出,探究教育的实质在于体现学生主人翁地位,教为学服务,学生的探究学习条件的创造依赖于教材,良好教学环境的创设也有赖于课堂的结构。学生在探究学习的过程中要培养主动意识,提升能力,形成探究品格。她强调"以生为本"的探究式教学,在探究过程中要充分体现学生的主体地位,教师在这一过程中扮演的是学生学习的引导者和促进者。

高中历史学科全息育人主张在教学实施中开展问题探究式教学。它是高中历史教师在学科全息育人教育理念的指导下,以问题为导向,以培养学生"发现—分析—解决"问题的能力为目标的一种教学方式。在问题探究式教学中,学生通过积极参与对关键问题的分析、探索,主动发现、构建新知,并掌握探究的方法、程序和原则,以养成严谨的研究态度和良好的品行。

---

① 朱智贤.心理学大词典[M].北京:北京师范大学出版社,1989:717.
② 聂幼犁.历史课程与教学论[M].杭州:浙江教育出版社,2003:152.
③ 靳玉乐.探究学习[M].成都:四川教育出版社,2005:3.

(三)问题探究式教学的流程

高中历史学科全息育人问题探究式教学,围绕"问题"推动探究活动的开展,包括"教师""学生"两个方面的活动,"假设—情景—探究—总结—迁移应用,应用创新"五个环节。其结构见图4-1所示。

```
教师活动                 启发新问              学生活动
   ↓                       ↓                    ↓
分类筛选,确立目标          假 设           提出问题,预设假说
   ↓                       ↓                    ↓
搜集资料,创设情境          情 景           体验情境,获取信息
   ↓                       ↓                    ↓
引导学生辨析、解读信息      探 究           开展自主或互助探究
   ↓                       ↓                    ↓
诊断评估、总结反思          总 结           交流展示探究成果
              ↘            ↓            ↙
                 积极迁移应用创新
```

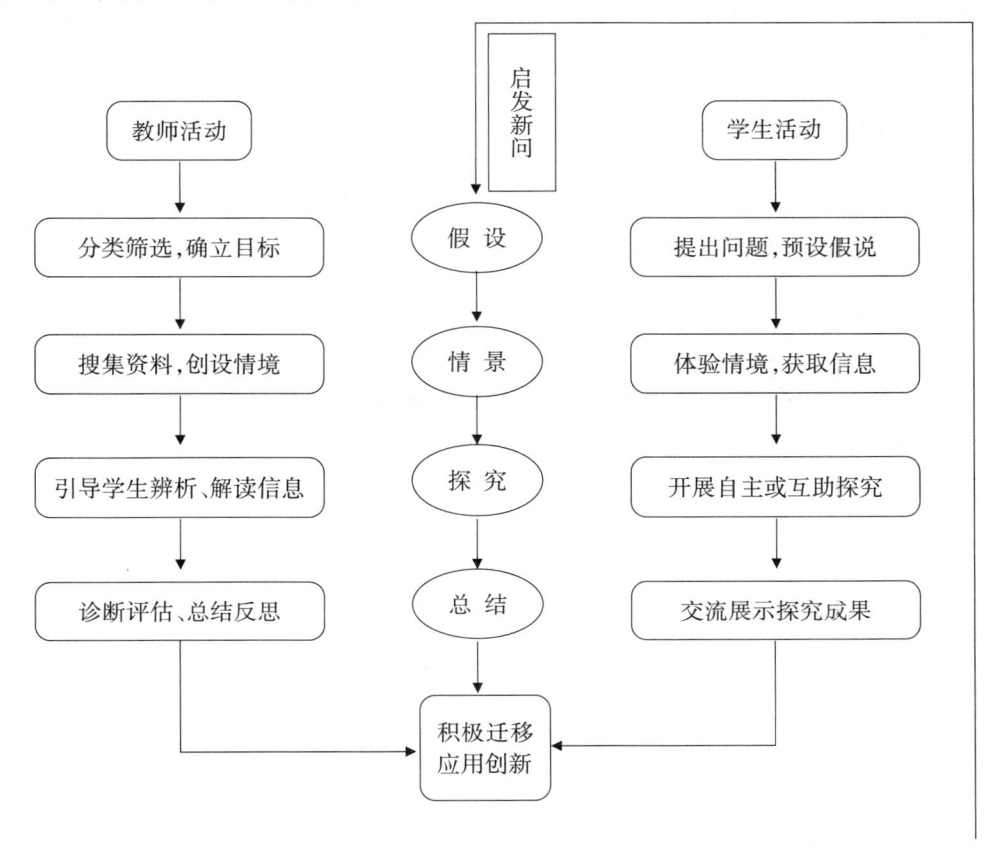

图4-1　高中历史学科全息育人问题探究式教学结构图

"提出问题,预设假说"指学生在预习教材内容后,提出问题,再根据自己已有的知识储备和生活经验预设假说。"分类筛选,确立目标"指教师在搜集学生发现的问题和预设的假说之后进行相关性判断和筛选,并以此确定课堂的主题和教学目标。"体验情境,获取信息"是指学生进入教师创设的历史情景中体验感受,并从教师提供的学习资料中获取解决问题的相关信息。"搜集资料,创设情境"指教师根据已确立的主题和目标,针对学生发现的问题,搜集各种教学资料,再围绕主题创设情境,引领学生在相关的历史情境中探索新知。"开展自主或互助探究"指学生在获取信息后就相关问题进行独立的或互助的探究活动。"引导学生辨析、解读信息"指教师在学生探究的过程中要适时地帮助学生辨析并获取学习资料中的有用信息,引导学生对难度较大的信息进行

有效解读,以便能够提取有效的信息。"交流展示探究结果"指学生分享自己在探究过程中得出的结论或者论证的结果。"诊断评估,总结反思"是指教师就本堂问题探究式教学课从过程到结果做总体评价和总结,对做得好的及时肯定,对存在的问题或遗憾做有效反思。"积极迁移,应用创新"是指学生在问题探究式教学中形成的思维和获得的能力等要能够在不同的情景下熟练的应用或者在原来已解决的问题上提出新的疑问。

(四)问题探究式教学的反思与展望

首先,问题探究式教学可以提升学生的认知能力和水平。问题探究式教学中的问题探究虽然仍以教材为依托,但往往会涉及教材以外的多维度、多层级的知识,学生在探究的过程中还会因为问题探索的不断深入而使得他们对原有知识产生不确定性判断,在面对这种不确定性时,他们可以寻求同伴或者教师的帮助,从不同的领域、视角去分析问题,在众多的方法中寻找切实可行的解决策略去解决问题,揭示历史事物的本质,从而提高自身的认知能力和水平。需要指出的是,历史教师要注意所探究问题的难度应适合学生当前的心理状况、已有的知识及认知能力和水平。历史教师还应让学生学会灵活运用历史探究的主要方法,以确保学生的探究欲茁壮成长。

其次,问题探究式教学可以帮助学生理解生涩的概念、抽象的知识。普通高中历史课程是一门要求学生能够"进一步运用历史唯物主义观点,以社会形态从低级到高级发展为主线,展现历史演进的基本过程以及人类在历史上创造的文明成果,揭示人类历史发展的基本规律和大趋势,促进学生全面发展的一门基础课程。"[①]因此,相较于义务教育阶段的历史课程而言,它增加了更多生涩的概念、抽象的知识。由于学生自身的知识结构、认知水平、生活体验等,要独立理解这些概念、知识存在较大的困难,而问题探究式教学可以通过学生间的互助探究等形式帮助其更全面、更深刻的理解概念,更新知识,重构知识结构,提高学习能力。需要强调的是,历史教师要明确自己的定位,扮好自己的角色,在探究过程中,随时给学生以帮助和指导。

三、拓展研修式教学

《普通高中历史课程标准(2017年版2020年修订)》要求,高中历史教学要利用好校外课程资源,"校外的社会资源是校内课程资源的必要补充,既包括物质资源,如历史

---

① 中华人民共和国教育部制定.普通高中历史课程标准(2017年版2020年修订)[M].北京:人民教育出版社,2020:1.

遗迹、遗址、博物馆、纪念馆、展览馆、档案馆、爱国主义教育基地等,又包括人力资源,如社会各方面的人员。学校和教师应充分开发各种校外课程资源,逐步建立校内外课程资源的转化机制,实现课程资源的广泛交流与共享"。教育部等国家11个部委发布的《教育部等11部门关于推进中小学生研学旅行的意见》(教基一〔2016〕8号)要求"各中小学要结合当地实际,把研学旅行纳入学校教育教学计划,与综合实践活动课统筹考虑,促进研学旅行和学校课程有机融合。"丰富的校外课程资源为高中历史学科开展拓展研修式教学提供了可能。高中历史学科全息育人提倡高中历史教师在进行校内教学的同时,积极开展以研学旅行、实地考察、现场调研等为主要内容的拓展研修式教学。下面以研学旅行为例介绍拓展研学式教学的相关情况。

(一)研学旅行的内涵

《教育部等11部门关于推进中小学生研学旅行的意见》(教基一〔2016〕8号)指出:"中小学生研学旅行是由教育部门和学校有计划地组织安排,通过集体旅行、集中食宿方式开展的研究性学习和旅行体验相结合的校外教育活动,是学校教育和校外教育衔接的创新形式,是教育教学的重要内容,是综合实践育人的有效途径。"研学旅行有广义和狭义之分。广义上的研学旅行是指个体出于文化求知的需求离开常住地去异地进行以探究、考察为主要的文化求知活动。狭义的研学旅行则是特指由学校或者教育部门组织,以中小学生为参与主体,将增进学生对社会的了解和认识,学习知识,在实践过程中培养学生品行和实践能力作为活动的主要目的的校外实践活动。较广义的研学旅行,狭义的研学旅行在活动中更注重研学旅行的教育价值,注重研学旅行在强化学生实践能力、增进其对社会和生活理解上的作用。

(二)研学旅行的实施途径与策略

关于研学旅行的实施途径与策略,许多学者在理论层面和实践层面做了许多有益的研究和探索,具体内容见表4-2。

表4-2 部分学者关于研学旅行实施途径与策略统计表

学者	实施途径与策略
朱洪秋	基于泰勒的现代课程理论和多尔的后现代课程理论,结合研学旅行的实践性特点,构建"三阶段四环节"研学旅行课程模型。(朱洪秋."三阶段四环节"研学旅行课程模型[J].中国德育,2017:16.)
钟林凤、谭铮	提出要构建研学旅行有效实施的保障体系,主要包括安全保障、经费保障、组织保障、制度保障等四方面。(钟林凤,谭铮.研学旅行的价值与体系构建[J].教学与管理,2017:30.)

续表

学者	实施途径与策略
于书娟、王媛、毋慧君	提出明确研学旅行的目标和主题,开发研学旅行的课程资源与活动方案,完善相关评价体系,加强对研学旅行导师的培训。(于书娟,王媛,毋慧君.我国研学旅行问题的成因及对策[J].教学与管理,2017:11.)
朱立新	形式要多样化、操作要灵活化、主题要多元化、内容要开放化,产品要品牌化、区域要联动化。(杨艳利.研学旅行:撬动素质教育的杠杆——访上海师范大学旅游学系主任朱立新教授[J].中国德育,2014:24.)
陆庆祥、程迟	从转变教育理念、组建联盟机制、搭建研学旅行课程的研发平台入手,遵循自然适应、循序渐进的教学原则,同时要培训专业研学导师,教学过程中要注重体验,采取寓教于乐的教学方法,以过程考核、柔性评价为主要考核和评价方法。(陆庆祥,程迟.研学旅行的理论基础与实施策略研究[J]湖北理工学院学报(人文社会科学版)2017:21.)

学者们的研究和探索对于中小学研学旅行的开展具有一定的指导意义,尤其是他们提出的构建研学旅行有效实施的保障体系、组建联盟机制、搭建研学旅行课程的研发平台等,对于当前的研学旅行存在的临时性、分散性等问题做出了一一回应,值得我们进一步探究。

(三)研学旅行课程的价值

理论与实践相结合 生活才是教育的源泉和归宿,学校教育不能只停留在学习理论知识层面,还要与学生生活实际紧密结合。陶行知先生说:"没有生活做中心的教育是死教育,没有生活做中心的学校是死学校,没有生活做中心的书本是死书本。在死教育、死学校、死书本里鬼混的是死人……所造成的世界是死世界。"[1]研学旅行的开展有助于"学生是通过有社会根源和社会功用的主动作业开始学习,他们把更有经验的人所传授的观念和事实吸收到自己的更为直接的经验中去,并对涉及的材料和各种法则进行科学的理解,那么我们所主张的积极原理就会得到维护。"[2]因此,要培养全面发展的人,就必须要重视生活中的教育,将研究性学习与旅行体验有机结合,校内理论知识教育与校外现实社会实践深度融合,真正推动素质教育的落地和落实。

---

[1] 方明.陶行知教育名篇[M].北京:教育科学出版社,2005:176.
[2] [美]约翰·杜威.陶志琼译.民主主义与教育[M].北京:中国轻工业出版社,2015:196.

第四节　高中历史学科全息育人教学实施案例及评析

教学设计解决了做什么的问题，其意在强调"设计"，突出备课过程中的分析、判断、选择和创造。教学实施就是我们通常说的上课，但"上课"一词用多了，在我们的大脑中它就成了一种固有的模式，容易导致因循守旧和思想上的懈怠。与设计相比，实施一词更有动感、质感和建构感，它是将设计变成具体行动、收获真实成果的过程。教学实施并非简单地按照教学设计的"怎么做"去进行教学，而是以教学设计为前提，通过师生间语言上的互动，行为上的相互影响，思想上的交流，达到情感上的共鸣。在教学实施过程中，我们既要讲科学，又要求艺术，既要有组织管理，又要有激励调动。因而，教学实施中教学方式的选择和灵活使用就显得十分重要。需要指出的是在一堂课中，教师选用的教学方式并不是单一的，它是基于激发学生学习兴趣，调动学生学习积极性等方面的考量，灵活使用多种教学方式来完成教育教学的。本节通过对高中历史学科全息育人情境体验式和问题探究式教学案例及评析的呈现，帮助读者加深对高中历史学科全息育人教学实施理念、原则和方式的理解。

一、案例[①]

【新课导入】

教师：2021年2月12日河南卫视春晚中国风古典舞蹈《唐宫夜宴》一经推出，立马受到国内外观众的热捧。《唐宫夜宴》单个视频在微博累计1000万次观看，被人民日报等多家媒体转载点赞。为什么《唐宫夜宴》这个中国风浓郁的古典舞蹈会受到生活在现代社会的人们如此追捧呢？这是我们历史学习需要思考的一个问题。为帮助同学们直观感受这一古典舞蹈，现在请大家欣赏《唐宫夜宴》(视频)，希望你们能从视频中发现问题，找到答案。(播放视频，教师适时接入解说词：一场唐朝少女的博物馆奇妙夜之旅开启。莲鹤方壶、贾湖骨笛……少女的俏皮娇憨与千年文物相映成趣。层林尽染、千峰碧透，通过一滴墨晕，唐朝少女后倚廊桥，胡旋灵动。夜幕到来，星空下、御水边，少女照面靥、看斜红，月下起舞弄清影。待到宴开时，舞起惊四座。胡琴绵长、琵琶婉转、横笛悠扬，一首大唐的盛世华章奏响。鬟云欲度香腮雪，衣香袂影飘飘举，这就是盛唐。)

[①] 人民教育出版社《普通高中教科书 历史 必修 中外历史纲要(上)》第8课《三国至隋唐的文化》. 案例由重庆市兼善中学向柏沿老师提供.

学生：欣赏视频并分享观后感言。

教师："冀云欲度香腮雪,衣香袂影是盛唐。"《唐宫夜宴》向我们展示了盛唐社会的别样风姿,让我们感受到了厚重的中华历史文化。那么,盛唐的文化除了舞蹈以外还有哪些内容？它们又具体有什么样的特点？是哪些因素使唐朝文化走向繁荣？带着这一连串的问题,让我们一起来学习《三国至隋唐文化》。

【新课讲授】

一、三国至隋唐文化的主要特点

文化指的是人类在社会历史发展过程中所创造的物质和精神财富的总和。三国到隋唐的时间跨度七百余年。在这七余百年的光阴里,勤劳智慧的中华儿女创造出了哪些宝贵的精神财富？请同学们根据教科书的内容,梳理三国到隋唐时期主要的文化成就并完成《三国到隋唐时期主要的文化成就表》。

表4-3　三国到隋唐时期主要的文化成就表

	魏晋时期	南北朝时期	隋唐时期
学术思想			
文学艺术			
科学技术			

学生：根据教材完成以上表格。

教师：文化成就熠熠生辉,突显了魏晋南北朝至隋唐时期独特的文化特色。请同学们根据表格内容从成果、领域、体裁等方面归纳这一时期文化成就的特点。

学生：在这一时期,文化成就的主要特点：领域广、成果多、体裁丰富。

教师：除了从表格中归纳出的"领域广、成果多、体裁丰富"特点外,这一时期的文化还有其他哪些特点？我们把目光放在文学领域进行更深入的探索。这里有三首诗歌,一首东晋的田园诗、一首北朝民歌、一首唐诗,请同学们根据这三首诗歌的内容和韵律推断诗歌各自反映的时代风貌和特点。

种豆南山下,草盛豆苗稀。晨兴理荒秽,带月荷锄归。

——[东晋]陶渊明《归园田居(其三)》

敕勒川,阴山下,天似穹庐,笼盖四野。天苍苍,野茫茫,风吹草低见牛羊。

——北朝民歌《敕勒歌》

绛帻鸡人送晓筹,尚衣方进翠云裘。九天阊阖开宫殿,万国衣冠拜冕旒。日色才临仙掌动,香烟欲傍衮龙浮。朝罢须裁五色诏,佩声归向凤池头。

——[唐]王维《和贾舍人早朝大明宫之作》

问题：根据以上三首诗歌的内容和韵律推断诗歌各自反映的时代风貌和特点。

学生："种豆南山下，草盛豆苗稀"反映了南方种植业的状况，具有地域特色。"风吹草低见牛羊"带有明显的游牧民族风格，具有典型的地域特色。"九天阊阖开宫殿，万国衣冠拜冕旒"反映了盛唐时期唐都长安的盛况，是对一定地域的描述。

教师：物质决定意识！这是我们分析历史事物的重要思维方式。同学们运用这一方式从时空的角度概括了三国至隋唐文化的特点"具有一定的地域性"。综合而言，三国至隋唐时期中国文化的特点主要表现为"领域多重、体裁多样、成就多彩、时空多维"。在这一时期，中华大地上既有道的洒脱、佛的思辨和儒的睿智，也有雄浑苍凉的北方民歌和华丽秀美的南方诗文。中国文化呈现出多元、共生、共长的特色。那么三国至隋唐时期的文化有什么样的发展趋势呢？

二、三国至隋唐文化的发展趋势

（一）趋势

文化是时代的产物，必将随着时代的变化而不断发展。那么三国至隋唐文化有什么样的发展趋势呢？（教师出示材料和问题）

（魏晋南北朝时期）各种思想的交锋与碰撞、各民族的斗争与融合，使中国文化呈现出的多元化特征。盛唐文化除了对前代文化加以继承、诠释、理解，还对各种外来文化进行融合、消化，使之成为中国文化的一部分。

问题：根据以上表述，概括这三国至隋唐文化时期文化演进的趋势。

学生：由多元走向一体。

（二）表现

教师：多元走向一体，一体凝聚多元。由多元走向一体是三国至隋唐文化的发展趋势。这个趋势在当时的文化中有什么样的表现呢？（教师出示材料和问题）

学生：根据所学知识谈论自己的观点并阐述理由。

大象元年（即公元579年，是北周静帝宇文阐的年号）春，正月，癸巳，受朝于路门，帝服通天冠，绛纱袍，群臣皆服汉魏衣冠。

——《北史》

问题：分析以上内容，你能得出怎样的历史结论？

学生：北方少数民族统治者在服饰上吸收了汉族的服饰风格。

图4-3　[唐]李寿墓壁画(局部)

问题:根据图片内容,你能获取怎样的历史信息?

学生:唐朝音乐吸收了北方少数民族音乐成分。

追问:根据以上关于服饰和音乐的相关内容,你认为它们说明了什么。

学生:北周至唐朝时期,汉族和少数民族之间文化交流更加深入。汉族和少数民族文化的交融,有利于中国文化共同体的形成。

表4-4　《汉到隋唐时期,中国儒、佛、道三教伦理观演化表》

时间	汉—隋唐	
儒	修身、齐家、治国、平天下 ——[汉]《礼记》	韩愈痛感于儒学的衰弱,著《原道》一文……其"道统说"即是受到佛教定祖立统的启发提出的。 ——《中国通史 叁 隋唐五代两宋》
佛	不向国王礼拜,不向父母礼拜,六亲不敬,鬼神不礼。 ——《梵网经》	释氏之训,父慈子孝,兄爱弟敬,夫和妻柔,备有六睦之美。 ——[南朝]僧祐《弘明集》
道	乐之好之,身且自兴。天道无亲无疏,付归善人。 ——[汉]《太平经》	与人君则惠于国,与人父则慈于子,与人师则爱于众……与人友言则信于交。 ——《太上洞玄灵宝智慧罪根上品大戒经》

问题:由上表内容可知,从汉到隋唐,中国的儒、佛、道三教在伦理观上发生了什么变化?

学生:从汉到隋唐,儒、佛、道三教在思想上相互借鉴、相互吸收。本土文化与外来文化之间的相互交融,有利于中国跨地域文化共同体的形成。

(三)原因

教师：民族文化的交融，中外文化交流，推动着文化向前演进，充实、厚重了中华文化的底蕴。从此，佛的思辨、道的洒脱与儒学的睿智完美调和，共同成为中国文明血脉的一部分。那么，推动三国至隋唐文化从多元走向一体的原因有哪些？请同学们根据以下文字并结合所学知识，以小组为单位进行探讨。

左右藏库，财物山积，不可胜较。四方丰稔，百姓殷富。

——《开天传信记》

九夷同文，四隩来暨。夫其袭冠带，奉正朔。

——《全唐书》

李唐一族之所以崛兴，盖取塞外野蛮精悍之血，注入中华文化颓废之躯，旧染既除、新机重启，扩大恢张，遂能别创空前之世局。

——陈寅恪

问题：根据以上文字，归纳三国至隋唐时期推动文化从多元走向一体的因素。

学生：一是时代必然。在这一时期，中国在政治上由从分裂走向统一；经济迅速发展，江南地区得到开发；民族间相互交融日渐频繁、深入。二是态度使然。在这一时期，以北魏孝文帝为代表的统治者对各种文化采取了开放包容、兼收并蓄的态度。这些因素共同推动了我国文化从多元走向一体。

三、三国至隋唐文化的核心价值

文化是一个国家、一个民族的灵魂。中华优秀传统文化深深影响着我们个人乃至整个民族的价值观。对于三国至隋唐的文化，我们能从中汲取哪些有用的营养，助力正确价值观念的形成？（教师出示材料和问题）

秦汉建立的中国文化秩序，并未随东汉覆亡而消失。三国两晋与南北朝三百余年，正是重整这一秩序的过程。隋唐秩序是秦汉秩序的延续，也是秦汉秩序的扩大。

——许倬云《万古江山 中国历史文化的转折与发展》

《续日本纪》中卷三五条载："晋卿唐人也，天平七年随我朝使归朝，时年十八九，学得《文选》《尔雅》音，为大学音博士……"《推古纪》三十一年条曰："留于唐国学者，皆学以成业。应唤，且其大唐国者法式备定，珍国也，常须达。"

问题：据许倬云先生所言，分析三国至隋唐时期的文化在中华优秀传统文化中的地位。结合所学知识，简述《续日本纪》和《推古纪》所载内容的史学价值。

学生：据许倬云先生所言，我们可知三国至隋唐时期是中国文化从多元走向一体的关键时期；三国至隋唐时期的文化是中华优秀传统文化的重要组成部分。《续日本纪》和《推古纪》所载内容表明，唐文化对日本文化的发展产生了巨大影响。它是我们研究唐文化及其对外文化辐射的重要资料。

教师：通过本课的学习，我们能够准确回答《唐宫夜宴》受观众热情追捧的原因。因为它在一定程度了再现了唐朝文化的繁荣、先进。《唐宫夜宴》的成功，一方面说明了中华优秀传统文化跨越千年再迎新春，另一方面反映了国人和外国友人对中华优秀传统文化的肯定、认同。

【课堂小结】

文化是民族的血脉、民族的灵魂，是人们的精神家园，更是一个国家屹立不倒的根基所在。优秀传统文化是一个民族、一个国家传承、发展和创新的基础，也是最深厚的文化软实力。

从历史维度看，中华传统文化如大河奔流、绵延不绝，尽管它曾经历过种种挫折与冲击，但仍以其强大的精神韧性和包容吸收外来文明的弹性，蓬勃发展至今，对于形成和维护中国多民族统一局面有着至为关键的作用。从世界维度看，中华优秀传统文化是中华民族的独特标识和突出优势，提供了西方传统之外的哲学路径，提供了寻求人类文明更好未来的机会，不仅是中华民族精神大厦的牢固根基，而且成为21世纪普惠人类整体的重要精神资源。

中华文化源远流长，积淀着中华民族最深层的精神追求，代表着中华民族独特的精神标识，为中华民族生生不息、发展壮大提供了丰厚滋养。今天的我们要坚持古为今用、推陈出新，有鉴别地加以对待，有扬弃地予以继承。自觉坚守"本我"、开放面对"他者"，只有如此，才能使我们的中华文化始终焕发光彩。

【课后作业】

教师：文化自信，是一个民族、国家、政党对自身文化价值的充分肯定，对自身文化生命力的坚定信念。坚定文化自信，是事关国运兴衰、事关文化安全、事关民族精神独立的大问题。

请就你中意的一种"国潮"撰写200字左右的小随笔。

要求：图文并茂、表达准确、逻辑严密。

二、评析

1.教学理念。本课的教学实施充分体现了以"育人为本""双主共学""发展为先""全息建构""融合技术"的高中历史学科全息育人理念。在教学实施中，教师以预设的教学目标为出发点，引导学生通过对"三国到隋唐文化的主要特点、发展趋势、核心价值"三个关键问题的探究,增强了文化自信,树立了传承中华优秀传统文化的正确价值观。教师借三国至隋唐的壁画、诗歌及专家学者的观点等深入挖掘蕴涵在中国优秀传统文化中的育人点,同时,创设多维学习情境,让学生浸润在中华优秀传统文化中,并获得德智体美劳"五育"的教育。

2.教学原则。本课的教学实施以三国至隋唐文化的主要特征、发展趋势和核心价值为切入点,引导学生通过相关知识的学习,增强其文化自信,树立其传承中华优秀文化的正确价值观念,充分体现了"教学与育人相结合、基础与发展相结合、整体与侧重相结合、多样与灵活相结合、课堂和课外相结合"等原则。在教学过程中,引导学生通过对三国至隋唐文化多元一体趋势的揭示,巧妙地将本课知识点与他们之前所学知识点相结合,提升了学生运用已学知识解决问题的能力。教学实施中还利用文字、图片、视频等方式,创设学习历史的趣味情境,引导学生运用课内探究和课外拓展学习的方式,将育人从课堂延伸到了课外。

3.教学方式。本课的教学实施依据教学实情,突出了对高中历史学科全息育人的情境体验式教学、问题探究式教学和拓展研修式教学的综合运用。相对于初中历史教学而言,高中历史教学更侧重对学生历史素养的培养和历史思维的训练。本课教学中对"三教合一"的历史现象进行了微观透析,让学生在关注文化成就和特点的同时,注意当时的时代背景,进而让学生能从世界的角度看待中华文明,传承中华优秀传统文化。三国至隋唐的七百余年时间里,儒、释、道三教并存,科技领先及文艺新高峰等历史文化现象,本质上而言,它们都是中华文化多元一体趋势下的重组和扩大。文化从多元走向一体也是三国至隋唐文明由分裂走向大一统的时代映射。民族大融合、南北大交流、中外大融合为中华文化新的发展提供了土壤。本课以"由多元走向一体"为主题,以唯物史观为指导,以史料和考古发现等为佐证,基于三国至隋唐这一特定的历史时空,利用考古发现(如壁画)和现代的视频等创设学生学习的真实的、生活化的情境,结合情境设置引导性问题,让学生主动地揭示出了三国至隋唐时期中华文化多元的特征、一体化发展趋势及核心价值,体会到了中华传统文化的坚韧和兼容并包,进而增强了他们的文化自信,树立起了他们传承中华优秀传统文化的正确价值观。课后作业的布置,教师运用拓展研修式教学,以"文化自信"为立意,以"国潮"为切入点让学生撰写小随笔的做法不仅巩固了学生所学知识,而且能提升学生通过本课所学形成的正确价值观念。

第五章 高中历史学科全息育人教学评价

教学评价是教学活动的监控系统和矫正系统,是评价主体对评价客体的价值判断。它对教学活动的推进、发展和完善发挥着不可替代的作用。学生评价是教学评价的核心内容,以评促教,从而培养和提高学生的历史学科核心素养。《普通高中历史课程标准(2017年版2020年修订)》要求高中历史教师"在课程实施上,进一步改进教学方式、学习方式和评价机制,将教、学、评有机结合,促进学生的自主学习、合作学习和探究学习,提高实践能力,培养创新精神"。但从当前高中历史学科教学评价的现状看,还存在着理念不够科学、内容不够全面、指标不够清晰、主体单一和方式单调等问题。这与课程标准的要求还存在一定的差距。

高中历史学科全息育人教学评价基于立德树人,借助全息育人教育的基本理念,结合历史教育教学的相关理论,将德智体美劳"五育并举"的总要求通过教学设计、实施和评价,有效落实到高中历史学科教学活动中,力图通过"以评促教""以评定教"和"以评促改",助力学生德智体美劳全面发展。高中历史学科全息育人研究组以问题为导向、课堂为载体,提炼了评价理念,建构了评价原则,更新了评价方法,不断推动高中历史学科教学评价改革走向深入。

第一节　高中历史学科全息育人教学评价理念

聚焦新高考,跟进高中历史学科教学评价改革,建立健全与之相适应的课堂教学评价体系显得尤其重要。这不仅有利于培养德智体美劳全面发展的社会主义建设者和接班人,而且对教师践行高中历史学科全息育人教育理念和育人思想有诊断作用,对学生历史学科核心素养的提升和"五育"的发展有促进作用。据此,高中历史学科全息育人研究组在新时期国家教育方针的指引下,结合《普通高中历史课程标准(2017年版2020年修订)》的要求和高中历史评价的特点,提炼了"教学评一体化、评价主体多元、评价内容多维、评价过程动态及增值评价与综合评价相结合"五大教学评价理念。

一、教学评一体化

　　教学评一体化意在通过学生在真实情境下的不同表现,来帮助教师对学生的学习效果做出一个合理的教学评价,从而帮助教师更好地在教学中落实核心素养,真正实现"教—学—评"一体化,使每个学生的历史学科核心素养都能够得到最大程度的发展。[1]它以多元智能理论、建构主义等为理论依据,以改善教学为出发点,以学生的最终发展为导向,在教学评价中关注课前、课中和课后的延伸,涵盖教学的全过程。高中历史学科全息育人教学评一体化还是一个动态过程,是一个设计与实施互动、学生与教师互动、课内与课外互动的过程。做到教学评一体化,首先要将教师和学生作为评价的对象。只有这样才能避免单以教师的教来评价学生的学,或以学生的学来评价教师的教。其次要将师生的行为作为基本观测点。对教师而言,其观测点包括:教师的行为对学生学习是否有激励作用?其激励作用的正负力度?教师的行为对学生综合素质和历史学科核心素养提升作用有多大?课堂上,教师对学生反馈的注意度等。对学生而言,其观测点包括:学生的学习行为、学习方式、学习效果、课堂融入度的高低、接收信息的效率等。从这些观测点,可以判断学生在课堂中的主动性、能动性、创造性和发展性等情况。

　　教学评一体化有利于教师"更好地根据学习者需要和不断变化的情况修改和提炼自己的策略,以便使学习者通过建构主义学习获得持续不断的进步"[2]。

二、评价主体多元

　　《普通高中历史课程标准(2017年版2020年修订)》指出:"注重评价主体的多元化和评价方式的多样化。教师、学生、家长等都应成为评价主体。综合运用课堂提问、纸笔测试、实践活动、自我反思、同伴互评、教师评语、家长评价等方式,多方面呈现学生的历史学科核心素养发展水平。"高中历史学科全息育人主张在教学评价中应做到评价主体多元,要将参与教学活动的个人和团体全部纳入教学评价中来,即评价的主体除了教师和学生外,还应包括学生群体、学校管理人员、学生家长、教育决策机构、专业评价机构及学校以外的其他相关人员等。

　　评价主体多元有助于提高评价的效度和准确度。例如对某一学生的评价,除采取传统的班主任和科任教师评价外,还可以适当增加同桌(或小组)、班级、家长甚至小区(在必要的情况下)评价。这样便可以将评价从课内延伸到课外、校内延伸到校外、学

---

[1] 兰安琦.落实核心素养的化学学习评价设计研究[D].天津:天津师范大学,2019(11):45.
[2] 陈旭,王淑敏.从建构主义理论看教学评价策略的建构[J].课程·教材·教法,2003(6):28.

科内延伸到学科外。这样的评价才是全面的评价和对学生成长有用的评价。

三、评价内容多维

与过往相比,当前的学科教学评价在内容上出现了较大变化。以学生评价为例,从过往对学生智育这一单一维度的评价转向对学生德智体美劳多维度评价;从课堂评价转向课内和课外相结合的评价。可见,评价主体对学生的评价逐渐向全面评价延伸。美国教育学家和心理学家加德纳的多元智能理论认为人至少有7种智能:语言智能、人际关系智能、音乐智能、自我认识智能、身体运动智能、空间智能和逻辑数学智能。教育的作用就是帮助受教育者开发这些智能,进而促进受教育者德智体美劳全面发展。同时,随着历史学科核心素养的提出,在高中历史学科教学中,课外实践活动的比重增加了,因而对学生课外评价的比重也应增加。

高中历史学科全息育人教学评价提倡以德智体美劳五大维度为基础,依据学科课程标准,结合教学目标,对学生通过高中历史学习所掌握的学科必备知识、关键能力和正确价值观念进行多维度评价。

四、评价过程动态

"不同的历史时期与价值信念、不同的评价主体与客体、不同的学科与领域、不同的指向与关注点,都会形成不同的评价标准。从这个意义上来说,无论是'好课'还是'优质课'的标准,都是'之一'而非'唯一',评价时不应将其教条化、公式化、绝对化。"[1]过往的教学评价过分重视结果导向,强调效果评价,往往忽视了过程评价,这与教学的动态化、连续性特点是相违背的。高中历史学科全息育人教学评价主张评价过程动态化,认同"评价是连续的,一个特定的评价结果随着教学活动的进行又会成为下一个评价的起点和依据"[2],以教师作为评价主体,学生作为评价对象为例,认为评价过程应跨越多个时间点观察评估学生的进步与改变情况,了解学生动态认知历程、学习迁移与认知能力变化的特点,为教师的教学介入和教学设计的调整提供依据。

五、增值评价与综合评价相结合

高中历史学科全息育人教学评价主张把增值评价和综合评价结合起来。增值评价是针对高中历史学科全息育人成效的发展性评价,是开展课堂教学评价的切实举

---

[1] 李园林,杨执潮,邓猛,汤剑文.培智课堂教学评价价值取向刍议[J].中国特殊教育,2020(5):30.
[2] 席作宏.基于多元智能理论的教学评价实施策略[J].当代教育论坛(宏观教育研究),2007(5):60.

措,是"以学校教育活动对学生预期成绩的增值为评价标准,用来判定学校对学生发展的影响,是一种绿色升学率理念下的发展性学校评价模式"[1]。综合评价是对高中历史学科全息育人目标的多元性评价,是科学有效地开展课堂教学评价的目标追求。综合评价是对学生参与学习实践活动情况进行全方位的评价。"从评价内容来看,综合评价将引导各级各类学校把提高学生综合素质真正落到实处;从评价主体来看,综合评价鼓励多方评价主体的参与。"[2]增值评价和综合评价是当前高中历史学科教学评价的重要方式,为师生的发展提供了方向指引。高中历史学科全息育人教学评价以增值评价和综合评价相结合的方式构建课堂评价体系,关注到了学生个体差异和课堂教学各要素,能够科学、客观、公平地评价每一个学生在历史学习中的进步情况,能有效促进区域内各学校高中历史学科教育的均衡发展。

第二节 高中历史学科全息育人教学评价原则

课堂是落实立德树人根本任务的主阵地。高中历史学科全息育人教学评价聚焦学生的全面发展,将评价的重心放在高中历史课堂教学对学生全面发展所做的贡献上。高中历史学科全息育人教学评价原则主要包括真实性原则、客观性原则、可行性原则、多视角原则和开放性原则。

一、真实性原则

真实性评价旨在通过评价为学生提供真实准确的信息反馈,从而帮助学生全面发展,评价内容不仅包括评价学生对知识、技能的掌握情况,而且强调对学生在学习过程中的非智力因素(如情感、态度、意志等)进行评价。[3]高中历史学科全息育人主张教学评价应尽可能地还原课堂的真实环境、真实过程和真实场景,重视真实课堂生成、真实的学生反馈等。它以高中历史课堂上发生的真实教学行为作为评价对象,通过多元的评价主体从不同角度评价教学行为对学生发展产生的增值度进行综合评价,力求真实

---

[1] 全国教育科学规划领导小组办公室.全国教育科学"十一五"规划学科发展报告[M].北京:教育科学出版社,2011:701.

[2] 马春晖.基于综合评价的劳动教育课程评价机制建构[J].福建教育,2021(6):17.

[3] 董陈琦岚.基于STEM项目学习的学生能力评价研究[D].天津:天津师范大学,2017(06):28.

地反馈高中历史课堂教和学效果的信息。

二、客观性原则

教学评价应反馈被评价对象的客观信息，不应掺杂评价主体个人的主观因素。这要求我们在编制和使用评价指标时，先要做到充分调研，并严格界定评价指标，不能因人而异，切实做到真实可靠。全息育人课堂教学评价既要贯彻客观性原则，又要做到评价方法的科学。我们首先要明确评价对象，然后制定评价指标体系，并对其中每个指标赋予不同的权重。基于此，确定评价等级，并对相关评价结果进行定量分析或定性分析。全息育人课堂教学评价应贯彻客观性原则，尽可能减少其他干扰。无论评价主体是谁，都应该秉持客观公正的态度，以诊断和服务为目的，以改进教学和促进学生全面发展为目的。

三、可行性原则

全息育人课堂教学评价贯彻可行性原则。

就评价标准的可行性而言，首先它要有针对性、指向性。评价标准的制定要适合评价对象，适合所评学校的校情、班级教学的学情。其次，评价标准还要有梯度和发展性，能够激励和指导课堂教学行为的改进，能起到正确的导向作用。最后，评价标准的制定要科学，制定前应该充分调研，制定中要反复论证，制定出相关标准后，还要再次论证、筛选。当然，评价标准还要具有规范性，因为不规范评价标准不仅会增加评价的难度，还会影响评价的效度。

就评价方法的可行性而言，评价方法的选择也要切实可行、简便易行。所选的评价方法要具有较高的可操作性，能够让评价主体迅速掌握并熟练运用。

就评价结果的可行性而言，评价结果要较容易地启示被评价者发现课堂教学成功还需要改进的地方，以真正引导教学改进，收获教学评价的最大收益。

四、多视角原则

"横看成岭侧成峰，远近高低各不同。"单一视角的评价不能准确全面地反映被评价者的成长，因此要科学准确地评价课堂教学，就需要基于多视角开展评价。有学者就明确指出，"建立多元化的学生学习评价体系是素质教育的必然要求，是因材施教和学生个性发展的需要。评价方式有教师评价、学生评价、师生共同评价；过程性评价和终结性评价;相对性评价和绝对性评价"[1]。高中历史学科全息育人教学评价主张从学生、教师、家长、学校管理者等角度,构建多视角的评价体系。评价者依据评价工具中的不同模块,从不同视角对高中历史课堂的教学行为进行细致观察,既关注整体教学,又注重教学细节,既能发现教学中闪现的点滴智慧火花,又能从细节观察中评价教学的育人之道。

五、开放性原则

为贯彻高中历史学科全息育人教学评价的开放性评价原则,需要关注以下几点。

第一,关注学习目标的开放度,即学习目标是否体现多元化。

第二,关注教学内容的开放度,即师生教学中是否加强了学科的整合、资源的挖掘和内容的贯通。

第三,关注教学方式的开放度,即是否根据需要采用灵活的、综合的、适合的教与学方式开展教学活动。

第四,关注教学时空的开放度,即教师是否充分利用现代教学技术、区域历史教学资源,改变单一凝滞的教学时空;是否充分利用学校、家庭、社会,让教学时空得以拓展,使乡土历史资源得到充分利用,让田野考察、历史考察等丰富多彩的教育教学形式走进高中历史课堂。

第五,关注学生行为的开放度,即师生是否深度参与教学。

第三节　高中历史学科全息育人的课堂教学评价方法

教学评价的方法要适应时代的发展和变化。"中央深改委审议通过的《改革方案》,释放了一个强烈的信号:新时代的教育必须有内涵丰富、充满鲜明探索精神的开放式科学评价,后者应该与学生生命的茁壮成长匹配、与精彩纷呈的教育实践匹配。新时代活力无限的新教育,必须探索并完善立体多元、行之有效的评价标准。"[2]高中历史全息育人教学评价,依据高中历史学科全息育人教学评价理念和评价原则,结合柯氏四

---

[1] 王有余.基于多维度视角下小学体育课堂教学评价效果的分析与思考[J].田径,2020(1):21.
[2] 潘涌.科学的教育评价必须与生命发展同步[N].光明日报,2020.7.

级培训评估模式、CIRO 评估模型、CIPP 评估模型等,综合运用"课堂观察法、量表评价法、行为评价法和作业评价法"对高中历史课堂教学进行全程、全域、全要素评价。

一、课堂观察法

课堂观察法是教学评价的常用方法之一,是评价者依据课堂观察的结果,结合自身的教学经验对课堂教学进行评价的一种方法。受限于评价者自身的素养、能力水平,课堂观察法具有较强的主观性。因此,评价者在使用课堂观察法去评价课堂教学行为时,应尽量摒弃其主观因素的影响。

与过去的课堂观察侧重于教学不同,高中历史学科全息育人课堂观察有两大突出特点。一是观察的目标从过往的学科教学转向当前的学科育人。高中历史学科全息育人课堂观察侧重于观察课堂教学(可以是完整的课堂教学,也可以是课堂教学中的某个片段)中教学目标的预设是否合理,育人路径是否科学,育人方式是否有效,育人效果是否实现。(在实际的观察中需要对上述观察点进行细化)通过对学科育人的观察,发现历史课堂在育人上的亮点和存在的问题,并提出有针对性的解决方案,帮助被观察对象提升育人的实效。二是观察的方式从传统的单独观察到目前的分组观察和分点观察相结合。课堂观察是基于个人经验进行的观察,且个人的视角和关注点都有限,因而观察效果易受较多主观因素的影响和限制,从而影响评价的准确性。因此,高中历史学科全息育人课堂观察实行分组观察和分点观察相结合的方式,即在课堂观察前根据教学内容事先对观察者从育人设计、方式、手段、实效等不同角度进行分组,让观察者带着任务进行观察,且一名观察者聚焦于一个观察点观察,一个观察点多名观察者观察。最终汇总多名观察者的观察结果,并形成这个组的观察报告。分组观察和分点观察相结合的方式最大限度地避免了观察者因个人经验、精力等对观察结果产生影响,其得出的观察报告和评价建议也更合理。

二、量表评价法

和观察法相比,量表评价法的客观性更强,其以"数据说话"的方式,更利于清晰明确地传达评价主体的意见和建议,具有更高的可信度和说服力,有利于增强评价对象对评价的认同感。高中历史学科全息育人课堂教学评价提倡使用量表评价课堂教学,基本流程如下:

第一,评价主体明确观察的目的,明晰全息育人的理念和内涵,了解全息育人课堂教学评价的理念和原则。

第二，评价主体选定评价对象，即是对教师个体的评价，还是对教学团体的评价，是侧重于课堂教学的某一个方面的评价，还是全面评价，是评价主体单独评价还是不同的评价主体分工合作。

第三，清楚课堂教学评价的时间、地点、次数、频率等。

第四，做好课堂教学评价量表观测记录，要实时观察、实时记录、抓住重点、厘清主次、辨别原因和揭示本质，并且在可能的情况下，整理好观察记录，以便做出尽可能科学合理的教学评价。

教师是课堂教学行为的主导者，是落实立德树人教育根本任务的执行者，也是实现教学目标的发起者和陪伴者，因此，全息育人课堂教学评价在关注学生行为的同时，也要注重对教师行为的观测。从教师行为观测的视角而言，可以从教学目标的确定、课堂主题的设定、知识的讲解、情景的创造、问题的设置、课堂的演示、材料的展示、活动的组织、步骤的推进、师生的互动、方法的引领、课堂的升华等方面给予客观评价。对教师教学行为的评价要立足于教学目标是否明确、育人策略是否科学恰当、育人效果是否达成三个维度，要注重教师行为对于学生核心素养培养的落实情况，要注重教师教学行为对学生德智体美劳全面发展的实效性影响情况，要注重立德树人根本任务的最终达成情况。

和以往的量表评价相比，高中历史学科全息育人课堂量表评价聚焦课堂、指向育人，依托课堂教学内容，从"双主共学"的角度，以育人行为和育人策略为评价点，制定了《北碚区高中历史学科全息育人课堂教学观察记录表》，表格的相关内容详见表5-1。评价者依据此表，对高中历史课堂教学各环节的各项指标进行观测，并进行勾选记录。最后，在数据统计的基础上对所观测课堂进行评价，并提出意见和建议。

表5-1 北碚区高中历史学科全息育人课堂教学观察记录表

观课人：　　　　观课时间：　　　　观课地点：

学科	高中历史	课题		授课人	
教学过程					
	一级指标	二级指标		三级指标	
环节一：新课导入	教师行为	A.定目标　B.定主题 C.讲知识　D.创情景 E.提问题　F.做反馈 G.给材料　H.筹活动 I.推步骤　J.答疑惑 K.导方法　L.做演示 M.做总结　N.评学生 O.其他＿＿＿		A.教师的活动有效地引导并推进了学生的活动 B.教师的活动充分地利用了学生活动的成果（与学生的活动有互动性） C.教师对教材的处理有利于学生学习知识，提升历史核心素养 D.教师的活动有利于教学内容以更合宜的方式呈现给学生 E.教师的活动与预设的教学目标相符 F.以上项目均无明显体现	

续表

学科	高中历史	课题		授课人	
\multicolumn{6}{c}{教学过程}

环节一：新课导入	学生行为	A.听讲　B.练习 C.阅读　D.视听 E.思考　F.交流 G.研讨　H.展示 I.答问　J.操作 K.试讲　L.评价 M.其他_____	A.学生活动时间得到保证 B.大部分学生都能积极参与活动(参与人数为全班人的60%及以上) C.学生的活动充分、情绪饱满 D.学生的活动有序开展 E.学生的活动与学习内容紧密相关 F.以上项目均无明显体现
	育人融点	A.学科认知 B.德性育人 C.审美育人 D.健康育人 E.劳动育人	A.历史知识　B.历史方法　C.历史思维 D.家国情怀　E.社会责任　F.个人品行 G.自然之美　H.人文之美　I.智慧之美 J.身体健康　K.心理健康　L.劳动意识 M.实践活动
	育人策略	\multicolumn{2}{l	}{A.传统说教　B.创意吸引　C.直观形象　D.体验感悟　E.实践锻炼 F.相机生成　G.潜移默化　I.其他_____}

环节二：新课教学	活动1	教师行为	A.定目标　B.定主题 C.讲知识　D.创情景 E.提问题　F.做反馈 G.给材料　H.筹活动 I.推步骤　J.答疑问 K.导方法　L.做演示 M.做总结　N.评学生 O.其他_____	A.教师的活动有效地引导并推进了学生的活动 B.教师的活动充分地利用了学生活动的成果(与学生的活动有互动性) C.教师对教材的处理有利于学生学习知识,提升历史核心素养 D.教师的活动有利于教学内容以更合宜的方式呈现给学生 E.教师的活动与预设的教学目标相符 F.以上项目均无明显体现
		学生行为	A.听讲　B.练习 C.阅读　D.视听 E.思考　F.交流 G.研讨　H.展示 I.答问　J.操作 K.试讲　L.评价 M.其他_____	A.学生活动时间得到保证 B.大部分学生都能积极参与活动(参与人数为全班人的60%及以上) C.学生的活动充分、情绪饱满 D.学生的活动有序开展 E.学生的活动与学习内容紧密相关 F.以上项目均无明显体现

续表

学科	高中历史	课题		授课人	
教学过程					

环节二：新课教学	活动1	育人融点	A.学科认知 B.德性育人 C.审美育人 D.健康育人 E.劳动育人	A.历史知识 B.历史方法 C.历史思维 D.家国情怀 E.社会责任 F.个人品行 G.自然之美 H.人文之美 I.智慧之美 J.身体健康 K.心理健康 L.劳动意识 M.实践活动
		育人策略	A.传统说教 B.创意吸引 C.直观形象 D.体验感悟 E.实践锻炼 F.相机生成 G.潜移默化 I.其他_____	
	活动2	教师行为	A.定目标　B.定主题 C.讲知识　D.创情景 E.提问题　F.做反馈 G.给材料　H.筹活动 I.推步骤　J.答疑问 K.导方法　L.做演示 M.做总结　N.评学生 O.其他_____	A.教师的活动有效地引导并推进了学生的活动 B.教师的活动充分地利用了学生活动的成果（与学生的活动有互动性） C.教师对教材的处理有利于学生学习知识，提升历史核心素养 D.教师的活动有利于教学内容以更合宜的方式呈现给学生 E.教师的活动与预设的教学目标相符 F.以上项目均无明显体现
		学生行为	A.听讲　B.练习 C.阅读　D.视听 E.思考　F.交流 G.研讨　H.展示 I.答问　J.操作 K.试讲　L.评价 M.其他_____	A.学生活动时间得到保证 B.大部分学生都能积极参与活动（参与人数为全班人数的60%及以上） C.学生的活动充分、情绪饱满 D.学生的活动有序开展 E.学生的活动与学习内容紧密相关 F.以上项目均无明显体现
		育人融点	A.学科认知 B.德性育人 C.审美育人 D.健康育人 E.劳动育人	A.历史知识 B.历史方法 C.历史思维 D.家国情怀 E.社会责任 F.个人品行 G.自然之美 H.人文之美 I.智慧之美 J.身体健康 K.心理健康 L.劳动意识 M.实践活动
		育人策略	A.传统说教 B.创意吸引 C.直观形象 D.体验感悟 E.实践锻炼 F.相机生成 G.潜移默化 I.其他_____	

续表

学科	高中历史	课题		授课人	
\multicolumn{6}{	c	}{教学过程}

环节二：新课教学	活动3	教师行为	A.定目标　B.定主题 C.讲知识　D.创情景 E.提问题　F.做反馈 G.给材料　H.筹活动 I.推步骤　J.答疑问 K.导方法　L.做演示 M.做总结　N.评学生 O.其他_____	A.教师的活动有效地引导并推进了学生的活动 B.教师的活动充分地利用了学生活动的成果（与学生的活动有互动性） C.教师对教材的处理有利于学生学习知识，提升历史核心素养 D.教师的活动有利于教学内容以更合宜的方式呈现给学生 E.教师的活动与预设的教学目标相符 F.以上项目均无明显体现
		学生行为	A.听讲　B.练习 C.阅读　D.视听 E.思考　F.交流 G.研讨　H.展示 I.答问　J.操作 K.试讲　L.评价 M.其他_____	A.学生活动时间得到保证 B.大部分学生都能积极参与活动（参与人数为全班人的60%及以上） C.学生的活动充分、情绪饱满 D.学生的活动有序开展 E.学生的活动与学习内容紧密相关 F.以上项目均无明显体现
		育人融点	A.学科认知 B.德性育人 C.审美育人 D.健康育人 E.劳动育人	A.历史知识　B.历史方法　C.历史思维 D.家国情怀　E.社会责任　F.个人品行 G.自然之美　H.人文之美　I.智慧之美 J.身体健康　K.心理健康　L.劳动意识 M.实践活动
		育人策略	\multicolumn{2}{l	}{A.传统说教　B.创意吸引　C.直观形象　D.体验感悟　E.实践锻炼 F.相机生成　G.潜移默化　I.其他_____}
环节三：课堂小结		教师行为	A.定目标　B.定主题 C.讲知识　D.创情景 E.提问题　F.做反馈 G.给材料　H.筹活动 I.推步骤　J.答疑问 K.导方法　L.做演示 M.做总结　N.评学生 O.其他_____	A.教师的活动有效地引导并推进了学生的活动 B.教师的活动充分地利用了学生活动的成果（与学生的活动有互动性） C.教师对教材的处理有利于学生学习知识，提升历史核心素养 D.教师的活动有利于教学内容以更合宜的方式呈现给学生 E.教师的活动与预设的教学目标相符 F.以上项目均无明显体现

续表

学科	高中历史	课题		授课人	
教学过程					

环节三：课堂小结	学生行为	A.听讲　B.练习 C.阅读　D.视听 E.思考　F.交流 G.研讨　H.展示 I.答问　J.操作 K.试讲　L.评价 M.其他_____	A.学生活动时间得到保证 B.大部分学生都能积极参与活动（参与人数为全班人的60%及以上） C.学生的活动充分、情绪饱满 D.学生的活动有序开展 E.学生的活动与学习内容紧密相关 F.以上项目均无明显体现
	育人融点	A.学科认知 B.德性育人 C.审美育人 D.健康育人 E.劳动育人	A.历史知识　B.历史方法　C.历史思维 D.家国情怀　E.社会责任　F.个人品行 G.自然之美　H.人文之美　I.智慧之美 J.身体健康　K.心理健康　L.劳动意识 M.实践活动
	育人策略	A.传统说教　B.创意吸引　C.直观形象　D.体验感悟　E.实践锻炼 F.相机生成　G.潜移默化　I.其他_____	
环节四：作业布置	教师行为	A.定目标　B.定主题 C.讲知识　D.创情景 E.提问题　F.做反馈 G.给材料　H.筹活动 I.推步骤　J.答疑问 K.导方法　L.做演示 M.做总结　N.评学生 O.其他_____	A.教师的活动有效地引导并推进了学生的活动 B.教师的活动充分地利用了学生活动的成果（与学生的活动有互动性） C.教师对教材的处理有利于学生学习知识，提升历史核心素养 D.教师的活动有利于教学内容以更合宜的方式呈现给学生 E.教师的活动与预设的教学目标相符 F.以上项目均无明显体现
	学生行为	A.听讲　B.练习 C.阅读　D.视听 E.思考　F.交流 G.研讨　H.展示 I.答问　J.操作 K.试讲　L.评价 M.其他_____	A.学生活动时间得到保证 B.大部分学生都能积极参与活动（参与人数为全班人的60%及以上） C.学生的活动充分、情绪饱满 D.学生的活动有序开展 E.学生的活动与学习内容紧密相关 F.以上项目均无明显体现
	育人融点	A.学科认知 B.德性育人 C.审美育人 D.健康育人 E.劳动育人	A.历史知识　B.历史方法　C.历史思维 D.家国情怀　E.社会责任　F.个人品行 G.自然之美　H.人文之美　I.智慧之美 J.身体健康　K.心理健康　L.劳动意识 M.实践活动
	育人策略	A.传统说教　B.创意吸引　C.直观形象　D.体验感悟　E.实践锻炼 F.相机生成　G.潜移默化　I.其他_____	

续表

学科	高中历史	课题		授课人	
教学过程					
育人效果总体评价	等级：优、良、中、差	（5个为优、4个为良、3个为中、3个以下为差） A.教学目标定位准确、多育融通，表述准确。 B.学科知识点准确，关键词明晰。 C.育人点恰切，与学科知识视点关联度高，育人表达丰富。 D.育人方式科学合理，契合知识视点结构，契合学生学情，充分调动了学生学习、探索的主动性。 E.学生的人文情怀，或科学精神，或核心价值观有提升；有实践活动等拓展延伸任务。 F.以上项目均无明显体现。			
观课感言与建议					

需要指出的是：此表是高中历史学科全息育人课堂教学观察的基础表，教师可以根据需要对此表进行调整、增删。评价者在使用《北碚区高中历史学科全息育人课堂教学观察记录表》时，必须遵循实事求是的原则，结合教学实际对比量表观测点，从而对观测对象做出正确的评价，提出中肯的意见和建议。

三、行为评价法

过去的教学评价方式存在一些缺陷，例如可评测师生的思维但评测不了学生的思维变化。

行为评价法是对过去的评价方法的有益补充，它包括对学生参与的评价、学生行为的评价和学生表达的评价。它更加重视对学生学习过程的评价，更侧重检测教育结果，更有利于提高学生的动手实践能力，培养学生的创新能力。

对学生参与教学活动广度和深度的评价，具体体现在对学生课前参与准备评价、课堂参与表现评价、课后作业及时完成与反馈。学生不仅仅是书本知识的简单接受者，还是在知识学习过程中的参与者和运用者。教师应该转变角色，变书本知识的灌输者为学生主动参与学习的引导者，积极引导学生主动动手、动嘴、动脑参与到获取知识的全过程。同时，对学生的评价也反映出了教师的教学方法选用是否适宜，教学设计是否新颖适用，教学内容重组是否准确恰当，教学效果是否达成。通过对学生的评价还可以认识到教师在教学过程中的主导地位。教师在行为评价中，应加大对学生参与教学情况的评价力度。进行评价时，教师要明确学生在教学活动中的主体地位，注意发现学生的闪光点和个性(在教学活动中和评价活动中),以培养学生的自信心,保持他们健康向上的积极心态。

在行为评价中,教师和学校应时刻注重评价过程的动态化和评价内容的全面化。形成性评价和动态评价是评价学生行为的有效方式。"1967年美国知名评价学家斯克里芬提出'形成性评价',并指出形成性评价结果形成于学习过程中,旨在通过发现学习问题的方法,科学完善教学策略,保证教育策略与学生学习现状相适应。美国的教育学家布卢姆是正式把'形成性评价'引入到教育工作之中的先行者,他认为,课程编制、教学与学习是形成性评价所涉及的重要内容,而教师需要根据评价结果不断地改进教学模式。"[1]形成性评价和动态评价重在对学生学习过程进行评价,并把学习中发现的学习难题及具体情况记录在评价之中。形成性评价和动态评价可以为学生指明学习方向;可以让师生及时发现问题,并从实际情况和自身条件出发,充分探讨问题,进而改善历史学科的整体教学情况;可以优化学生的学习效果。其中,通过观看形成性评价的过程,还可以让学生清楚自身的进步,增强他们学习的自信心,提高其学习效果。

在对学生行为进行评价时,教师还应结合历史学科的特点去分析、阐释、评价历史,使其形成正确的历史观。一般而言,人们对历史的认识过程是由表及里、逐渐深化、层层递进、螺旋式上升的过程。学生通过了解历史唯物主义基本原理和方法论,能够将其运用于历史的学习与探究中,并将其作为认识世界和解决现实问题的指导思想。

四、作业评价法

作业是课堂教学的延伸,是检测学生学习情况和反馈教师教学效果的重要途径,是历史教学过程中必不可少的内容,是历史教学的重要组成部分。对教师来说,检查历史作业是检查教学情况、评价教学效果的重要途径之一。但是,当前的历史作业,无论是从教学层面还是从评价层面来看,都存在着形式较为单一的问题,如以书面作业为主,忽视实践性作业,从而难以培养学生解决现实问题的能力。同时,作业过多与现代教育"双减"的要求有较大差距。因此,教师亟须在教学过程中布置形式多样的历史作业。高中历史学科全息育人下的作业评价法,主张将书面作业与实践作业相结合,在合理利用好书面作业评价的同时适当提高实践作业评价的比重,让学生的动口、动手能力协调发展。从教学评价的角度看,通过对学生实践性作业完成度的评价,可判

---

[1] 欧咏华.形成性评价在大学英语教学中的运用[J].海外英语,2020(3):83.

断学生通过高中历史学习所掌握的历史知识、所具备的关键能力和所形成的正确价值观念的情况。实践性作业的适度增加,让学生从新颖的历史作业中体验历史学习的乐趣,从心底里爱上学习历史,从而提升学生的历史核心素养。高中历史学科实践性作业包括以下类型:

第一类作业是突出锻炼学生综合能力的历史写作。例如,让学生阅读一本与历史有关的书籍或观看历史纪录片后,撰写读后感或观影心得。阅读历史书籍可以拓展学生的知识面,加深学生对历史知识的理解。当然,教师所推荐的阅读书目,其内容要尽量与教学内容有一定的关联,要符合高中生的心理特征和认知水平,要考虑到不同学生的接受程度等。历史纪录片在一定程度上还原了历史的原貌,有助于学生更直观地认识、理解历史问题。这是历史教学的有效补充。例如,我们在古代史的教学中,可以引导学生阅读吕思勉先生的《中国通史》,观看由电影频道节目中心制作出品、中国社会科学院监制的百集大型电视纪录片《中国通史》,并就自己喜欢的某个内容或片段撰写读后感或观影心得。

第二类作业是制作历史手抄报或者制作历史多媒体资料。以制作历史手抄报为例,学生围绕教学内容中的某个主题,在查阅资料、开展研究的基础上开始制作手抄报,在"做"中学习历史。例如,在制作有关《中外历史纲要(上)》第18课《挽救民族危亡的斗争》手抄报时,可以"孙中山先生的革命经历"为主题,以小组合作的形式开始制作。这样做也可以加深他们对孙中山革命精神的进一步认识。对于生活在网络时代的高中生而言,制作历史多媒体资料不仅可以有效地激发他们学习历史的兴趣,加深其对历史的理解,还能充分锻炼他们的动手能力等。例如,在制作有关《中外历史纲要(下)》第10课《影响世界的工业革命》多媒体资料时,学生可以围绕第一次工业革命或者第二次工业革命中他们关注的一个或多个点,查阅有关资料,利用图片、文字、音频和视频等,以小组合作的形式开始制作。这类作业不仅有利于学生掌握相关历史知识,而且有利于学生揭示历史事物的本质,进而掌握运用唯物史观分析历史事物的方法。

第三类作业是历史调查。它包括参观烈士陵园、历史博物馆、历史古迹、历史遗址和进行相关采访等。学生可通过完成这类作业,走出课堂,走向社会,将书本知识与社会实践相结合,将学到的"死知识"转化为可理解、可运用的"活知识",将书本知识转化为解决实际问题的能力,进而发挥历史学科"史鉴"功能,真正做到学以致用。例如,教师在讲统编教材《中外历史纲要(上)》第25课《人民解放战争》时,可以课前让学生先去采访当地健在的老战士,通过对他们的访谈,加深学生对重庆谈判、全面内战等相关知识点的理解,加深学生对"没有共产党就没有新中国"的理解,升华学生的爱国情怀。

当然,教师在布置历史调查作业前一定要对学生进行有针对性的指导。譬如,在学生进行采访之前,要有针对性地指导学生拟定访谈方案和问题,事先征得受访者的同意,才能进行文字记录、录音和录像工作。在采访的过程中,要求学生充分尊重受访者,做好记录等。采访结束之后,要求学生对本次采访所获得的资料进行整理,并撰写采访后记。

高中历史学科全息育人作业评价法不仅要关注作业的类型,还要关注教师对作业的处理方式,通过引导教师评价方式的改变来更新评价观念。

第四节　高中历史学科全息育人课堂教学案例与评析

本节内容是基于选择性必修一《国家制度与社会治理》第14课《当代中国的外交》中的"中美建交"片段的高中历史学科全息育人课堂教学案例(教学设计、教学实施)和评价。希望读者通过对本节内容的阅读,能够加深对高中历史学科全息育人教学评价理念、原则的理解。

一、案例

(一)教学设计

表5-2　第14课《当代中国的外交》中的"中美建交"片段的教学设计

课题	选择性必修一《国家制度与社会治理》第14课《当代中国的外交》中的"中美建交"片段(案例由重庆市朝阳中学向晨老师提供)	授课时间	15分钟
课型	新授课		
学科课程标准分析	1.了解20世纪50—70年代我国社会主义建设在探索中曲折发展和取得的伟大成就;2.理解中国在外交领域所取得的成就在新中国历史上所具有的开创性、奠基性意义; 3.梳理毛泽东对中国革命和社会主义建设的贡献,认识毛泽东思想对近现代中国的深远影响。		
单元教学目标	1.梳理20世纪50—70年代中国在政治、经济、外交、国防等领域所取得的伟大成就; 2.理解这些成就在新中国历史上所具有的开创性、奠基性意义,感悟这一时期中国人民艰苦奋斗、奋发图强的精神风貌。		

续表

课题	选择性必修一《国家制度与社会治理》第14课《当代中国的外交》中的"中美建交"片段(案例由重庆市朝阳中学向晨老师提供)		授课时间	15分钟
教学内容分析	"开创独立自主的和平外交"子目主要叙述了新中国成立以来到改革开放前中国在外交方面取得的成就,"中美建交"片段以20世纪70年代的中国外交为着眼点,聚焦中美建交相关史实。整体而言,中美建交反映了在冷战大背景下,我国国家领导人和外交工作者在独立自主和平外交的指引下,审时度势,以高明的政治智慧和高超的外交技巧,维护了国家利益,开创了中国外交好局面,为中国的发展赢得了有利的国际环境。通过对本片段的学习,有利于培养学生面对陌生、复杂环境,面对棘手问题时,能灵活运用唯物史观分析、解决实际问题的能力,在理性认知下进行正确判断和抉择。			
学情分析	学生具有一定的历史认知能力和理性思维意识,能够从国际与国内两个视角审视历史问题,但在面对重大抉择时可能判断不清,且不够果决。			
师情分析	本片段的教学内容,需要教师具有高站位、宽视野,并能理清纷繁复杂的头绪并从中抓住主要线索进行科学分析、准确判断。			
片段教学目标	1.基于内因与外因分析中美建交的背景、原因和意义,在历史细节中把握矛盾的主次,培养学生具体问题具体分析的能力; 2.梳理中美建交的完整历程,认识国家领导人国家利益至上的价值观念和在处理重大问题中所展现的杰出智慧,进而培养学生在理性认知下对现实问题做出正确判断和抉择的能力。			
学习重难点	重点:中美建交的背景、原因。 难点:认识国家领导人国家利益至上的价值观念和在处理重大问题中所展现的杰出智慧,进而培养学生在理性认知下对现实问题做出正确判断和抉择的能力。			
教学方法	综合运用讲授法、情景体验法、问题探究法等。			
教学过程				

环节	教学内容	教师活动	学生活动	设计意图 (育人点及育人效果预期)
课题导入		播放纪录片《中美建交》并提问:20世纪50-70年代中美关系出现了什么变化?(情境创设)	观看纪录片后回答问题。	利用纪录片营造学生学习中美关系的情境,利用问题激发学生学习兴趣并导入新课学习。
新课教学	第一篇:困局	从中、美两个角度提供材料,引导学生分析中美建交的背景。	根据史料并结合所学知识,认识到建交是中美两国的共同愿望。	通过对中美建交背景的分析,培养学生论从史出的史料实证意识和能力等。
	第二篇:破局	"定调"从中、美两个角度分别给学生相关材料,引导学生进行分析。	根据史料,结合相关知识,概括中美两国领导人对当时中美关系的判断。	学生通过对比两组史料,明确中美两国能够成功建交的一个关键是为了维护国家利益,准确把握了瞬息万变的国际形势。认识国家领导人高明的政治智慧和外交工作者高超的外交技巧。

续表

课题	选择性必修一《国家制度与社会治理》第14课《当代中国的外交》中的"中美建交"片段（案例由重庆市朝阳中学向晨老师提供）			授课时间	15分钟
环节	教学内容	教师活动	学生活动	设计意图（育人点及育人效果预期）	
新课教学	第二篇：破局	"试探" 展示尼克松就中美关系的各种谈话材料等和毛泽东主席会见美国友好人士埃德加·斯诺的图片。	根据史料提取有用信息并做出解读。	通过阅读材料，观察图片，培养学生从材料中提取和解读信息的能力。	
		"契机" 邀请学生讲述"乒乓外交"的故事。	学生聆听"乒乓外交"的故事。	学生通过聆听"乒乓外交"的故事，理解历史的必然和偶然。	
		"清障" 提问：基辛格秘密访华的原因？	探究基辛格秘密访华的原因。	认识中美两国建交的不易，培养时空观念下的历史探究能力。	
		"求同"播放尼克松访华的相关纪录片。	观看尼克松访华的纪录片。	认识两国暂时搁置社会制度和意识形态的异，追求平等互利的同。	
		"建交" 展示《中华人民共和国和美利坚合众国联合公报》（又称《上海公报》）和《中华人民共和国和美利坚合众国关于建立外交关系的联合公报》两则材料。提问：中美双方关注的焦点是什么？	阅读材料，并回答问题。	认识到维护国家利益是外交的出发点和落脚点和中国在主权问题上决不妥协的原则，培养学生的家国情怀。	
	第三篇：析局	组织讨论：回顾中美建立的历程，你从中获得了哪些启示？	学生围绕问题展开讨论并分享讨论结果。	培养学生的合作学习意识，贯彻高中历史学科实践育人要求，汲取历史智慧，助推自我发展。	
课堂反馈	略				
课堂小结	略				
作业布置	以"假如我是一名外交官"为题，叙述你对中美关系的认识。（要求：不限字数、观点鲜明、表达准确、逻辑严密）				
板书设计	课题导入 新课教学：第一篇 20世纪60年代中美外交的困局 　　　　　第二篇 中美双方的默契和角力 　　　　　第三篇 中美建交的启示				
教学反思	略				

(二)教学实施

【新课导入】

教师:播放纪录片《中美建交》并提问:20世纪50—70年代中美关系出现了什么变化?

学生:(观看视频后回答)中美关系从20世纪50年代的敌对到70年代的建交。

教师:40多年前,中美两国领导人从各自的国家利益出发,以非凡的战略眼光和卓越的政治智慧,做出中美建交的历史性决定,这是一个改变当代国际关系史的决定。中美建交不仅翻开了中美关系的新篇章,也对国际格局的演变产生了深远影响。

【新课教学】

教师:我们就以"局"为主题来探究中美建交的过程。

第一篇:困局

教师:20世纪50—70年代,中美关系出现了翻天覆地的变化。为什么会出现这一变化?请看材料并回答问题。

材料一　在美苏军备竞赛中,苏联已从战略防御转入战略进攻;美国在越南战争中陷入进退维谷的困境,国际地位下降;在对中国的敌对、孤立和封锁中付出了高昂的代价。

材料二　进入20世纪70年代,西欧、日本与美国的同盟国政治关系逐渐发生变化,其主要表现在西欧六国和日本在外交上的独立自主倾向日益明显;美国再也不能像战后初期和50年代那样,在西欧阵营里颐指气使,发号施令;不结盟运动的兴起和发展中国家的崛起,在一定程度上改变了世界的面貌。

问题:根据以上材料并结合所学知识,分析当时美国面临的国内外困境,以及这些困境对美国外交产生的影响。

学生:当时,美国在美苏较量中处于不利地位;美国面临来自西欧、日本以及第三世界国家崛起的挑战;美国深陷越南战争;中国的崛起让美国孤立中国的政策破产。上述情况迫使美国调整外交政策。

教师:多角度分析是认识历史事物的基本方法。通过对材料一、二的分析,我们认识到美国需要及时调整外交政策。那么当时的中国外交处于什么状况呢?请看材料三、四。

材料三　(由于)1959年苏联在中印边界冲突问题上偏袒印度,并以突然袭击的方式撤退了所有专家,中止了一切援建项目的合同,两国关系交恶,中苏边界纠纷随之开始……

——摘编自伍正华《最高荣誉　"八一勋章"英模故事》

材料四 1969年3月2日,苏联军队又一次对珍宝岛实施武装入侵,并向中国岸上纵深地区炮击。中国边防部队被迫进行自卫反击……15日再度发生更大规模的激烈冲突,双方甚至动用了重武器。这就是轰动一时的"珍宝岛"事件。

——方贺《党员干部不可不知的国际关系常识》

问题:根据材料三、四并结合所学知识,分析当时的中苏关系。

学生:中苏关系恶化。

教师:中苏关系恶化表明了当时中国外交处于什么状况,应该如何应对?

学生:当时的中国外交环境恶化,中国需要调整外交方向。

教师:综上,我们可以得出什么结论?

学生:当时,中美两国都面临不同的困境,这为中美关系的改善提供了可能。中美关系逐步走向正常化并非一方的努力,而是双方共同利益所在。

第二篇:破局

破局一:定调

材料五 1967年……右翼政治家理查德·尼克松的一篇文章中提出:"从长远的观点看,我们负担不起永远把中国留在各国大家庭之外……"1969年尼克松在大选中获胜,当选美国的总统。在就职演说中,他再次含蓄地表达了缓和对华关系的主张:"我们谋求建立一个开放的世界……在这个世界里,大小国家的人民都不会怒气冲冲地处于与世隔绝的地位。"入主白宫后不久,他便指示美国国家安全委员会研究同中国人接触的可能性。

——陶文钊《中美关系史(1949-1972)》

问题:根据材料五,请指出尼克松对中国态度的变化。

学生:从过去的强硬反华到主张缓和对华关系。

材料六 1969年珍宝岛发生武装冲突后,根据毛泽东的提议,周恩来指示陈毅、叶剑英、徐向前、聂荣臻四位老帅研究国际问题。在分析当时国际形势的前提下,四位老帅认为,在中、美、苏"大三角"关系中,中苏矛盾大于中美矛盾,苏美矛盾大于中苏矛盾,率先提出了打美国牌的设想。毛泽东经过反复权衡之后,也认识到了这一策略手段的战略意义,因而下决心摆脱一切束缚,批准同美国接触并全面缓和关系。

——摘编自杨奎松《中华人民共和国建国史研究》

设问:根据材料六,指出毛泽东对中美关系所做的决定是什么。

学生:同意与美国接触并全面缓和关系。

教师:毛泽东做出这一决定的前提是什么?

学生:认真研究、反复权衡。

教师:毛泽东处理中美关系的做法带给我们的启示有哪些?

学生:抓住机遇、理性认知、科学判断、准确选择。

教师:中美能够成功建交的一个重要原因在于两国领导人站在国家立场上理性分析并准确把握瞬息万变的国际局势。

破局二:试探

材料七 1970年10月……在欢迎罗马尼亚总统晚宴的祝酒词中,尼克松意味深长地使用了"中华人民共和国"的名称,这是有史以来第一位美国总统在公开场合使用这个正式的称呼。

——陶文钊《中美关系史(1949—1972)》

设问:从材料七中你找到了哪些信息?这些信息传递出尼克松怎样的外交信号?

学生:公开使用"中华人民共和国"的名称。表明尼克松利用第三方向中国传递缓和外交关系的想法。

材料八 图 5-1

图 5-1

设问:图片所示事件发生于1970年12月25日。从图片中你能找到哪些信息?

学生:毛主席接见美国友好人士埃德加·斯诺,美国人民是我们的朋友。

教师:这些信息传递出中国政府怎样的外交信号?

学生:缓和与美国的外交关系。

破局三:契机

教师:历史既有必然性也有偶然性。一次偶然的"乒乓外交",加速了中美建交的进程,从而"小球转动大球",打开了中美交往的大门。

学生:讲述"乒乓外交"的故事。

破局四：清障

教师：在中美双方不断接触和商讨下，1971年基辛格"秘密"访华。为什么基辛格要秘密访华？其作用有哪些？

学生：中美双方长期隔阂没有建立外交关系、中美双方各自承受着来自国内外的压力。为尼克松访华铺好了道路。

破局五：对话

教师：播放尼克松访华的纪录片。

学生：观看尼克松访华的纪录片。

破局六：建交

教师：1972年尼克松访华，双方在上海发表《上海公报》，中美之间的坚冰逐渐被打破。而后中美双方开始为建交进行谈判。1978年《中美建交联合公报》发表。

材料九 美国认识到，在台湾海峡两边的所有中国人都认为只有一个中国，台湾是中国的一部分。

——1972年《上海公报》

材料十 美利坚合众国承认中华人民共和国政府是中国的唯一合法政府……美利坚合众国政府承认中国的立场，即只有一个中国，台湾是中国的一部分。

——1978年《中美建交联合公报》

设问：在中美关系正常化过程中，双方关注的焦点问题是什么？

学生：台湾问题。

教师：中国在此问题上的基本立场是怎样的？

学生：坚持一个中国原则，即中华人民共和国。

教师：回顾中美建交的历程，你认为推动中美建交的主要因素是什么？

学生：首先是人的因素。尤其是毛主席的正确判断和高超外交智慧对中美关系的改善起到了巨大作用。其次是世界格局的影响。

第三篇：析局

教师：从打破中美20世纪60年代外交困境到实现中美关系正常化这一历程，你领悟到了什么？

学生：面对问题时的理性认知、科学判断和准确选择很重要。人应该要有底线思维和坚持原则。解决问题时，要抓住问题的关键面，要有技巧，不能一味蛮干。

二、评析

表5-3 《中美建交》片段课堂教学观察记录表

学科	高中历史	课题	《中美建交》	授课人	向晨

教学过程			
	一级指标	二级指标	三级指标
环节一：新课导入	教师行为	A.定目标 B.定主题 C.讲知识 D.创情景√ E.提问题√ F.作反馈√ G.给材料 H.筹活动 I.推步骤 J.答疑问 K.导方法 L.做演示 M.做总结 N.评学生 O.其他__	A.教师的活动有效地推进了学生的活动√ B.教师的活动充分地利用了学生活动的成果（与学生的活动有互动性）√ C.教师对教材的处理利于学生学习知识、开展活动√ D.教师的活动利于教学内容以更合宜的方式呈现给学生√ E.教师的活动与预设的教学目标相符√ F.以上项目均无明显体现
	学生行为	A.听讲 B.练习 C.阅读 D.视听√ E.思考 F.交流 G.研讨 H.展示 I.答问√ J.操作 K.试讲 L.评价 M.其他_	A.学生活动时间得到保证√ B.大部分学生都参与活动（60%）√ C.学生的活动充分、情绪饱满√ D.学生的活动有序开展√ E.学生活动与学习内容紧密相关√ F.以上项目均无明显体现
	育人融点	A.学科认知√ B.德性育人√ C.审美育人 D.健康育人 E.劳动育人	A.历史知识 B.历史方法√ C.历史思维√ D.家国情怀√ E.社会责任 F.个人品行 G.自然之美 H.人文之美 I.智慧之美 J.身体健康 K.心理健康 L.劳动意识 M.实践活动
	育人策略	A.传统说教 B.创意吸引√ C.直观形象√ D.体验感悟 E.实践锻炼 F.相机生成 G.潜移默化 I.其他__	
环节二：新课教学	活动1	教师行为	A.定目标 B.定主题 C.讲知识√ D.创情景√ E.提问题√ F.作反馈√ G.给材料√ H.筹活动 I.推步骤 J.答疑问√ K.导方法 L.做演示 M.做总结 N.评学生√ O.其他__
			A.教师的活动有效地推进了学生的活动√ B.教师的活动充分地利用了学生活动的成果（与学生的活动有互动性）√ C.教师对教材的处理利于学生学习知识、开展活动√ D.教师的活动利于教学内容以更合宜的方式呈现给学生√ E.教师的活动与预设的教学目标相符√ F.以上项目均无明显体现

续表

学科	高中历史	课题	《中美建交》	授课人	向晨
教学过程					

环节二：新课教学	活动1	学生行为	A.听讲√ B.练习 C.阅读 D.视听√ E.思考 F.交流√ G.研讨 H.展示√ I.答问√ J.操作 K.试讲 L.评价 M.其他__	A.学生活动时间得到保证√ B.大部分学生都参与活动(60%)√ C.学生的活动充分、情绪饱满√ D.学生的活动有序开展√ E.学生活动与学习内容紧密相关√ F.以上项目均无明显体现
		育人融点	A.学科认知√ B.德性育人√ C.审美育人√ D.健康育人√ E.劳动育人√	A.历史知识√ B.历史方法√ C.历史思维 D.家国情怀√ E.社会责任 F.个人品行√ G.自然之美 H.人文之美 I.智慧之美√ J.身体健康 K.心理健康 L.劳动意识√
		育人策略	A.传统说教 B.创意吸引√ C.直观形象√ D.体验感悟√ E.实践锻炼 F.相机生成√ G.潜移默化√ I.其他__	
环节三：课堂小结		教师行为	A.定目标 B.定主题 C.讲知识 D.创情景 E.提问题 F.作反馈 G.给材料 H.筹活动 I.推步骤 J.答疑问 K.导方法 L.做演示 M.做总结 N.评学生√ O.其他__	A.教师的活动有效地推进了学生的活动√ B.教师的活动充分地利用了学生活动的成果(与学生的活动有互动性)√ C.教师对教材的处理利于学生学习知识、开展活动 D.教师的活动利于教学内容以更合宜的方式呈现给学生 E.教师的活动与预设的教学目标相符 F.以上项目均无明显体现
		学生行为	A.听讲√ B.练习 C.阅读 D.视听 E.思考 F.交流 G.研讨 H.展示 I.答问 J.操作 K.试讲 L.评价 M.其他__	A.学生活动时间得到保证 B.大部分学生都参与活动(60%) C.学生的活动充分、情绪饱满 D.学生的活动有序开展 E.学生活动与学习内容紧密相关 F.以上项目均无明显体现
		育人融点	A.学科认知√ B.德性育人√ C.审美育人√ D.健康育人 E.劳动育人	A.历史知识√ B.历史方法√ C.历史思维 D.家国情怀√ E.社会责任 F.个人品行√ G.自然之美 H.人文之美 I.智慧之美 J.身体健康 K.心理健康 L.劳动意识

续表

学科	高中历史	课题	《中美建交》	授课人	向晨
教学过程					

	育人策略	A.传统说教√ B.创意吸引 C.直观形象 D.体验感悟√ E.实践锻炼 F.相机生成 G.潜移默化 I.其他 ___				

环节四：作业布置	教师行为	A.定目标√ B.定主题√ C.讲知识 D.创情景√ E.提问题 F.作反馈√ G.给材料 H.筹活动 I.推步骤 J.答疑问 K.导方法 L.做演示 M.做总结 N.评学生 O.其他 ___	A.教师的活动有效地推进了学生的活动 B.教师的活动充分地利用了学生活动的成果（与学生的活动有互动性）√ C.教师对教材的处理利于学生学习知识、开展活动√ D.教师的活动利于教学内容以更合宜的方式呈现给学生√ E.教师的活动与预设的教学目标相符√ F.以上项目均无明显体现
	学生行为	A.听讲√ B.练习 C.阅读√ D.视听 E.思考√ F.交流 G.研讨√ H.展示 I.答问 J.操作 K.试讲 L.评价 M.其他 ___	A.学生活动时间得到保证√ B.大部分学生都参与活动（60%）√ C.学生的活动充分、情绪饱满√ D.学生的活动有序开展 E.学生活动与学习内容紧密相关√ F.以上项目均无明显体现
	育人融点	A.学科认知√ B.德性育人√ C.审美育人√ D.健康育人 E.劳动育人	A.历史知识√ B.历史方法√ C.历史思维 D.家国情怀 E.社会责任 F.个人品行√ G.自然之美 H.人文之美 I.智慧之美√ J.身体健康 K.心理健康 L.劳动意识
	育人策略	A.传统说教 B.创意吸引 C.直观形象 D.体验感悟 E.实践锻炼 F.相机生成 G.潜移默化 I.其他 ___	

育人效果总体评价	等级：优、良、中、差、	（达到指标，5个为优√、4个为良、3个为中、3个以下为差） A.教学目标定位准确、全面（五育融通），表述准确。 B.学科知识视点（知识点）准确，关键词明晰。 C.育人点恰切，与知识视点相关度高，育人表达丰富。 D.育人方式科学合理，契合知识视点结构，切合学生经验，充分调动了学生主动性。 E.学生有人文情怀，或科学精神，或核心价值观的情感升华；有健康活动、实践活动的拓展延伸任务。 F.以上项目均无明显体现。

续表

学科	高中历史	课题	《中美建交》	授课人	向晨

教学过程	
观课感言及建议	从目标看，本片段教学达成了必备知识和核心素养的目标要求。通过材料解析和视频引导，教师向学生呈现了中美关系正常化的基本史实，并从宏观视角将中美关系置于国际大背景下剖析外交关系与国家利益之间的关系。中美关系从"坚冰"走向"破冰"的历程充满了艰辛，教师将历史视角细化，通过宏观分析加微观透析的方式将中美关系缓和的过程细腻地呈现给学生。在感悟历史的同时，学生能体会到"国家利益是外交的出发点和落脚点"，在主权问题上我们应该据理力争、决不妥协，培养学生的家国情怀。在讲授过程中，教师对比以毛泽东为代表的中国领导人在对外关系上的考量和坚持，学生在潜移默化中能感受到他们高超的外交智慧和卓越的政治才能，体会到历史智慧之美和历史伟人的个人魅力。 　　从内容看，本片段教学主线清晰、史料丰富。以"局"为题，围绕"困局""破局""析局"的主线，思路清晰、立意高远，教学设计新颖。在史料选取上不落窠臼，选取了大量史料，如杨奎松《中华人民共和国建国史研究》、何春超《国际关系史》、陶文钊《中美关系史（1949—1972）》、刘建飞《中美建交给中国与世界带来深远影响》等，内容丰富、角度广泛。运用大量历史专业书籍和相关论文作为本堂课的素材，不仅能凸显历史的厚重感，更能培养学生的历史专业素养，提升其历史逻辑思维能力。 　　从过程来看，本片段教学注重学生课堂参与，坚持"以人为本"。教学环节设计上，教师在第一个环节引导学生阅读史料、提取信息；最后一个环节，教师提问——围绕"从打破中美20世纪60年代外交困境到实现中美关系正常化这一历程，你领悟到了什么？"小组推选一人作为记录人和发言人，最后小组讨论结果展示出来。教师通过增强课堂互动，拉近与学生的距离，让学生感受到历史离我们并不遥远，只要善于思考，可以变被动学习为主动学习，自己去感受历史的魅力。 　　从方法来看，本片段教学以单元主题式教学为指引，综合运用情境教学法、问题引导法、小组合作探究法等，在设计过程中注重教学手段多样化，既有视频资源创设历史情境吸引学生注意，也有提问互动活跃课堂氛围。 　　从效果来看，本片段教学中，学生全身心投入，教师专业素养和个人魅力得到彰显。在学习的过程中，学生学习兴趣浓厚、富有想象力，知识迁移能力增强，学科思维、情感体验和实践能力得到加强，落实了核心素养的培养。教师在整个讲授过程中充满关爱，语言幽默且肢体表达富有亲和力。教师语言表达准确、语调张弛有度、语气抑扬顿挫，具有较强的课堂表现力。整堂课下来，教师良好表现力产生的一种美感，有助于将听众带入教学情境中。本课稍显遗憾的是，课堂部分问题设置较难，学生思考起来有困难，课堂气氛稍显沉闷。 　　尤其值得肯定的是：第一，本片段教学充分体现了全过程育人。教师在课前查找多方资源，充分利用史料；充分了解学情，做好调查研究，从实际出发，制定切实可行的教学设计。在教学中，积极引导学生思考，鼓励学生问题生成，启迪学生迸发思维火花，课堂气氛融和，教学效果良好。在课后，依托教学效果、课堂作业、教师撰写教学反思等方式，从本课教学中总结经验，吸取教训，为以后的教育教学奠定了基础。第二，本片段教学注重学生的个体全面发展。例如，在教学的最后一步，教师设问："围绕从打破中美20世纪60年代外交困境到实现中美关系正常化这一历程，你领悟到了什么？"这一设问，具有较强的开放性和包容性，有利于培养学生的发散思维和正确价值观念。学生通过讨论，将本片段所获成果与自我人生发展道路相结合、实现历史学习与现实生活相结合，掌握了在面对陌生、复杂问题时进行理性认知和正确抉择的关键能力，进而树立"肩负时代重任，立志扎根人民、奉献国家"的精神和在人生道路上"刚健有为、自强不息"等自我价值观，为其今后的发展打下了坚实基础。

第六章 高中历史学科全息育人学科研修

"教师是学校发展的第一硬件。"一个学校要发展,首先要建立一支高素质的教师队伍。同样,一个科任教师要想在学校内拥有话语权,就必须先提升自身素质,提高自己的教学实力。高中历史学科全息育人学科研修,在"五育融合 主题设计"等理念的指导下,遵循"学科性与育人性相结合"等原则,通过"三级联动"等多种研修方式,扩展参研教师的育人知识面,增强参研教师的育人技能,点燃参研教师的育人情怀,促进了区域高中历史学科教学育人整体水平的提高。

第一节　高中历史学科全息育人学科研修理念

从短期来看,先进的研修理念能促进参研教师积极思考,推动研修活动顺利进行,达成研修活动的培训目的。从长远来看,先进的研修理念能在潜移默化中强化参研教师的育人素养,引起参研教师长时间地、深入地思考,最终促使并引导参研教师塑造自我的教学灵魂。高中历史学科全息育人学科研修理念是对学科全息育人理念的细化和补充,是北碚区高中历史学科研修践行学科全息育人理念的经验总结,它具体表现为"五育融合 主题设计,多方联动 众筹智慧,课题推进 任务驱动,问题引领 精准施策,技术加持 手段创新"五个方面。

一、五育融合 主题设计

"构建德智体美劳全面培养的教育体系,必须把德智体美劳作为一个整体予以考虑,揭示德智体美劳"五育"之间的内在联系与相互融合、相互促进的发展逻辑。这是构建德智体美劳全面培养的教育体系的理论基础。"[1]"五育融合"不是简单地将德智体美劳进行拼接或叠加,而是通过它们的相互渗透,实现整体"五育"的生成。"'五育融合',不仅是一种教育价值观,也是一种教育创新思维方式,更是一种教育实践新范式。"[2]高中历史学科全息育人主张将德智体美劳"五育"整体融入学科研修,通过"五育

---

[1] 冯建军.构建德智体美劳全面培养的教育体系:理据与策略[J].西北师范大学报(社会科学版),2020(3):5.
[2] 宁本涛."五育融合"与中国基础教育生态重建[J].中国电化教育,2020(5):1.

间、五育与学科教学、五育与师生全面发展"的有效融合(参见图6-1),合力培养高素质的高中历史教师和德智体美劳全面发展的优秀学生。

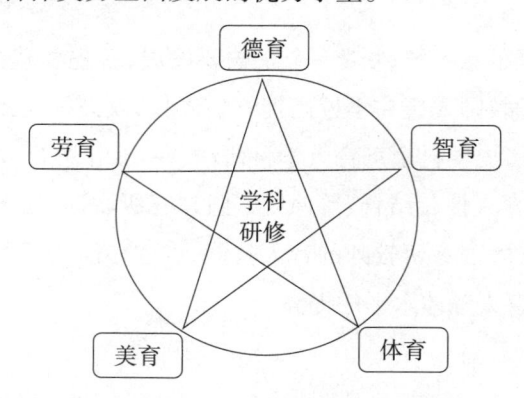

图6-1 高中历史学科研修"五育融合"示意图

"主题设计"是"五育"融入学科研修的重要方式。设计是指"在正式做某项工作之前,根据一定的目的要求,预先制定方法、图样等"[①]。

高中历史学科全息育人学科研修围绕"五育"主题设计研修方案。研修方案的设计要围绕教师在课堂育人过程中存在的真实问题进行,应将"五育"主题贯穿于研修目标的预设、策略的运用、素材的筛选、效果的检测等环节。

二、多方联动 众筹智慧

"众人拾柴火焰高。"全体高中历史教师是高中历史学科全息育人学科研修活动的参与者。研修主题的确立、研修方案的制定、研修环节的实施和研修效果的评估都有赖于全体高中历史教师。"多方联动"反映了高中历史学科全息育人学科研修中"教师、学校、集团、教研员"等多方研修参与者和机构之间的相互关联、上下联动。教师个体不能解决的问题通过校本研修解决,校本研修不能解决的问题通过集团研修来解决,集团研修不能解决的通过学科教研员带领全区高中历史教师共同解决。在研修的过程中,智慧众筹的对象从高中历史教师个体到全区高中历史教师。通过"多方联动、众筹智慧",参加研修的高中历史教师在研修中的身份从以往的"旁观者"变成了现在的教学策划者、设计者、实施者和评价者。这样做能让全体高中历史教师积极有效地参与研修活动,同心协力地完成教研任务。

---

① 中国社会科学院语言研究所词典编辑室.现代汉语词典(第7版)[M].北京:商务印书馆,2016:1153.

三、课题推进 任务驱动

高中历史学科全息育人学科研修针对高中历史教师在育人过程中所遇到的理论性较强且涉及面较广的重大问题,采取课题推进的方式开展研修。"课题推进"有利于提高参研教师的积极性,强化参研教师的成果意识,加快将研修成果转化为教学效益的速度。例如,围绕"如何提升高中历史课题育人实效"这个当前高中历史课堂育人的关键问题,重庆市北碚区全体高中历史教师在区教研员廖成林老师的带领下以"高中历史学科全息育人课堂教学实践研究"为题申报重庆市教育科学"十三五"规划2019年度重点无经费课题(渝教规办[2019]9号)(以下称"课题")并顺利立项(课题批准号:2019-10-256)。通过对此课题的研究,北碚区高中历史教师共同构建起了高中历史学科全息育人指标体系,探究了高中历史全息育人的途径与方法,开发了一批关于高中历史学科全息育人的教学案例等课程资源。同时,通过这一研究还提升了研究者的理论素养、研究能力和实践水平,并为其他后续研究奠定了坚实的基础。

"任务驱动"贯穿于整个研修活动的始终。在研修中,每位参研教师紧紧围绕某个特定的任务,通过组建研修小组,实现互助学习、合作探究,共同完成了所接任务。"研修主题化、主题课题化、课题任务化"是高中历史学科全息育人学科研修的基本思路。依据此思路,我们建构了"课题推进 任务驱动"的研修模型。

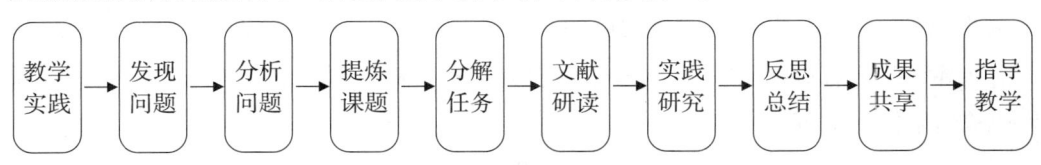

教学实践 → 发现问题 → 分析问题 → 提炼课题 → 分解任务 → 文献研读 → 实践研究 → 反思总结 → 成果共享 → 指导教学

图6-2 "课题推进 任务驱动"研修模型示意图

四、问题引领 精准施策

"心理学研究表明,问题解决中存在元认知因素,元认知训练可以提高问题解决的能力。"[1]元认知是个体对自己认知系统的认知和调控。作为教师,他们具有较强的元认知能力。高中历史全息育人学科研修以问题为引领,通过激发参研教师的元认知,培养他们的分析、解决问题能力。在研修中,问题贯穿于研修的准备、实施和评价全程。其具体体现为问题的提出、分析和解决三个部分。首先,通过问卷等方式向参加研修活动的对象收集问题;其次,整理、筛选出真的、亟须解决的和大多数教师共同面

---

[1] 王众,喻平.问题解决中元认知的心理学研究及其对中学数学教学的启示[J].教育研究与评论(中学教育教学),2020(1):24.

临的共性问题；再次，对问题进行研修价值判断并确定研修的主题；最后，将主题分解成若干个具体的问题，并开展研修活动。

高中历史学科全息育人学科研修主张"自上而下的高位引领与自下而上的需求分析相结合"[1]，并提出建立研修学习共同体和建构专业课程研修模块，对高中历史课堂进行"精准施策"，帮助教师解决课堂中所面临的关键问题，其施策的精准性表现在解决研修问题策略的针对性和时效性上。

五、技术加持 手段创新

《教育信息化十年发展规划（2011—2020年）》发布以后，"互联网+教育""信息化教学""教育信息化""可视化教学"等新型教学手段陆续出现。其中，"互联网+教育"成为当前教育的"新常态"和学科教学的新手段，它不仅为教师的专业成长提供了新思路，还为高中历史学科全息育人学科研修指明了前进的方向。

以往的历史学科研修活动都以现场研修为主。由于现场研修受时间和空间的限制较大，所以主要靠区域内教师进修学院（学校）和研修学校通过自身的内驱力来达成研修目的。自"新冠"疫情发生后，信息化学科研修的地位日渐凸显。高中历史学科全息育人学科研修在现代信息技术的"加持"下，创新研修手段，将研修现场从教室拓展到网络空间，利用现代信息技术创设的研修网络平台，建构起了云端学科研修形式。信息技术"加持"下的高中历史学科全息育人学科研修基于信息技术与学科研修的深度融合，力求通过"推动教师应用网络学习空间、教师工作坊、研修社区等，利用线上资源，结合线下研讨，提高应用信息技术进行学情分析、教学设计、学法指导和学业评价等的能力，破解教育教学重难点问题，满足学生个性化发展需求，助力学校教学创新"[2]。

第二节　高中历史学科全息育人学科研修原则

高中历史学科全息育人学科研修以提升高中历史教师的育人素养为抓手，通过学科研修助力参研教师消除专业蔽障，提升教育教学能力，在育学生的同时也育自我。

---

[1] 蒋敏杰.问题引领需求，研修促进教师"成事""成人"[J].江苏教育研究，2017(Z5)：31.
[2] 参看：《教育部关于实施全国中小学教师信息技术应用能力提升工程2.0的意见》.

在研修活动中,我们遵循"学科性与育人性相结合、整体性与个体性相结合、双赢性与共进性相结合、合作性与开放性相结合、针对性与时效性相结合"的原则开展研修。

一、学科性与育人性相结合原则

高中历史学科全息育人学科研修,以提升区域内高中历史教师育人整体水平为研修出发点,以区域内高中历史教师育人素养的提升为抓手,遵循学科性和育人性相结合原则开展研修活动。首先,历史学科有其自身区别于其他科目的特点,即独特的学科性。其次,历史学科本身蕴涵独特的育人价值,它是提升历史教师自身思想观念、道德水平的重要资源。因此,在开展高中历史学科全息育人学科研修活动时,不仅要体现历史学科的特点,更要引导教师挖掘历史学科的育人内涵,以彰显历史学科独特的育人价值。

二、整体性与个体性相结合原则

整体和个体之间是辩证统一的关系。整体包含个体,整体主导个体的发展;整体由个体组成,个体影响整体。在特定的时空状态中,个体关键部分的功能及其变化在一定程度上对整体的功能会起到决定作用。因此,在高中历史学科全息育人学科研修活动中,我们应重视整体的力量,同时,重视个体作用的发挥,用个体的力量推动整体的发展。高中历史学科全息育人学科研修通过参研教师群体的智慧众筹来帮助教师个体的发展,同时,通过参研教师个体育人理念的更新、育人行为的改善来提升区域内高中历史教师队伍的整体水平。

三、双赢性与共进性相结合原则

高中历史学科全息育人学科研修主张在区域内学校间的学科教研组开展学科大教研活动。鉴于区域内学校高中历史学科间在育人资料、育人效果等上存在一定差异的状况,北碚区由区教师进修学院历史教研室牵头,聚合区内学校全部高中历史学科资源,建立起了资源联盟,实现了资源共享。具体而言,即是在区域研修中,发挥优秀教研组的教研引领作用、学科名师的学术引导作用、骨干教师的课堂示范作用,强化区内薄弱历史教研组的危机意识、参与意识和竞争意识。通过先进经验的介绍、先进理念的宣传、先进做法的推广、前沿学术的研讨、高效课堂的示范,让区域内高中历史教师在交流学习中,共同进步,实现多方共赢、共进。

四、合作性与开放性相结合原则

高中历史学科全息育人合作研修的内容开放、形式开放、过程开放和评价开放。研修内容的开放性主要体现在主题和素材的选择上。研修形式的开放性则表现在将目前流行的研修模式的选择上，即选择适合主题的研修形式，如讲座、课堂、沙龙等即可。研修过程的开放性则是充分发挥研修者的积极性，灵活设置研修要求，不对其做过多的限制，赋予研修者充分的时空自由，以调动研修者的研修积极性。研修评价的开放性则是体现在评价主体的多元和评价方式的多样上。总之，合作之下的研修能够众筹智慧，而开放研修则有利于深入学习和分享智慧。

五、针对性与时效性相结合原则

针对性分为研修主题的针对性和研修过程的针对性两方面，它指向研修的深度，能确保研修过程不偏题、不跑题，研修活动始终围绕预设的主题进行。时效性指向研修活动对参研者产生影响的时间长度，它能最大限度地解决对参研者而言的"当时有效，过后无用"的问题。高中历史学科全息育人学科研修，从宏观处定位、中观处建构、微观处透析，力求做到主题针对、方案针对、实施针对和评价时效，把针对性和时效性贯穿于研修的始终，能使高中历史学科全息育人学科研修效果从低效走向高能。

第三节　高中历史学科全息育人学科研修策划与实施

学科研修是促进教师成长的重要手段。学科研修是以促进学生全面发展和教师专业成长为目的，以学科教育教学过程中教师所面对的各种具体的教育教学问题为研究对象，以教师为研究主体、专业研究人员为合作伙伴的实践性研究活动。高中历史学科全息育人学科研修从策划到实施，依据高中历史学科全息育人学科研修的相关理念，遵循高中历史学科全息育人学科研修的相关原则，具有较强的创新性、可操作性和可借鉴性。

一、研修活动的策划

对于学科研修而言,有品质的学科研修应该是参研教师和组织者之间、参研教师相互之间的思想有碰撞、灵魂有交融。有品质的学科研修要有有品质的研修策划。

(一)确立有品质的研修主题

首先,研修主题站位要高。有品质的学科研修应该从教师终身发展的角度出发确立立意高远的研修主题。这一主题应着眼于教师的发展,落脚于教师的成长(即教学理念的更新、教学行为的改善、教学风格的形成和教学文化的凝练)。

其次,研修主题要有较强的有效性和针对性。教师参加研修的目的就是为了解决和摆脱学科育人中遇到的实际问题与困惑。因此,有效的、针对性强的研修主题才能给参研教师真正的帮助。例如,"基于合作的课堂教学微格观察与诊断""基于合作互动的'教学问题大会诊'"等主题。

最后,研修主题要具有连续性和渐进性。研修活动不是一劳永逸的,试图通过一次研修活动就解决所有问题是不切实际的。要达到更新教育理念、改善教学行为、形成教学风格和凝练教学文化的目的,需要坚持对某一主题进行长时间的、持续的、渐进的研究。因此,研修活动的策划应尽量做到将若干系列性与连续性的表面相异而实质相关的主题系列化,做阶段性的、持续的、渐进的研究。

(二)选择适切的研修素材

首先,要紧密围绕研修主题选择研修素材。主题统帅素材,素材拱卫主题。主题在素材的充实下变得鲜明,素材在明确的主题下变得凝实。主题离开了素材,只是一种可能;素材如果没有主题的统帅,就是一堆零散的材料。只有紧紧围绕主题,对素材进行适当取舍和合理构建,才能策划出有品质的研修活动。

其次,研修素材要尽量取自于教师的日常教学。取自教师日常教学的素材才能更真实地反映教师教学实际,具有较高的说服力,便于被参研者所接受。

(三)选择恰当的研修方式

首先,要选择交互性较强的研修方式。有品质的学科研修方式应是从单向授受变成双向互动,从单纯指导变成合作探究。研修活动如果内容不精彩,方式还单一,那教师就会对研修活动缺乏兴趣。

其次,研修方式要多样化,随着研修进程随时转换。除了研修的结构要从个体化向体系化、课程化转变以外,研修方式也应该多样,实行"自选餐式"的研修,以满足不同层次教师的需求。

(四)制定研修方案

制定研修方案有利于研修实施目标的达成和研修效率的提高。研修方案的内容包括研修的时间、地点、人员、主题、背景、目标、方式、过程(准备、实施、总结)和反思等。高中历史学科全息育人学科研修方案主要包括校本研修方案、集团研修方案和区域研修方案三种类型。具体内容参见《北碚区高中历史学科全息育人学科研修方案》。

表6-1 北碚区高中历史学科全息育人学科研修方案

时间:		地点:		人员:	
项目			内容		
研修主题					
研修背景					
研修目标					
研修方式					
研修过程	准备				
	实施				
	总结				
研修反思					

二、研修活动的实施

经过北碚区高中历史教研人不懈探索,北碚区高中历史学科建立起了一套相对稳定且高效的研训实施模型。它以主题引领下的"三级联动式研修"为主,"工作坊式研修""创客式研修"等为辅,是北碚区高中历史教研人智慧和汗水的结晶。

(一)研修活动的实施模型

建构实施模型的目的是为了高效、便捷地开展教师研修活动。高中历史学科全息育人学科研修活动实施模型是北碚区高中历史教师学科研修实践经验的总结,主要包括主题引领下的三级联动式研修、工作坊式研修和创客式研修三种类型。

1.三级联动式研修。

三级联动是在高中历史学科全息育人学科研修中实现"校本研修、集团研修、区域研修"三级之间相互关联、上下联动。教师参与培训的目的是"希望解决教育教学中的实际问题。希望所培训知识能够马上解决教育教学问题,具有较强的实用主义学习观"[1]。三级联动式研修是基于教师遇到的实际问题,围绕研修主题,采用校本研修、集团研修和区域研修逐层递进的方式展开的研修。它有机地将行动研究与理论研修相结合,形成了教学、教研、培训三位一体研修模型。其研修思路见《北碚区高中历史三级联动主题研修模型示意图》。

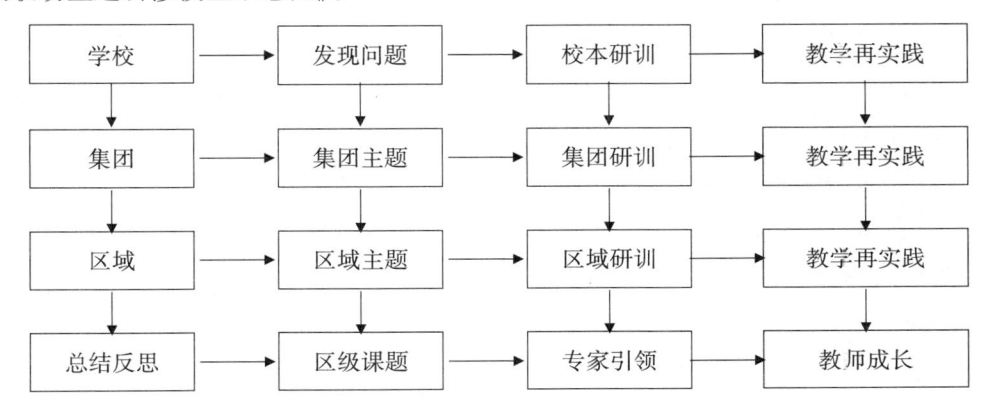

图6-3 北碚区高中历史三级联动主题研修模型示意图

（1）学校教研组、年级备课组内的校本研修。学校的校本研修由学校历史教研组成员、年级备课组成员和区历史教研员组成。学校校本研修的中心工作是根据每个学校学科教育教学和教师的不同情况,在区教研员的协助下由学校的教研组和备课组制订相应的校级历史学科研修计划,确定历史学科研修的时间,落实研修地点,将教师课堂教学中发现的问题或遇到的困惑转化为相关研修主题进行相应的研修。通过研修解决本校历史教师在课堂教学中遇到的实际困难,提高本校历史教师的综合能力,提升学校历史学科教学质量。

（2）集团学校之间的校际片区研修。集团学校之间的校际片区研修由相关历史教师组织开展,其中心任务是紧紧围绕提升集团内部学校历史学科教育教学的综合实力,促进集团学校内部历史学科教师的均衡发展。通过学科资源共享、集团教研活动、片区研修活动等提升校际片区历史学科在整个北碚区历史学科教育教学中的地位,解决校际片区内历史教师提出的具有共性的问题。在整个研修过程中,北碚区历史教研员要全程参与。

（3）区级分年级的学科研修。区级研修由全区所有高中历史教师共同参与,以区历史教研员、区高中历史核心组成员和骨干教师为核心,依托区教师进修学院,以课例研修为载体,采取主题研修、蹲点指导、送教下校、同课异构、教学竞赛、专家讲座和集

---

[1] 朱东敏,顾洁,王希.基于成人学习理论的校本培训有效性探究[J].湖南农机,2010(11):205

中培训等多种方式解决全区高中历史教师在实际教育教学中遇到的具有共性的问题，推广部分优秀教师的先进教学经验、方法，提升全区高中历史教师的教学水平、执教能力和科研能力，并在此基础上提升历史学科的整体实力和本学科在北碚区的地位。

2.工作坊式研修。

工作坊的概念由美国著名的风景园林师劳伦斯·哈普林引入都市计划形成工作坊式后，便成为帮助各种不同立场、不同族群的人们思考、探讨和相互交流的一种方式，它是鼓励参与，积极创新并寻找解决对策的一种办法。[①]之后，工作坊式研修被引进到教育教学和教师研修领域，并逐渐成为国际上比较流行的教育教学和教师研修的模型。

高中历史学科全息育人学科研修活动中的工作坊是一个多人共同参与的场域与过程。[②]它要求参研人员在研修过程中能够相互沟通、共同思考，共同进行调查与分析、提出方案或规划，通过讨论让这个方案或规划进一步完善，付诸实践，并在行动后反思改进。学科教师研修工作坊是以一名在某个学科领域富有经验的教师为核心，10~20名的学习团队成员在该教师的指导下，通过活动、讨论、训练等多种方式，共同探讨学科或学科教学的某个主题。[③]

高中历史学科全息育人指引下的工作坊式研修活动的操作流程通常分三个阶段。

前期　设计阶段主要是团队共同准备并分享参研学习的相关资料，让参研者在平等的条件下沟通、交流、讨论。

中期　实施阶段则通过进一步的分组讨论，促进参研者通过对研修主题的探讨，形成共识，并逐步建立新的评价标准。

后期　推进阶段则要求参研者分组讨论、交流，多角度分析，巩固学习所获，寻找今后努力的方向。

3.创客式研修。

随着"互联网+"、大数据、云计算等与传统教育关联的日益密切，信息技术与学科研修的深度融合已成为新时代学科研修发展的新趋势。教育部在《教育信息化"十三五"规划》（后简称《规划》）中提出："要融合网络学习空间创新教学模式、学习模式、教研模式和教育资源的共建共享模式。"同时，《规划》要求，"有条件的地区要积极探索信息技术在'众创空间'、跨学科学习（STEAM教育）、创客教育等新的教育模式中的应用，着力提升学生的信息素养、创新意识和创新能力，养成数字化学习习惯，促进学生的全面发展，发挥信息化面向未来培养高素质人才的支撑引领作用。"北碚区高中历史学科

---

① 施民贵.小学语文写作选修课程指南[M].杭州：浙江大学出版社，2021：223.
② 刘建珠."译"路前行 我的翻译学博士学习论文集[M].武汉：武汉大学出版社，2018：24.
③ 朱福荣.浇根式改善型教师培训[M].重庆：西南师范大学出版社，2016：172.

教研人将"创客教育"引入教师研修中,开展创客式研修,其目的就在于通过创客式的学习方式创设双向、多元、人本的研修环境,创新研修方式,培养创客型教师队伍,将"培训所传达的先进的教育观念与科学教学方法内化于教师,形成教师的专业知识以及反思性的教育智慧"[①],为教师教育教学专业素养的培养开辟新的路径。

第一,研修组织者寻找到参研教师学习兴趣点。基于创客式研修模型,研修组织者激发参研教师的研修兴趣,提高参研教师学习的积极性和主动性。兴趣被激发的参研教师拥有的强烈求知欲能够推动研修活动的有序、顺利开展。

第二,参研教师应主动参与研修活动,把"死知识"变成"活知识",实现思想的碰撞,让整个研修活动在碰撞与竞争中展开、深入。研修中,研修组织者可以采用"闯关、积分、奖励"等形式,让参研教师体验挑战带来的刺激与竞争的快感。创客式研修的开展,有利于"提升教师的创客素养进而培养学生创新、协作、交流、共享的能力"[②]。

高中历史学科全息育人学科研修通过对相关研修模型的灵活运用,打破了教师的专业认知桎梏,激发了教师的专业情感,提高了教师的专业技能、专业素养,升华了教师的育人情怀。

(二)研修活动的实施保障

高中历史学科全息育人学科研修从制度、队伍到技术等方面给研修活动提供了充足的保障,努力确保研修效益的最大化。

1.制度保障。高中历史学科全息育人学科研修在活动中引入了竞争机制、成果分享和转化机制等,能极大刺激参研教师的能动性,有效提高参研教师的积极性。良性竞争机制,有利于参研教师自觉地组织起来开展集体创造和互帮互研。良性竞争对于参研教师个人专业素养的提升有很大的促进作用。成果分享和转化机制,有利于促进历史全息育人研修群体和其他学科全息育人研修群体之间的交流,进而提升研修成效。

2.队伍保障。高中历史学科全息育人学科研修通过组建研修专家资源库的方式建立了一支"高校专家与中学教师相结合、理论与实践相结合、区内与区外相结合"的高素质的研修专家队伍。研修专家资源库成员包括区内外的优秀高中历史教师、教研组组长、骨干教师、学科名师、学科带头人、省市区高中历史教研员和大学教授等。这支研修专家队伍有力地保证了高中历史学科全息育人学科研修的质量。

3.技术保障。信息技术的迅猛发展为研修活动提供了更广阔的空间。[③]同时,信息

---

① 韩萍,李忠军.参与式教师培训的理念及实践策略[J].现代教育管理,2013(1):92.
② 董同强,马秀峰.中小学创客型教师参与式培训模式研究[J].现代基础教育研究,2017(12):79.
③ 李焕朝,曹晔.以信息技术为载体构建教师培训新模式[J].当代教研论丛,2016(4):3.

技术的迅猛发展还为教师研修活动提供了新的活力和技术支撑。教育和信息技术的深度融合为高中历史学科全息育人学科研修提供了技术保障。研修中,信息技术融入研修目标的确立、研修资源的搜集、研修方式的选择、研修实施的优化、研修效果的检测和研修活动的反思与总结,有力地保障了研修的实效性。

第四节 高中历史学科全息育人学科研修案例及评析

高中历史学科全息育人学科研修的不断推进,有力地推动了北碚区高中历史学科教学向学科育人的转变。在这一转变过程中,一大批优秀的高中历史教师、优质课例和优秀研修案例涌现出来,持续推动着北碚区高中历史教师在高中历史学科育人的探索道路上不断前行。

一、案例

(一)研修方案

时间:2020.9-2020.12　　地点:重庆市兼善中学校　　人员:北碚区高中历史教师

表6-2 基于高中历史学科全息育人的文化史教学设计策略

项目	内容
研修主题	基于高中历史学科全息育人的文化史教学设计策略
研修背景	在教育部制定并发布的《中华优秀传统文化进中小学课程教材指南》(后简称《指南》)中指出:"开展中小学中华优秀传统文化教育……是强化中华优秀传统文化铸魂育人功能,落实以中华优秀传统文化涵养社会主义核心价值观,实现中华优秀传统文化传承发展系统化、长效化、制度化的重要举措。"同时,《指南》就文化史教学方面还指出:"开展中小学中华优秀传统文化教育,对于永续中华民族的根与魂,坚守中华民族的共同理想信念,筑牢民族文化自信、价值自信的根基,维护国家文化安全,增强国家文化软实力,培养青少年做堂堂正正的中国人,具有重要意义。"可见,开展中华优秀传统文化教育在高中历史教学中占有极高的地位。现在,很多高中历史教师在进行文化史教学时,更注重文化史的文学性质,弱化了文化史的史学性质和育人功能,究其原因在于他们缺乏文化史教学设计相关策略的储备。因此,探究文化史教学设计的相关策略已成为当前高中历史教师进行学科研修的必然选择。
研修目标	助力参研教师认识历史文化史育人的重要性,厘清文化史育人的思路,掌握文化史教学的相关策略,增强全区文化史课堂育人的实效。

续表

项目		内容
研修主题		基于高中历史学科全息育人的文化史教学设计策略
研修方式		三级联动式研修
研修安排	准备	2020年9月10日前,确定研修主题。 收集问题:利用网络平台搜集当前本地区高中历史教师在文化史教学中遇到的问题。 整理问题:文化史内容过多,不能在上课期间完成新课教学;不好把握文化史教学的主题和线索等。 确定主题:高中历史学科全息育人的文化史教学设计策略。 布置任务:区历史教研员召开会议,向朝阳中学教育集团、兼善中学教育集团、江北中学教育集团说明本次研修的主题、背景及目标,布置相关事宜,要求以集团学科中心组为单位,结合研修主题开展集团研修。各校教研组组长带领本校教师,围绕研修主题开展校本研修。
	实施	2020年9月23日开展校本研修。 以学校教研组为单位在教研组组长的组织下开展校本研修,研修的主要任务包括以下三个方面。 一、主备教师根据前期准备阐述教学设计内容,阐明设计意图。其余参研教师围绕主题,根据主备教师的教学设计内容阐述对教学设计进行修改、打磨,形成参加集团研修的课例设计。 二、根据搜集、整理的文化史育人材料,从教学设计、实施的角度、思路、注意事项等不同维度细化集团交流微讲座。 三、梳理自身在教学设计中存在并拟提交给集团研修的待解决问题。 区教研员全程参与学校的校本研修。 2020年10月14日开展集团研修。 以集团为单位,在集团学科中心组负责人的带领下,围绕研修主题开展研修。研修任务包括以下两个方面。 一、对集团内各校教研组上传的教学设计、微讲座和教师在备课中遗留的在校本研修中未解决的问题进行研讨,经过研讨确定推荐的区域教研课例和讲座。 二、对推荐的区域教研课例和讲座进行集体打磨。 区教研员全程参与集团研修。

续表

项目	内容	
研修主题	基于高中历史学科全息育人的文化史教学设计策略	
研修安排	总结	2020年11月13日开展区域研修。 以区域为单位,在学科教研员的带领下,围绕主题以课例研修的方式进行线上和线下集中研讨。 研讨包括五个环节。 一、主题阐释,即区历史教研员或指定教师从研修背景、目标、流程和评测等方面,阐释本次研修主题。 二、课例观摩,即全体参研教师聆听说课和观摩课例(课例来源于集团推荐,既可以是一节课例,也可以是同课异构)。 三、分组研讨,即参研教师根据分组观察,结合观察量表进行互动交流,研讨组组长撰写评测报告、梳理小组困惑。 四、分组汇报,即每个小组推荐一名教师展示本组评测结果、提出修改建议和困惑。 五、学术引领,即由集团推荐的教师或邀请的学科专家就研修主题或教师困惑做微讲座或主题学术报告。通过他们的学术引领,解答参研教师困惑,为其指明后续研修方向。
		2020年11月25日进行总结。 全体参研教师结合自己参加主题研修(校本、集团、区域)的感受,谈体会、认识、收获、建议,并通过区域学科信息平台进行交流、展示,相关教师进一步完善教学设计,撰写主题论文(或报告),并上传区域资源库,作为研修资源供全区高中历史教师分享。区教研员指定专人撰写教研简报并在研修平台及时发布,供全区教师阅读。
研修反思	2020年12月23日前完成相关研究论文的撰写。	

(二)研修记录

1.校本研修:重庆市兼善中学历史教研组关于"高中历史学科全息育人的文化史教学设计策略"的校本研修记录。[①]

(1)研修主题:高中历史学科全息育人的文化史教学设计策略。

(2)研修任务:制作、优化《三国至隋唐的文化》教学设计。

(3)研修方式:课例研修。

(4)研修时间:2021年3月3日。

(5)研修地点:重庆市兼善中学308教室。

(6)参研人员:重庆市兼善中学高中历史教师(部分)。

(7)研修经过:

①向柏沿老师介绍教学设计思路。

[①] 本记录由重庆市兼善中学高中历史教研组提供.

教学理念：以高中历史学科全息育人"五育融合""双主共学""以史育人"理念为指导设计本课。

立意：根据高中历史学科全息育人点导引的建议，结合本课教学内容和课程标准的要求，将本课立意为"和合之美"。

教学目标：感受三国至隋唐时期中国文化的激荡与多元；认识三国至隋唐时期中国文化精神的和融。

教情、学情分析：略。

导入：以中央电视台纪录频道关于三国至隋唐时期国宝纪录片相关视频导入新课。

教学环节：

第一环节是以填表的方式让学生识记本课的基础知识，感受三国至隋唐时期中国文化的激荡与多元。

第二环节是以青州龙兴寺的佛像作为引入材料，探究三国至隋唐时期佛教在中国传播及其与中国本土文化的融合情况，认识当时中国文化精神的和融。

第三环节基于三国至隋唐时期中国文化的对外传播的史实，认识中国文化对世界产生的影响，进而树立文化自信。

②参研人员谈认识和建议。

参研人员结合向柏沿老师的教学设计阐述和自我前期资料搜集以及自己的教学设计谈认识和建议（部分摘录）：A.教学理念先进、教学立意高远且符合文化史教学要求。B.教学设计要立足课标的要求，文化史教学应挖掘文化背后的育人资源，本课以文化自信立意，抓住了文化史教学的落脚点，但导入过程过于平淡，只是视频播放，无相关问题设置，学生无法快速有效地进入学习情景，且视频和本课所学知识的关联不强，可以改用河南卫视春晚中《唐宫夜宴》的视频。C.本课设计逻辑不够严密，仅凭佛教在中国的传播不能得出中国文化精神和融的结论。D.文化自信的前提是文化认同，本课在设计上应从三国至隋唐时期的文化特点入手，引导学生认识中国文化的先进性，实现文化认同后，再树立文化自信。

③汇总、梳理：理顺教学设计思路。

本课教学立意于"多元一体的三国至隋唐文化"，将本课分为三个子目：

一、多元：三国至隋唐文化的特点。学生通过阅读教材内容梳理三国至隋唐文化的成就，引导学生归纳文化多元的表现。

二、一体：三国至隋唐文化的趋势。通过对典型文物的深入探究，发现在学术思想大交汇、民族大融合的历史背景下文化走向交流融合的趋势，并分析其成因。

三、自信：三国至隋唐文化的价值。以开阔的视角认识中华文明，在潜移默化中涵养家国情怀。

2.集团研修:北碚区兼善教育集团历史教研组关于"高中历史学科全息育人的文化史教学设计策略"的校本研修记录。[①]

(1)研修主题:高中历史学科全息育人的文化史教学设计策略。

(2)研修任务:优化《三国至隋唐的文化》教学设计,探讨文化史教学策略。

(3)研修方式:课例研修、主题交流。

(4)研修时间:2021年3月10日。

(5)研修地点:重庆市兼善中学录播室。

(6)参研人员:北碚区兼善教育集团高中历史教师。

(7)研修经过:

①参研教师观摩向柏沿老师执教的《三国至隋唐的文化》现场课例,并运用《北碚区高中历史学科全息育人课堂观察量表》进行观察。

②参研人员结合课堂观察谈认识和修改意见(部分摘录)。

目标预设:以文化史育人为导引,文化自信为立意,历史解释为抓手,通过对学生历史学科核心素养的培育彰显历史课程的育人功能。文化史育人和文化自信是本课的教学立意,而非教学目标,所以教学设计中应结合立意和教学内容,提出明确的教学目标,如多元一体。

教学思路:通过归纳三国至隋唐时期文化的特点,把握三国至隋唐时期文化发展的趋势,探究三国至隋唐时期文化的价值,引导学生认同并传承中国优秀传统文化,树立文化自信。思路较为清晰,但三国至隋唐时期文化趋势归纳部分的教学环节仍需进一步细化。首先要让学生把握一体的趋势,其次要讲明这一趋势的表现,再次要清楚分析这一趋势出现的原因,否则就无法谈影响。

教学方式:教学方式的选择、运用合理,情境体验式教学和问题探究式教学交互使用,通过视频、文字、图片和教师口述给学生创设了真实的学习场景,结合层级清晰的问题的提出,既让学生学会了相关学习方法的运用,又培养了他们的学科思维,还培养了他们面对陌生问题时独立解决问题的能力。

文化史教学策略:首先,教学应定位在发掘、传承、弘扬中华优秀传统文化之上;其次,在教学内容上要加上当前的最新考古发现;再次,在教学思路上要有完整且严密的逻辑体系;最后,在教学方式上要采用创设真实情境和可探究的问题相结合的方式。

③汇总、梳理:修订教学设计思路。本课教学立意于"多元一体的三国至隋唐文化",将本课分为三个子目:

---

① 本案例由北碚区兼善教育集团历史教研组提供.

一、多元：三国至隋唐文化的特点。学生通过阅读教材内容梳理三国至隋唐文化的成就，引导学生归纳文化多元的表现。

二、一体：三国至隋唐文化的趋势。通过对典型文物的深入探究，发现在学术思想大交汇、民族大融合的历史背景下文化走向交流融合的趋势，并分析其成因。

三、自信：三国至隋唐文化的价值。以开阔的视角认识中华文明，在潜移默化中涵养家国情怀。

3.区域研修：重庆市北碚区高中历史学科"基于高中历史学科全息育人的文化史教学设计策略"主题研修记录。[①]

(1)研修主题：高中历史学科全息育人的文化史教学设计策略。

(2)研修任务：形成北碚区高中历史学科全息育人的文化史教学设计策略。

(3)研修方式：课例研修、互动交流、主题讲座。

(4)研修时间：2021年3月17日。

(5)研修地点：重庆市兼善中学录播室和会议室。

(6)参研人员：北碚区全体高中历史教师。

(7)研修经过：

①参研教师观摩向柏沿老师执教的《三国至隋唐的文化》现场课例，并运用《北碚区高中历史学科全息育人课堂观察量表》进行观察。

②参研人员结合课堂观察结果，依据会前搜集的材料，立足自我的教学认识，围绕"高中历史学科全息育人的文化史教学设计策略"分组谈观点、想法，形成小组共识并做交流分享。

目标设计组认为：本课例在教学目标上以文化自信为教学立意，立意表述清楚、目标明确，具有层次性且可达成、可观察、可评价。

教学路径设计组认为：本课例，路径设计科学、合理。首先，以填表的方式让学生识记本课的基础知识；其次，通过对表格的分析概括三国至隋唐文化的多元特点；再次，从三国至隋唐时期儒、道、佛三教在教义上相互借鉴、相互吸收所表现出来的"趋同"揭示这一时期文化的"一体"趋势，从"中外交流""民族交融"的角度梳理"一体"趋势的表现，从"时代""统治者"等探究这一趋势出现的原因；最后，从"价值"角度分析三国至隋唐文化的历史价值和时代价值，引导学生在认同的基础上传承和发扬中华优秀传统文化，达成"文化自信"立意和"以文育人、以文化人"的目标。

方法设计组认为：本课例，利用河南卫视春晚中《唐宫夜宴》视频创设真实性情境，

[①] 本案例由重庆市北碚区教师进修学院廖成林老师提供.

引入新课;利用儒、道、佛的教义互融创设开放性情境,引导学生探究"一体"趋势;利用撰写传承文化建议书创设生活情境,检验学生传承和发扬中华优秀传统文化的意识和行为。本课的教学过程展现了教师在课堂教学中情境体验式教学和问题探究式教学的综合运用。

资源设计组认为:本课例,基于教学目标,在资源的设计上展现出了多样的特点,体现资源为教学服务的思想,但对资源的挖掘不够。例如日本友人对《唐宫夜宴》视频的评价不仅可作为导入,还可作为旁证中华优秀传统文化的证据,更是日本友人认同中华优秀传统文化的实证。

评价设计组认为:本课例,主要通过问题进行评价,在方式上相对单一。评价的主体仅有教师,主体唯一。评价的内容主要以课堂设问和课后设问展开,问题分别指向知识、能力和思维,具有层次性。

③专家引领:教学设计策略是一个完整的设计闭环,讲求目标明确、路径清晰、方式合理、评价灵活、资源丰富、技术高超。具体而言在路径设计策略上,首先要理解文化自信的内涵是思想上认同、行为上践行。其次,要明晰合理的教学思路,即以文育人、以文化人。再次,文化史教学的基本路径应是:文化的内涵→文化的外显特点→文化的发展趋势→文化的核心价值等。

在方式设计策略上,首先教学方法的选择立足了历史学科"过去性""可认知性"的特点。其次,情境体验式教学和问题探究式教学的综合运用体现了高中历史学科教学的特点,符合文化史教学要求。

在资源设计策略上,首先,资源的类型应丰富多样,文献类、音像类、图片类和实物类等资源应灵活使用。其次,资料的选择要基于教学目标,为实现目标服务。再次,资源的运用要合理、科学,不要只追求数量而应讲求用好、用活资料。

在评价设计策略上,首先评价手段应多元,其次评价主体应多重,再次评价内容应具有层次。

在技术运用策略上,首先教师要有将现代信息技术与课堂教学设计相融合的意识。其次,教师要掌握多种现代信息技术,如音频、视频的制作与播放技术、利用网络搜集各类资料的技术等。再次,教师要能熟练地使用各种先进的展示仪器,如各学校配备的投影仪、电子白板等。

二、评析

本案例是北碚区高中历史学科全息育人学科研修的重要代表案例之一,是北碚区全息育人理念下进行学科研修取得的重要成果,对于新形势下的高中历史学科研修具有较强的指导性。

首先,案例充分体现了全息育人学科研修的基本理念,即"五育融合 主题设计""众筹智慧 三级联动""课题推进 任务驱动""问题引领 精准施策"。通过本次研修,将"五育融合"的理念贯穿于研修和教学设计全程,不仅育了学生,也育了教师,将育人与教学巧妙地结合到了一起,这是全息育人下学科研修与以往学科研修最主要的区别之一。同时,本研修以解决教师在教学过程中遇到的亟须解决的问题为目标,通过校本研修、集团研修和区域研修的三级联动模式,保证了问题的解决和研修的实效。

其次,案例体现了高中历史学科全息育人"学科性与育人性相结合""整体性与差异性相结合""双赢性与共进性相结合""合作性与开放性相结合""针对性与时效性相结合"等学科研修的基本原则。本案例基于高中历史学科文化史教学设计要求,探究学科教学和学科育人的融合,尤其是在其针对性和时效性上体现得最为充分。

再次,案例采用了多种研修方式的结合。本案例中,主体方式是三级联动研修,但不拘泥于此,活动中也有"翻转式研修"和"世界咖啡式研修"的灵活运用,充分发挥了参研教师的研修主体作用,教研员也在其中起到了有效组织和合理引导的作用,这样的研修才能实现研修效果的最大化。

最后,案例多样物化研修的成果。以往的研修,其成果体现为研修简报。受篇幅的影响,研修简报并不能反映研修的全部内容,更不能体现研修成果的学术性,制约了参研教师的进一步提升,因而具有较大的局限性。本案例在成果物化上,通过课例研修和专家引领,形成了可借鉴性的课例,撰写了研究性论文,既提升了参研教师的实践能力又提高了他们的研究水平,因而深受参研教师的欢迎。

附:本次研修的部分成果

1.教学设计与反思

表6-3 《三国至隋唐的文化》教学设计

课题	《三国至隋唐的文化》教学设计		授课时间	40分钟
课型	新授课	总1课时		
学科课程标准分析	《普通高中历史课程标准(2017年版2020年修订)》对本单元的要求为:通过了解三国两晋南北朝政权更迭的历史脉络,隋唐时期封建社会的高度繁荣,认识三国两晋南北朝至隋唐时期的制度变化与创新、民族交融、区域开发和思想文化领域的新成就。 就本课而言,课程标准要求学生通过对本课的学习,了解三国至隋唐时期中国文化发展取得的重大成就,把握其历史阶段特征,把握中国文化与中华民族交融的关系,理解中国文化交融对促进中华民族交融的作用,把握中国文化与中华民族发展的趋势,加深对中华文明的认同。			

续表

课题	《三国至隋唐的文化》教学设计	授课时间	40分钟
单元教学内容分析	本课中,隋朝之前主要包括三国、西晋、东晋十六国、南北朝几个阶段,除西晋外当时的国家都处于分裂状态。战事频发、政局动荡是这一阶段的主旋律。尽管战火频繁,但社会经济仍在曲折中发展。在这一阶段,国家的经济重心逐渐向南方转移;南北双方加强了文化交流,逐步走向交融,推动了统一多民族封建国家的发展。隋唐时期天下一统,国力强盛,特别是在唐朝时期,对外交往活跃。在这一阶段,制度呈现变化与创新的特点。在选官制度上,实行科举制扩大了统治的基础,提高了官员的素质,加强了中央集权;在中央行政体系上,确立三省六部制,扩大宰相的任用范围,提高了行政效率;在赋税制度上,推行租庸调制和两税法,减轻了政府对农民的人身控制。自唐中期安史之乱起,中央对地方的控制被削弱,唐朝由盛转衰,藩镇割据局面形成,黄巢起义后朱温废唐称帝,唐朝灭亡,五代十国局面逐渐形成。文化上,从多元走向一体是此时段中国文化的重要特点和发展趋势。这一特征和发展趋势对促进当时中国从分裂走向统一意义重大。		
课时教学内容分析	文化史是高中历史教学的重要内容,是发挥历史学育人功能的重要载体。本课选自《普通高中教科书 历史 必修 中外历史纲要(上)》第二单元第8课。它讲述了三国至隋唐时期七百余年文化领域的相关历史。魏晋南北朝到隋唐,国家逐渐由分裂走向一统,各民族在这个过程中相互交融,国家的经济得到进一步发展,这都给予了科学技术发展和文学艺术创作极大的空间。因此,在这一时期的科学技术和文学艺术方面出现了众多的新成就。魏晋以来,佛道并起,它们与传统的伦理纲常相互交融。同时,儒释道三教之间的碰撞,又不可避免地使之相互融合,被中华文明所接纳,最终孕育出宋明理学。这一时期,在文学、书法、雕塑和医学、农学等文学艺术与科学技术领域取得的成就如灿烂星河,缤纷异呈。如此璀璨的文化成就也引起了其他国家和地区的艳羡,为此它们常常派人来取经,以中华文明为内核的东亚文化圈进一步形成和发展。中华多元一体文化的再扩大,是中华文明历久弥新的有力证据。		
学情分析	本课教学内容属于文化史部分,要求教师要具有一定的文化功底,且对三国至隋唐时期的文化有较高的熟悉度,并能引领学生把握此时段中国文化的特点和发展走向,发掘文化史背后独特的育人价值。经过初中历史的学习,学生对一些文化成就耳熟能详,比如"诗圣"杜甫"三吏""三别"等。加之通过对前两课的学习,学生已能宏观把握三国至隋唐时期由分裂走向一统的政治格局,这将有助于本课的宏观定位和中观构建。相对于初中课本,高中历史在教授本课时侧重于学生历史思维和能力的训练,因此要求对"三教合一"的历史现象进行微观透析,在让学生关注这一时期的文化成就和特点时,也需要他们将有关时代背景相关联,从唯物史观的角度去理解中国文化交融对促进中华民族交融的作用,把握中国文化与中华民族发展的趋势,并站在世界的高度看待中华文明的外延,以促进学生将其发扬光大。对此,需要学生积极思索与探究。		
师情分析	通过本单元前3课的教学,教师已经对这一时期中国政治、经济等状况有了较细致的了解,能从宏观上认清此时期在中国统一多民族封建国家演进中的地位。加之,对诸如"三省六部制"等中央机构演进历程的深入研究和"三教合流"等文化现象的深入分析,教师已经知晓从多元走向一体是此时期中华文明演进的趋势,能把握从分裂走向统一是此时期中国历史发展的大趋势。教师通过系统学习,能运用唯物史观分析、认识历史事物,把握政治、经济与文化的关系,认识到中国文化交融对促进中华民族交融的作用,并把握中国文化从多元走向一体的大趋势。		

续表

课题	《三国至隋唐的文化》教学设计		授课时间	40分钟
课时教学目标预设	通过对教材内容的阅读和梳理,归纳这一时期文化的新成就,培养学生的阅读和概括能力,感受中国多元文化的魅力。以史料为依据,论从史出。通过对实物、文献、图片等多种史料的整理和分析,落实史料实证的核心素养。通过对典型实物史料的微观解读,既引导学生掌握基本的史学方法,如"二重证据法",又达到了审美育人的目标。综合多种史料,通过对"多元一体"的历史趋势进行历史解释,深化学生对文化与时代之间关系的认知,全面、辩证的看待历史,探究中华文化对于世界文明发展的重大意义,增强民族自豪感。通过对多元文化相互碰撞、融合的梳理,揭示中华文化所收接纳这一文化发展脉络,感悟传统文化蕴含的"和融"智慧,引导学生建立兼收并蓄、宽广胸怀的精神,达到智慧育人的目的。			
学习重难点	重点:三国至隋唐时期中国文化的特点和趋势。			
	难点:三国至隋唐时期的中国文化的时代价值。			
教学方法	综合运用讲授法、情景体验式教学法和问题探究式教学法。			
教学参考	龚书铎总主编的《中华文化发展史·隋唐卷》(山东教育出版社) 许倬云著的《万古江河 中国历史文化的转折与开展》(上海文艺出版社)			
教学过程				

环节	教学内容	教师活动	学生活动	设计意图 (育人点及育人效果预期)
课题导入	创设情境导入新课	出示材料: 播放河南卫视视频《唐宫夜宴》,同时进行画外音解说。播放日本友人对《唐宫夜宴》的评价语音。 设问:这个节目为何引发如此强烈的反响?希望通过本节课的学习,同学们能找到答案。让我们走进从三国至隋唐的文化。	学生观看《唐宫夜宴》视频、聆听教师的解说和日本友人对《唐宫夜宴》的评价,形成对唐代文化的初步印象——繁荣。	利用展现唐朝文化的《唐宫夜宴》视频聚焦学生目光。利用日本友人的评价增强视频的感染力。运用结合主题的设问,激发学生的学习兴趣,聚合学生的学习指向,进而导入新课。

续表

课题	《三国至隋唐的文化》教学设计			授课时间	40分钟
环节	教学内容	教师活动	学生活动	设计意图（育人点及育人效果预期）	
新课教学	一、多元：三国至隋唐文化的特点	出示材料： 材料一 种豆南山下，草盛豆苗稀。晨兴理荒秽，带月荷锄归。 绛帻鸡人送晓筹，尚衣方进翠云裘。九天阊阖开宫殿，万国衣冠拜冕旒。日色才临仙掌动，香烟欲傍衮龙浮。朝罢须裁五色诏，佩声归向凤池头。 敕勒川，阴山下，天似穹庐，笼盖四野。天苍苍，野茫茫，风吹草低见牛羊。 设问：以上诗歌是东晋田园诗、北朝民歌、唐诗等，请根据诗歌内容和韵律判断它们分别是哪个朝代的诗歌，并说明理由。请结合以上诗歌，从风格方面概括那一时期文化成就的特点。	学生结合原有知识判断第一首诗是东晋田园诗，第二首是唐诗，第三首诗是北朝民歌。理由略。文化成就的特点是领域广、时空宽、内容多、成就高。	以三国至隋唐时期的三首诗歌为例，引导学生调动已有知识对历史事物进行分析、判断，培养学生的归纳、概括能力和历史解释素养，感受中国古代诗歌的语言之美。	
	二、一体：三国至隋唐文化的演进趋势	（一）趋势 出示材料： 材料二 （魏晋南北朝时期）各种思想的交锋与碰撞、各民族的斗争与融合，使中国文化呈现出多元化特征。盛唐文化除了对前代文化加以继承、诠释、理解外，还对各种外来文化进行融合、消化，使之成为中国文化的一部分。 设问：根据以上材料概括这三国至隋唐文化时期文化演进的趋势。	在教师的指引下阅读材料，从中提炼出"从多元走向一体的"的文化发展趋势。	通过对莫高窟壁画和三教教义的探究，引导学生掌握文化由多元走向一体的表现：民族间文化交融、中外文化交融。在学生主动探究的过程中，明了莫高窟壁画重要的史学价值，引起学生对传统文化的关注和重视。	

192

续表

课题	《三国至隋唐的文化》教学设计			授课时间	40分钟
环节	教学内容	教师活动	学生活动	设计意图（育人点及育人效果预期）	
新课教学	二、一体：三国至隋唐文化的演进趋势	（二）表现： 1.汉族和少数民族的交融。 出示材料： 材料三 ［唐］李寿墓壁画（局部） 材料四 大象元年（即公元579年，是北周静帝宇文阐的年号）春，正月，癸巳，受朝于路门，帝服通天冠，绛纱袍，群臣皆服汉魏衣冠。 ——《北史》 设问：根据壁画内容和《北史》的记载，你能得出怎样的历史结论？ 2.本土文化和外来文化的交融。 出示材料 材料五 在三国至隋唐时期，儒、道、佛三教教义的不同内容。 设问：儒、道、佛三教在三国至隋唐时期教义的各有什么变化？	学生观察壁画，根据提示重点观察壁画中人物的"冠、袖、飘带"，并结合材料中"汉魏衣冠"的字眼得出"在三国至隋唐时期，民族文化交融频繁且深入"。 学生根据三教教义的变化认识到三教的教义具有"合一"的趋势。	通过此设计，帮助学生理解史料实证的含义和路径，达成实证意识上的劳动育人目标：壁画对于我们学习历史有极高的史学价值，但是也可能带有一定的主观色彩，所以在使用要注意"实证"，即先要通过史料辨析，辨别史料的真伪，再研究其价值，进而得出有价值的信息。 通过从"汉族和少数民族的交融、本土文化和外来文化的交融"两个角度分析三国至隋唐时期文化的交融，把握"一体"是趋势，"交融"是方式和表现，即通过文化的交融形成文化的一体，涵养学生的家国情怀。	

续表

课题	《三国至隋唐的文化》教学设计			授课时间	40分钟
环节	教学内容	教师活动	学生活动	设计意图（育人点及育人效果预期）	
新课教学	二、一体：三国至隋唐文化的演进趋势	(三)原因： 材料六 左右藏库，财物山积，不可胜较。四方丰稔，百姓殷富。 ——《开天传信记》 九夷同文，四隩来暨。夫其袭冠带，奉正朔。 ——《全唐书》 材料七 李唐一族之所以崛兴，盖取塞外野蛮精悍之精血，注入中原文化颓废之躯，旧染既除、新机重启。 ——陈寅恪 设问：从以上材料可知，推动三国隋唐文化由多元走向一体的因素有哪些？	学生从"时代""统治阶级的态度"两个角度分析三则材料，并得出："时代必然：政治上从分裂走向统一；经济上迅速发展；民族上各民族交融日益频繁和广泛。""态度释然：统治阶级采取了开放包容、兼收并蓄的文化态度。"两者有力地推动了中国文化多元一体格局的出现。	从原因的角度进一步强化学生已形成的中国文化"多元一体"的认识，对传统文化的"优秀"认同，为中华优秀传统文化的继承和传播打下深厚的基础。	
	三、自信：三国至隋唐文化的核心价值	秦汉建立的中国文化秩序，并未随东汉覆亡而消失。三国两晋与南北朝三百余年，正是重整这一普世秩序的过程，隋唐秩序是秦汉秩序的延续，也是秦汉秩序的扩大。 ——许倬云：《万古江河 中国历史文化的转折与开展》 材料九 晋卿唐人也，天平七年随我朝使归朝，时年十八九，学得《文选》《尔雅》音，为大学音博士……留于唐国学者，皆学以成业。应唤，且其大唐国者，法式备定，珍国也，常须达。 ——菅野真道《续日本纪》 设问：根据材料认识三国至隋唐时期中国文化的影响。 设问：《唐宫夜宴》火爆的原因？如何让国学热潮持续高涨？	从时代影响和历史影响两个层面认识(每个层面包括国内和国外两个维度)：三国至隋唐时期是中国优秀传统从多元走向一体的关键时期，是中国优秀传统文化的优秀实证之所在，对中国和世界都产生了深远的影响。	通过对中国优秀传统文化对中国和世界的影响分析，帮助学生理解传统文化的优秀所在，对学生进行德性育人。	

续表

课题	《三国至隋唐的文化》教学设计			授课时间	40分钟
环节	教学内容	教师活动	学生活动	设计意图（育人点及育人效果预期）	
新课教学	四、探究唐宫夜宴火爆的原因	设问：唐宫夜宴火爆的原因？如何让国学热潮持续火热？	学生结合本节所学、所思进行开放性陈述即可。	利用原因和行动两个逻辑性设问，引导学生在继承的基础上传承中国优秀传统文化，形成在文化认同上的文化自信。	
课堂小结	引用习近平总书记的话语："文化自信，是更基础、更广泛、更深厚的自信。"				
作业布置	收看央中央电视台纪录片《敦煌》，收集敦煌壁画研究的相关资料，以"敦煌壁画中的历史"为题撰写小论文，要求：体裁不限、表达清晰、逻辑严密。				
板书设计	三国至隋唐的文化 一、多元：三国至隋唐文化的特点 二、一体：三国至隋唐文化的趋势 三、自信：三国至隋唐文化的价值				
教学反思	本课以"多元到一体"为内涵，以"多元""一体""价值"三个核心词引领课堂，引导学生在文化盛宴中认识到中华文化是具有强大凝聚力和包容性的文化共同体，增强学生的文化认同，坚定其文化自信。在教学实施中极大地激发了学生对传统文化的兴趣。这一教学过程也使我受益匪浅，通过学生的讲解和分享，也开拓了我的眼界。在具体细节的处理方面，运用表格来处理零碎且量大的知识点，增强学生对知识点的掌握，增强学生自主学习、自主归纳的能力。同时，以大量的一手史料为依托，让历史有理有据、生动鲜活。				

2.研修论文

高中历史课堂文化史育人设计策略初探[①]
——以《中外历史纲要（上）》《三国至隋唐的文化》设计为例

文化史是高中历史教学的重要内容，是承载高中历史学科育人、树立学生文化自信的重要载体。课堂是高中历史学科传承中华优秀传统文化的主渠道，是弘扬中华优秀传统文化的重要抓手，因而探究高中历史课堂文化史教学策略显得十分必要。本文结合课堂文化史育人的相关实践，就高中历史课堂文化史教学策略来谈点粗浅的看法。

---

① 此论文由《高中历史学科全息育人课堂教学实践研究》课题组提供。

一、从以文育人的角度凝练教学立意

意,帅也。教学立意是教学目标的高度凝练,是统帅教学设计的核心。有无高远的立意是衡量教学设计优劣的重要指标。

(一)分析教学内容

教学内容是教学的载体,其中蕴含着丰富的育人内涵。历史教师在进行教学立意时一定要紧扣课程标准要求,深入挖掘教学内容中蕴含的育人内涵,从历史知识育人的角度去思考、分析和探究,并从中提取出能够促进学生发展的内核,以提炼教学立意。《三国至隋唐的文化》是《中外历史纲要(上)》第二单元第8课,叙述了三国至隋唐时期文化领域的相关历史。在这一时期,国家由分裂走向一统,各民族在这个过程中相互交融,经济得到进一步发展,这给予文学艺术创作极大的助力。这一时期,文学、书法、雕塑和医学、农学、天文等多元并起,如灿烂星河,缤纷异呈。魏晋以来,佛道并起,冲击着传统的伦理纲常,儒、释、道三者之间在发生冲突的同时,又不可避免地相互融合,以佛教为代表的外来文化被中华文明所接纳。同时,少数民族文化在向中原汉族文化靠近的过程中,一方面少数民族的统治者认识到汉族文化对其统治的作用,加快了吸收汉族文化的步伐。另一方面少数民族文化也深深地影响着汉族人民的生产生活。这一切都有力地推动了中华文明从多元走向一体。随着中华文明的发展、繁荣和对外传播,以中华文明为核心的东亚文化圈进一步形成和发展。中华文化元一体化的再扩大,是华夏文明历久弥新的有力证据。

(二)凝练教学立意

一般来说,高中历史课堂教学立意可分为以下三种类型:一是知识立意,即以教学中某个重要的知识点为教学核心进行立意。二是能力立意,即以课堂中某一个或某几个要训练的能力为核心进行立意。三是情感立意,即以课堂教学中要引导学生形成的情感态度为核心进行立意。随着课程改革的推进,高中历史课堂的教学目标从"三维"转向历史学科核心素养。因而,历史课堂教学立意应从"三维"转向"育人"。培养历史学科核心素养不是高中历史教学的"天花板",而是学科教学落实学科立德树人的抓手。因而,文化史教学立意应从以文育人的角度去凝练教学立意。

就本课而言,依据课程标准的要求,结合单元教学内容和对师情、学情的分析,将本课的教学目标定位于:以史料为依据,通过对实物、文献、图片等多种史料的分析和整理,引导学生掌握学习或研究历史的基本史学方法,如"二重证据法",培养其史料实证的核心素养。通过对当时众多原始史料的辨析、综合,让学生认识三国至隋唐时期中国文化发展的多元特点,把握此时段中国文化发展的"一体"趋势。以唯物史观为指导,从"时代"和"统治措施"的角度解释这一趋势出现的原因。以三国至隋唐时期的文化交流为切入,探究中国文化多元一体格局对中国和世界文明发展的重大意义,增强学生的文化认同,树立学生的文化自信。在此目标中,多元一体集中反映了三国至隋唐文化的特点、趋势,是学生唯物史观、时空观念、史料实证、历史解释和家国情怀五个方面素养的综合认识。

综合上述认识,因而本课的教学立意为:"多元一体的三国至隋唐文化"。

二、从以文化人的角度建构育人路径

路径是达成目标的途径。历史课堂文化育人的成功,不仅要有高远的教学立意,更要有合理的育人路径设计。叶圣陶先生曾说过,教师之为教,不在全盘授予,而在相机诱导。先生口中的"诱导"就是教学路径的一种。诱导的过程,即是教学路径在教学活动中的体现过程。历史课堂文化史育人路径设计可从以下方面进行建构。

(一)以培养学科核心素养为设计的出发点

培养学生的历史学科核心素养是历史学科教学的目标,五大素养合为一体,共同构成了立德树人对历史学科的要求。落实立德树人是历史学科教学的根本任务。什么是立德树人？我们"理解立德树人的'德',要立足于培养担当民族复兴大任的时代新人、社会主义建设者和接班人的战略高度,做到以树人为核心,以立德为根本。"[1]历史学科教学的终极目标,就是为中华民族的伟大复兴培养合格的"以德为先、德才兼备"的具有历史素养的优秀人才。所以,将培养学生的历史学科核心素养作为文化史教学设计的出发点,符合历史学科育人的要求,适应当前历史课程改革的需要。

在《三国至隋唐的文化》设计中,我们以三国至隋唐时期的三首诗歌为例,引导学生调动已有知识对其进行分析、判断,得出三国至隋唐时期诗歌体裁多样、手法多种、表现多层,进而概括出文化"多元"的特点,同时,也培养了学生的历史解释能力。通过引导学生对李寿墓壁画的释读得出"汉族和少数民族在文化上相互交流、相互借鉴、相互吸收"的历史认识,再运用《北史》的相关叙述加以印证,培养学生的史料实证意识。引导学生通过辨析三国至隋唐时期儒、道、佛三教教义的变化,形成"三国至隋唐时期是中国文化发展的关键时期""从多元走向一体是此时段中国文化发展趋势"的历史认识,把握中国优秀传统文化多元一体的格局,培养学生的家国情怀。通过引导学生以

---

[1] 王树荫.厘清立德树人根本任务中"德"的含义.光明日报[N],2019.12.

唯物史观中的"生产力决定生产关系"原理为指导，分析三国至隋唐时期中国文化多元一体趋势出现的原因，得出"文化的发展受所处时代的影响""三国至隋唐时期，中国从分裂走向统一促进了文化从多元走向一体"的历史认识，培养学生的唯物史观和时空观念。

（二）以树立文化自信为设计的落脚点

文化自信是一个民族、一个国家以及一个政党对自身文化价值的充分肯定和积极践行，并对其文化的生命力持有的坚定信心。它为国家的发展进步提供不竭的源泉，是一个民族最动人的精神底色。文化自信的核心是对自身文化价值的充分肯定和积极践行，包括文化认同和文化传承两个方面。文化认同是人们在一个民族共同体中长期共同生活中所形成的对本民族最有意义的事物的肯定性体认，其核心是对一个民族的基本价值的认同，是凝聚这个民族共同体的精神纽带，是这个民族共同体生命延续的精神基础。因而，文化认同是民族认同、国家认同的重要基础，而且是最深层的基础认同。不同民族的人们常以对他们来说最有意义的人物或事物等，如祖先、宗教、语言、历史、价值、习俗等来界定自己所在的民族。文化传承是在文化认同的基础上对传统文化的继承和发扬。因而，文化史教学就是要通过学习，帮助学生在了解中华民族优秀传统文化的典型特征、核心价值的基础上，认识中华民族传统文化的优秀，认同中华优秀传统文化并自觉维护和传承，进而树立文化自信。

《三国至隋唐的文化》以"多元一体"核心概念作为教学立意，引导学生通过对三国至隋唐文化的具体史料的辨析，形成对三国至隋唐历史文化的深层理解。教学中，文化是育人的纽带，文化自信是设计的落脚点。如前文所述，文化自信包括文化认同和文化传承两部分，认同的是价值，传承的是精神，两者贯穿于本课设计的始终。在导入部分，通过引导学生欣赏《唐宫夜宴》视频，感受唐朝文化的恢宏气势、繁荣昌盛，结合网络平台国人和日本友人的评论，向学生传递文化认同的信息，形成文化外形的认同。具体环节中，通过探究三国至隋唐文化的"多元一体"出现的原因，认识到正是"兼收并蓄、兼容并包"的态度成就了唐朝文化的繁荣；通过分析唐朝文化对中国、世界的深远影响，提炼出唐朝文化的核心价值——"创新、传统、融合"，最终形成对中国文化价值的认同。通过设置"如何让国学热潮持续下去？""撰写《敦煌壁画中的历史》小论文"等开放性题目，引导学生在思考中认识、在认识中认同、在认同中传承，最终树立文化自信。

总之，历史学科教学的终极任务是育人。文化史育人是历史学科育人的重要组成部分，需要历史教师在教学中不断探讨、深入思考并建立完善的育人体系，以增强育人实效。

主要参考文献

一、专著

[1]朱智贤.心理学大词典.北京:北京师范大学出版社,1989年.

[2]刘宗寅,秦荃田.全息教学论原理.济南:山东大学出版社.1990年.

[3]雅斯贝尔斯.什么是教育.北京:生活·讀書·新知三联书店.1991年.

[4]马克思.恩格斯.马克思恩格斯选集(第四卷).中共中央马克思恩格斯列宁斯大林著作编译局编译.北京:人民出版社,1995年.

[5]顾明远.教育大辞典(增订合编本).上海:上海教育出版社,1998年.

[6][美]国家研究理事会.美国国家科学教育标准.戢守志等译.北京:科学技术文献出版社,1999年.

[7]靳玉乐.探究教学论.重庆:西南师范大学出版社,2001年.

[8]教育部师范教育司组织编写.教师专业化的理论与实践(修订版).北京:人民教育出版社,2003年.

[9]聂幼犁.历史课程与教学论.杭州:浙江教育出版社,2003年.

[10]方明.陶行知教育名篇.北京:教育科学出版社,2005年.

[11]朱小蔓.对策与建议:2006-2007年度教育热点、难点问题分析.北京:教育科学出版社,2007年.

[12]刘诚芳.现代高校教师人力资源管理.北京:民族出版社,2007年.

[13]王道俊,郭文安.教育学.北京:人民教育出版社,2009年.

[14]于友西.中学历史教学法.北京:高等教育出版社,2009年.

[15]周新桂,费利益.探究教学操作全手册.南京:江苏教育出版社,2010年.

[16]徐学福.探究式学习教学策略.北京:北京师范大学出版社,2010年.

[17]何成刚,彭禹,夏辉辉,沈为慧等.智慧课堂:史料教学中的方法与策略.北京:北京师范大学出版社,2010年.

[18]杨耕.危机中的重建:唯物主义历史观的现代阐释.武汉:武汉大学出版社,2011年.

[19]何成刚,沈为慧,张汉林.史料教学案例设计解析.北京:北京师范大学出版社,2012年.

[20]中国社会科学院语言研究所词典编辑室.现代汉语词典.上海:商务印书馆,2012年.

[21]何成刚,沈为慧,陈伟壁.国外历史教学案例译介.郑耿标,朱珊珊,杨素军等翻译.北京:北京师范大学出版社,2013年.

[22]刘学利,傅义赣,张继瑜.课程与教学论学习指导.北京:中国人民大学出版社,2013年.

[23]杜芳,刘汝明.中学历史教学设计与案例研究.北京:科学出版社,2013年.

[24]李杰.历史课堂观察的方法与策略.北京:北京师范大学出版社,2013年.

[25]朱汉国,何成刚.海派历史教学透析.北京:北京师范大学出版社,2014年.

[26]袁丛秀.中学历史教学设计与案例研究.北京:科学出版社,2013年.

[27]约翰·杜威.民主主义与教育.北京:中国轻工业出版社,2016年.

[28]多尔.后现代课程观.王红宇译.北京:教育科学出版社,2015年.

[29]迈克尔·艾伦,理查德·赛茨.SAM课程设计与开发.北京:电子工业出版社,2015年.

[30]徐永琴,沈为慧,何成刚.史学阅读与微课设计:中国现代史.北京:北京师范大学出版社,2015年.

[31]张汉林.历史教育追寻什么及如何可能.北京:中国民主法制出版社,2016年.

[32]侯桂红.中学历史教学设计及评价.北京:北京师范大学出版社,2016年.

[33]朱福荣.浇根式改善型教师培训.重庆:西南师范大学出版社,2016年.

[34]何成刚.史学阅读与微课设计:中国古代史(上).北京:北京师范大学出版社,2017年.

[35]余文森.核心素养导向的课堂教学.上海:上海教育出版社.2017年.

[36]李君岗,唐正才,沈为慧.史学阅读与微课设计:世界现代史.北京:北京师范大学出版社,2017年.

[37]赵亚夫,张汉林.国外历史课程标准评介(上下).北京:北京师范大学出版社,2017年.

[38]何成刚.史学阅读与微课设计:中国古代史(下).北京:北京师范大学出版社,2018年.

[39]杨开城.课程开发:一种技术学的视角.北京:北京师范大学出版社,2018年.

[40]曾文婕.微型课程论.北京:北京师范大学出版社,2018年.

[41]徐蓝,朱汉国.普通高中历史课程标准(2017年版)解读.北京:高等教育出版社,2018年.

[42]曾文婕.运筹帷幄:教学设计的方略.北京:北京师范出版社,2016年.

[43][美]Norman E.Gronlund,Susan M.Brookhart.设计与编写教学目标.盛群力,郑淑贞 冯丽婷译.北京:中国轻工业出版社,2017年.

[44]宋灵青,谢幼如,王芹磊,李世杰.走进翻转课堂.北京:北京师范大学出版社,2019年.

[45]教育部组织编写.普通高中教科书历史必修·中外历史纲要(下).北京:人民教育出版社,2019年.

[46]中华人民共和国教育部制定.普通高中历史课程标准(2017年版2020年修订).北京:人民教育出版社,2020年.

二、学位论文

[1]徐凯旋.建国以来党的教育方针演变述论.长沙:湖南师范大学,2008.

[2]苏春.大学语文:"读研写演"生态情景式教学模式研究.长沙:湖南师范大学,2013.

[3]董陈琦岚.基于STEM项目学习的学生能力评价研究.天津:天津师范大学,2017.

[4]孙闯.基于核心素养的高中物理探究教学研究.济南:山东师范大学,2019.

[5]荆文风.中小学研学旅行课程建设研究.武汉:华中师范大学,2019.

[6]兰安琦.落实核心素养的化学学习评价设计研究.天津:天津师范大学,2019.

三、期刊文章

[1]徐学福.美国"探究教学"研究30年.全球教育展望.2001(08).

[2]张崇善.探究式:课堂教学改革之理想选择.教育理论与实践.2001(11).

[3]郅庭瑾.从发现教学到研究性学习.教育理论与实践.2002(01).

[4]北京教科院基础教育教学研究中心课堂教学评价研制小组.课堂教学评价体系的研究与实验.课程·教材·教法.2003(02).

[5]顾泠沅,王洁.教师在教育行动中成长——以课例为载体的教师教育模式研究.课程·教材·教法.2003(02).

[6]田秋华.课程改革与教师专业发展——广东教育沙龙第33期综述.教育发展研究.2003(07).

[7]邓辉.整体性原则在历史教学中的运用.四川教育学院学报.2004(S1).

[8]夏正江.论课程观的转型及其对新课改的影响.课程·教材·教法.2005(03).

[9]周月朗.新课程实施中的教师压力及其管理策略.教师教育研究,2006(04).

[10]冯茁,曲铁华.从PCK到PCKg:教师专业发展的新转向.外国教育研究,2006(12).

[11]席作宏.基于多元智能理论的教学评价实施策略.当代教育论坛(宏观教育研究),2007(05).

[12]李斌,孟凡丽.课堂教学文化的内涵与特征.教育学术月刊.2008(08).

[13]王平.建构主义学习理论给教师培训的启示.成人教育,2009(08).

[14]芮鸿岩.建国初期党的教育方针和政策之研究.中国青年政治学院学报,2010(02).

[15]张艳芹,朱凯.浅谈教师校本研修基本模式的构建.中小学教学研究,2010(02).

[16]朱东敏,顾洁,王希.基于成人学习理论的校本培训有效性探究.湖南农机,2010(11).

[17]丁念金.素质文化视野中的课堂评价理念.全球教育展望.2011(12).

[18]薛海平,陈向明.我国中小学教师培训质量调查研究.教育科学,2012(06).

[19]张力.纵论立德树人——教育的根本任务.人民教育,2013(01).

[20]韩萍,李忠军.参与式教师培训的理念及实践策略.现代教育管理,2013(01).

[21]彭琼,王警可.学习动机理论综述.社会心理科学,2013(05).

[22]刘维学.系统评价指标体系与灰色模糊评价模型的构建.计算机技术与发展,2013(10).

[23]何克抗.如何实现信息技术与教育的"深度融合".课程·教材·教法,2014(02).

[24]陈发平.高中历史教学设计的关键——教学核心目标的确立与教学资源的选择.福建教育学院学报,2014(08).

[25]张赛园,吴凡."世界咖啡"汇谈法:教师培训的新途径.继续教育,2015(12).

[26]李焕朝,曹晔.以信息技术为载体构建教师培训新模式.当代教研论丛,2016(04).

[27]叶澜.融通"教""育",深度开发学科的育人价值.基础教育论坛,2016(15).

[28]陈柳.美国:教师专业发展模式的"翻转式"探索.人民教育,2016(21).

[29]白长虹,王红玉.以优势行动价值看待研学旅游.南开学报(哲学社会科学版),2017(01).

[30]代保明.三问学生发展核心素养.教育科学论坛.2017(04).

[31]杨志成.核心素养背景下全息课堂教学原理与策略研究.北京教育学院学报,2017(02).

[32]蒋敏杰.问题引领需求,研修促进教师"成事""成人".江苏教育研究,2017(Z5).

[33]杨维,费瑞伟.基于中小学课程整合的创客式教学模式构建.中国电化教育,2017(07).

[34]董同强,马秀峰.中小学创客型教师参与式培训模式研究.现代基础教育研究,2017(04).

[35]廖成林,张代洪."双主共学"下高中历史"三段五环节"复习策略探析.求学,2017(32).

[36]武凤霞.语文学科育人价值的实现路径.人民教育,2018(Z2).

[37]成尚荣.学科育人的意蕴.教学研究与评论(中学教育教学),2018(05).

[38]方霞.高中历史教学核心目标的制定.教学与管理,2018(10).

[39]孙雨薇,冯晓英,王瑞雪.混合式教师研修课程中教师问题解决行为的研究.中国远程教育,2018(11).

[40]吴红梅.做学生终身发展的引路人.文学教育(上),2019(05).

[41]教育部考试中心.深化考试内容改革 凸显学科育人功能——2019年高考历史试题评析.中国考试,2019(07).

[42]周丽媛.运用信息技术优化高中历史教学的策略.高考,2019(35).

[43]王众,喻平.问题解决中元认知的心理学研究及其对中学数学教学的启示.教育研究与评论(中学教育教学),2020(01).

[44]王有余.基于多维度视角下小学体育课堂教学评价效果的分析与思考.田径.2020(01).

[45]欧咏华.形成性评价在大学英语教学中的运用.海外英语.2020(03).

[46]冯建军.构建德智体美劳全面培养的教育体系:理据与策略.西北师大学报(社会科学版),2020(03).

[47]叶澜.重建课堂教学价值观.教育研究,2002(05).

[48]宁本涛."五育融合"与中国基础教育生态重建.中国电化教育,2020(05).

[49]李园林,杨执潮,邓猛,汤剑文.培智课堂教学评价价值取向刍议.中国特殊教育,2020(05).

[50]谭友坤.价值导向:教师课堂教学应有的思想自觉.教学理论与实践,2020(02).

四、报纸文章

[1]徐洁.走向创客式学习.中国教师报.2015年7月15日.

[2]张焱.求真乃历史学的本质——中国社科院五卷本《中国通史》发布.光明日报,2016年01月09日.

[3]姜钢.探索构建高考评价体系 全方位推进高考内容改革.中国教育报,2016年10月11日.

[4]习近平在全国教育大会上强调坚持中国特色社会主义教育发展道路培养德智体美劳全面发展的社会主义建设者和接班人.人民日报,2018年9月11日.

[5]王树荫.厘清立德树人根本任务中"德"的含义.光明日报,2019年12月04日.

[6]李政涛."五育融合",提升育人质量.中国教师报.2020年1月1日.

[7]李铁安.围绕"四个评价"展开课堂教学评价.中国教育报,2020年7月29日.

后记

为党育人、为国育才,培养担当民族复兴大任的时代新人,是新时代中国特色社会主义教育的核心使命。重庆市北碚区教师进修学院积极贯彻党的教育方针,准确把握时代主题,敢为人先,在全国较早提出"全息育人"理念,搭建研究贯彻党的教育方针、落实立德树人根本任务、践行社会主义核心价值观的平台,探究从学科教学向学科育人的转型路径,以解决以往教学中普遍存在的重知识教学轻学科育人、"五育"分离等问题。

重庆市北碚区12位高中一线历史教师,自2018年始聚焦"高中历史学科全息育人"主题,众筹智慧、精心雕琢,静坐于寒暑假,伏案在晨晖间,围绕"高中历史学科全息育人课堂教学实践"开展了一系列研究,取得了一些成果,尽汇于《高中历史学科全息育人》一书。本书以立德树人为指引,力求通过"五育"与高中历史学科教学全方位和全过程的深度融合,从育人角度回答高中历史学科"为谁培养人""培养什么人""怎样培养人"等问题。为此,我们在学科全息育人理念的指引下,立足发挥历史课程育人功能,结合普通高中历史课程标准的相关要求,提炼了高中历史学科全息育人概念,从"学科认知、德性育人、审美育人、健康育人和实践育人"五个维度出发对此概念进行了细化和深入、准确解读,在课程论专家、学科教学专家的指导下,搭建起了完整的高中历史学科全息育人点框架。并根据此点框架,通过对《中外历史纲要》(上、下)依据"育人点"进行细致梳理后,编辑了"高中历史学科全息育人点导引"。本书还叙述了高中历史学科全息育人的教学设计、实施、评价和教研的相关原则、方法、路径等内容,为高中历史教师实施学科育人提供方向指引和实践指导。

本书的总体设计由廖成林负责,各章执笔者分别为:第一章,廖成林;第二章,苟扬、向晨、苟雨丹、苗生俊、黄开红;第三章,方晓、张红玲;第四章,许威、许光亮;第五章,张耀武;第六章,张代洪、毛键龙。本书的编写,无论是编写团队的组建、写作方向的明确,还是写作思路的理清、相关概念的界定、相关案例的征集、内容的优化和修订,都得到了重庆市教师进修学院朱福荣、贺晓霞等领导的深切关怀,西南大学教育学部常保宁副教授、重庆市教育科学研究院历史教研员黄开红、余朝元等专家、学者的专业指导,以及区内各基地学校领导的大力支持和全区中学历史教师的鼎力相助。没有他们的帮助,我们是无法完成本书的编写的。在此谨向他们表示崇高的敬意和衷心的感谢!

  本书提出的高中历史学科全息育人的相关理念和实践路径,文字表述浅显易懂,具有较强的先导性,对广大一线教师从事高中历史教育研究具有一定的参考价值。本书配合现行高中历史课程标准和教材使用,其内容贴近课堂教学实际,且案例丰富详实,具有典型性,对于广大的一线历史教师的课堂教学,具有一定的指导价值。如能引发读者们的思考和进一步的探究,更是编者的希望。受限于编者的能力和水平,本书虽在高中历史学科全息育人的理论和实践上做了一定的探索,但在育人的实践上仍存在疏漏和不足。此外,本书的编写不是我们开展高中历史学科全息育人的终点,而是起点。我们将在后续的研究中对本书存在的不足加以完善,尚祈广大任课教师、学界先进惠予指正。

编者
2022年7月